KB271129

복음으로 다시 읽는 요한계시록

이단과 진리를 분별하는 핵심 강해 23편

복음으로 다시 읽는 요한계시록
이단과 진리를 분별하는 핵심 강해 23편

발행일　　초판 1쇄 2025년 9월 26일
저자　　　정윤석
북디자인　최주호(makesoul2@naver.com)
유통사　　하늘유통(031-947-7777)
펴낸곳　　기독교포털뉴스
신고번호　제 2016-000058호(2011년 10월 6일)
주소　　　우 16954 경기도 용인시 기흥구 홍덕2로 87번길 18
　　　　　이씨티빌딩 B동 4층 엠피스비즈니스센터 479호
전화　　　010-4879-8651
가격　　　17,000원
이메일　　unique44@naver.com
홈페이지　www.kportalnews.co.kr

ISBN　　　979-11-90229-37-1　93230

정윤석 지음

이단과 진리를 분별하는 핵심 강해 23편

복음으로 다시 읽는 요한계시록

계시록, 두려움의 책이 아니라 복음으로
읽을 때 열리는 소망의 책입니다

기독교포털뉴스

목차

들어가는 글

요한계시록은 오랜 세월 동안 오해와 왜곡의 중심에 서 있었습니다. 많은 이들이 계시록을 '공포의 책', '재앙의 묵시록'으로 받아들였습니다. 이단들은 이러한 두려움을 이용해 자신들의 세력을 확장해 왔습니다. 실제로 신천지를 비롯한 수많은 이단들이 요한계시록을 교리 정당화의 도구로 삼아 성도들을 혼란에 빠뜨렸습니다. 정통교회에서 요한계시록을 접해보지 못한 성도들은 그 갈증을 해결하려다가 이단에 빠지는 경우도 적지 않았습니다.

이제 정통교회에서도 요한계시록을 설교하고 성경공부도 하고 QT도 하며 성도들이 자주 접할 기회를 만들어야 합니다. 성도들이 건전한 교단에 소속한 건강한 교회를 다니며 신실한 목사님으로부터 소망과 확신의 요한계시록을 들어야 합니다.

요한계시록은 결코 두려움과 공포의 책이 아닙니다. 이 책은 예수 그리스도의 계시이며, 구속의 복음이 마침내 완성된다는 소망의 메시지를 주기 위해 기록된 것입니다.

『복음으로 다시 읽는 요한계시록』이라는 제목에서 알 수 있듯이 이 책은 요한계시록을 복음의 빛 아래서 조명하며, 참된 신앙의 길로 이끄는 23편의 설교로 구성했습니다. 그리고 마지막은 찬양으로 마무리합니다. 요한계시록은 하나님과 어린 양의 보좌와 성령님에 대한 찬양과 경배의 책입니다. 요한계시록 설교의 마무리는 장엄한 예배와 찬양으로 하는 것이 제격이지요.

특히 "이단과 진리를 분별하는 핵심 강해 23편"이라는 부제에 담긴 의도처럼, 복음의 참된 의미를 제시하는 것과 동시에 이단들의 잘못된 해석을 반박하고 드러내고자 노력했습니다.

요한계시록은 비밀을 푸는 예언서가 아닙니다. 그런데도 굳이 비밀이라고 고집하고 싶은 분이 계시다면 그 비밀은 십자가와 부활의 예수 그리스도로 제한해야 합니다. 그 외의 비밀은 단연코 없습니다. 요한계시록은 복음을 노래하는 찬양의 책이며, 예수 그리스도의 승리를 기대하며 경배하는 예배의 책입니다. 그것을 장엄하고 찬란한 묵시적 기법으로 상징화했다는 것이 여타 서신서와의 차이라면 차이입니다.

이 설교집을 준비하는 과정에서 필자는 OpenAI에서 개발한 인공지능 도구인 ChatGPT의 도움을 받았습니다. 하지만 이 책의 설교는 AI가 창작한 결과물이 아닙니다. 필자는 요한계시록을 100회 가까이 통독했고, 매일 요한계시록을 묵상하며 22장을 모두 설교문 형태로 정리해 놓은 바 있습니다. 또한 2020년부터 원천침례교회

(이계원 대표목사)에서 '이단이 왜곡한 요한계시록 바로보기'라는 주제로 5년간 성경공부를 인도해 왔습니다. 이러한 묵상과 성경공부 자료들을 초안으로 삼고, ChatGPT를 활용해 설교문의 흐름을 점검하고 보완한 것입니다.

그러므로 이 책은 인공지능의 도움을 받았지만 필자의 묵상과 반복되는 통독, 기도, 공동체와 함께한 성경공부, 그리고 기자로서의 취재현장에서의 경험, 정통교회 목회자뿐만 아니라 이단단체에서 발간한 요한계시록 해설서와 각종 요한계시록 영상과 강의를 듣고 연구하고 성찰하며 탄생시킨 설교집입니다.

이 설교집을 읽다가 어디선가 본 듯한 구성과 내용이 나온다면 제대로 보신 겁니다. 저는 이 설교집을 내기 위해 수없이 많은 선배 연구가들과 설교자들의 간접적 도움을 받았습니다. 참고 자료에 제가 도움받은 책자와 강의와 유튜브 영상을 나열했지만 본문에는 '설교'라는 특성상 각주를 달지 않았을 뿐입니다. 일일이 인사를 드리지 못하지만 참고자료 목록에 기재된 목사님들과 선배 연구가들에게 고개 숙여 감사드립니다.

이 책을 통해 우리의 시선이 짐승에서 어린 양으로, 적그리스도나 아마겟돈 전쟁에서 하나님과 어린 양의 보좌로 옮겨지기를 소망합니다. 그리고 이 설교문이 한국 교회와 성도들 가운데 요한계시록을 바르게 읽고, 이단을 분별하며, 예배로 응답하는 길잡이가 되기를 기도하는 마음으로 책을 냅니다.

　이 책이 나오기까지 매학기 교회에서 요한계시록 성경공부를 할
수 있도록 연구의 장을 열어 주신 원천침례교회 공동체, 방수현 목
사님, 이계원 대표 목사님, 김요셉 목사님께 감사드립니다. 목사님
들의 포용과 도움 때문에 이 설교집을 내는 게 가능했습니다. 그리
고 이름을 모두 쓰지 못했지만 변함없이 도와 주시는 기독교포털뉴
스 후원자님들께 감사드립니다. 늘 부족한 것 투성이지만 묵묵히 돕
는 분들이 적지 않습니다.

　마지막으로 늘 곁에서 저를 지지하고 응원하는 사랑하는 아내 명
이와 묵묵히 자기에게 주어진 길을 걸어가는 아들 조이, 기도의 용
사로 살아오신 어머니 홍용자 권사님께도 감사드립니다.

　　　　　2025년 8월 경기도 용인의 사무실에서, 정윤석

제1부

복음으로 여는
요한계시록

1. 요한계시록의 참의미

여는 글

이단상담할 때였습니다. 목사님의 딸이었는데 이단에 빠져 상담을 받으러 왔습니다. 깜짝 놀란 게 뭐였냐 하면 그 친구가 요한계시록을 1장부터 22장까지 암송하는 것이었습니다. 지금 성도들 중, 요한계시록이 22장까지 있는 줄 지금 듣고 처음 안 분도 계실 것입니다. 그런데 이단사이비에 있던 그 신도는 아예 통째로 암송했습니다. 그만큼 뼛속까지 계시록을 새겨 놓았다는 의미입니다. 그런데 그렇게 암송하는 게 중요할까요? 그분이 계시록을 22장까지 암송하고 내린 결론은 이 시대의 구원자, 계시록의 약속을 성취한 분이 이만희 교주라는 것이었습니다. 그는 요한계시록이 십자가에 못 박히신 예수 그리스도를 증거하는 것이 아니라고 봤습니다. 그는 요한계시록을, 마지막 때의 약속의 목자라는 사람을 구원자라고 증거하는 예언서라고 믿고 있었습니다. 십자가와 부활의 그리스도를 믿는 게 아니라 새로운 구원자를 만들어내는 방식의 요한계시록은 백날

천날 읽고, 외우고, 그것을 지침삼아 그대로 살고 있다고 해도 전혀 복된 것이 아닙니다. 아니 요한계시록만이 아니라 설령 신구약 전체를 암송한다 해도 구원자를 예수 그리스도가 아닌 다른 존재로 삼는다면 그 성경공부는 백해 무익합니다. 왜냐하면 성경은 예수 그리스도를 증거하는 것이기 때문입니다.

"너희가 성경에서 영생을 얻는 줄 생각하고 성경을 연구하거니와 이 성경이 곧 내게 대하여 증언하는 것이니라"(요 5:39).

그런데도 오늘날 많은 사람들이 요한계시록은 마치 신구약 성경과는 별개의 계시를 하는 것처럼 오해하고 왜곡해 왔습니다. 구약은 오실 메시아, 신약은 오신 메시아, 계시록은 다시 오실 메시아를 증거한다는 말이 대표적인 표현입니다. 재림을 강조하고 싶은 마음은 이해합니다. 선의의 뜻으로 말했다는 점은 이해합니다만 사실 신구약 성경에서 별도의 성경 본문을 떼어내서 그것을 별도의 주제를 담은 계시인 것처럼 강조할 하등의 이유가 없습니다. 신구약 성경은 일관되게 그리스도가 구원자임을 증거합니다. 따라서 구약은 오실 메시아, 신약은 오신 메시아, 계시록은 다시 오실 메시아를 증거한다며 성경에서 계시록을 따로 떼어내서 표현하는 것은 지양해야 합니다. 그래야 계시록을 별개가 아닌 신구약 성경의 연속선상에 있는 말씀으로 자연스레 받아들이게 되기 때문입니다. 계시록을 보면서도, 신구약 성경이 증거하는 동일한 그리스도를 믿고 구원받는다는 신앙으로 바르게 세워져야 합니다. 그렇다면 도대체 요한계시록에는 어떤 내용이 담겼을까요? 그것부터 정리해보겠습니다.

첫째, 요한계시록에는 복음이 담겨 있습니다

요한계시록에는 신구약 성경에서 증거하는 것과 다른 내용이 있는 게 아닙니다. 신구약 성경이 지지하고 뒷받침하는 동일한 복음이 담겨 있습니다. 계시록에는 예수 그리스도의 십자가 복음(1:5, 18, 7:10, 14, 17, 14:4, 15:3, 17:14)이 쉬지 않고 나옵니다. 이 말씀들을 모두 읽어봐야 합니다. 직접 성경을 펴서 읽어보아야 합니다.

"또 충성된 증인으로 죽은 자들 가운데에서 먼저 나시고 땅의 임금들의 머리가 되신 예수 그리스도로 말미암아 은혜와 평강이 너희에게 있기를 원하노라 우리를 사랑하사 그의 피로 우리 죄에서 우리를 해방하시고 그의 아버지 하나님을 위하여 우리를 나라와 제사장으로 삼으신 그에게 영광과 능력이 세세토록 있기를 원하노라 아멘"(1:5-6).

"이 일 후에 내가 보니 각 나라와 족속과 백성과 방언에서 아무도 능히 셀 수 없는 큰 무리가 나와 흰 옷을 입고 손에 종려 가지를 들고 보좌 앞과 어린 양 앞에 서서 큰 소리로 외쳐 이르되 구원하심이 보좌에 앉으신 우리 하나님과 어린 양에게 있도다 하니"(7:9-10).

"장로 중 하나가 응답하여 나에게 이르되 이 흰 옷 입은 자들이 누구며

또 어디서 왔느냐 내가 말하기를 내 주여 당신이 아시나이다 하니 그가
나에게 이르되 이는 큰 환난에서 나오는 자들인데 어린 양의 피에 그 옷
을 씻어 희게 하였느니라"(7:13-14).

"그들이 어린 양과 더불어 싸우려니와 어린 양은 만주의 주시요 만왕의
왕이시므로 그들을 이기실 터이요 또 그와 함께 있는 자들 곧 부르심을
받고 택하심을 받은 진실한 자들도 이기리로다"(17:14).

요한계시록은 이처럼 십자가의 예수 그리스도를 믿고 따르는 자
들의 구원을 지속적으로 강조합니다. 계시록에서 우리는 십자가와
부활에 기초한 재림 신앙, 그리스도에게 시선을 고정한 재림신앙을
가져야 합니다. 재림 신앙의 기초는 예수 그리스도의 십자가와 부활
입니다. 계시록을 통해서 그 복음을 재확인해야 계시록의 참 의미를
바로 찾아가는 것입니다.

둘째, 요한계시록에는 지상교회와 천상 교회의 영화로움이 담겨 있습니다

계시록에는 복음을 끝까지 붙드는 지상교회(2-3장)에 주실 축복
과 천상교회의 영광스러움(4-5장), 그리고 그것을 거부하는 자들과
신자들의 믿음을 방해하는 세력들에 대한 준엄한 심판(6장-16장)
과 최후심판(17장-19장), 그 후에 펼쳐질 새 하늘 새 땅의 찬란함
(20-22장)이 상징적으로 그려져 있습니다. 요한계시록은 이 세상

끝날까지 성도를 보호하시는 하나님의 열심을 보여줍니다. 그리고 하나님께 붙어서 끝까지 신앙의 순결을 지키는 교회의 영화로움을 담았습니다. 반면 교회를 핍박하는 용, 짐승과 그를 따르는 사람들에 대한 준엄한 심판을 경고하고 강조하고 실행합니다.

이 두가지를 담은 목적이 뭘까요? 하나님과 어린 양의 보좌의 장엄함과 찬란함, 영화로움에 시선을 고정하며 오늘 이 땅에서 벌어지는 짐승과 적그리스도와 거짓 선지자의 강력한 공격을 이겨내라, 끝까지 견디는 자는 승리할 것이다는 용기와 담대함을 주고 구원의 소망을 주기 위한 것입니다.

예수 그리스도는 한번도 교회를 떠나신 적이 없습니다. 즉, 성도들의 공동체와 늘 함께 계셨습니다. 마태복음 28:20에서 예수님은 "볼지어다 내가 세상 끝날까지 너희와 항상 함께 있으리라 하시니라"고 약속하셨습니다. 그 예수님은 촛대로 상징된 교회 사이를 거니시는 분입니다(1:12, 2:1).

예수님이 교회를 운행하십니다. 그리고 요한계시록은 '교회들을 위하여' 계시하신 것입니다.

"나 예수는 교회들을 위하여 내 사자를 보내어 이것들을 너희에게 증언하게 하였노라 나는 다윗의 뿌리요 자손이니 곧 광명한 새벽 별이라 하시더라"(22:16).

계시록이 온 천하가 아니라 겨우 교회를 위한 계시라고? 반문할 수도 있습니다. 우리 눈에 보이는 그 교회? 라고 의문을 제기할 수도 있습니다. 간략히 답하겠습니다. 그렇습니다. 당신이 생각하는 그 교회를 위해 계시를 주신 겁니다. 넷플릭스 영화와 드라마와 뉴스에서는 이기적이고 찌질하고 혐오적이고 타락한 것처럼 그려진 그리스도인들이 모인 그 공동체, 그 교회, 하찮아 보이는 그 교회를 예수님이 거니시며 교회들을 위하여 사자를 보내어, 이것들을, 즉 요한계시록을 증언하게 하신 것입니다.

이쯤에서 가슴 벅차 올라야 합니다. 때론 서머나교회처럼 죽음을 불사하는 순수한 교회, 때로는 라오디게교회처럼 세상 가운데서 가장 찌질하게 보이는 그 교회를 예수님은 버리지 않고 거니시며 보호하시고 계시를 주는 것입니다. 그 계시를 통해 우리는 무엇을 깨달아야 합니까? 이 세상에서 짐승의 세력은 너무도 포악하고 흉측하고 무시무시합니다. 그럼에도 승리는 어린 양과 그를 따르는 교회에 있다는 것입니다. 이를 믿고 받아들인 네 생물, 24장로는 물론, 천천이요 만만인 천사들까지 장엄한 찬양을 하며 그리스도께 무릎꿇고 엎드려 경배한다는 것이 요한계시록에서 드러내는 교회를 향한 참된 계시입니다(5:12-14).

셋째, 계시록에는 참된 승리자이신 어린 양에 대한 경배와 찬양이 담겨 있습니다

요한계시록을 읽는 많은 성도들이 빠뜨리는 핵심이 하나 있습니다. 바로, 경배의 대상이 누구인가 하는 것입니다. 요한계시록의 전체 구조는 심판과 구원, 악한 세력의 등장과 멸망 등을 보여주지만, 그 모든 흐름 위에 절대적으로 자리 잡고 있는 한 중심이 있습니다. 바로 "죽임을 당하신 어린 양"입니다. 요한계시록은 어린 양을 중심으로 한 찬양의 책입니다.

요한계시록 5장은 이 점을 너무도 선명하게 보여줍니다. 사도 요한이 하나님의 오른손에 들린 두루마리를 봅니다. 아무도 그 두루마리를 펴거나 볼 수 없다는 사실에 통곡하던 그 순간, 장로 중 하나가 말합니다.

"울지 말라 유대 지파의 사자 다윗의 뿌리가 이기셨으니 그 두루마리와 그 일곱 인을 떼시리라 하더라"(5:5).

그런데 요한이 돌아보니 사자가 아니라 죽임을 당한 어린 양이 서 있었습니다(5:6). 승리의 방식이 달랐던 것입니다. 힘과 능력으로 제압하는 사자가 아니라, 죽음을 이기고 부활하신 어린 양이 모든 인을 뗄 권세를 가진 분으로 등장합니다.

그리고 그 어린 양을 향해 천상에서는 전례 없는 찬양이 울려 퍼집니다.

"죽임을 당하신 어린 양은 능력과 부와 지혜와 힘과 존귀와 영광과 찬송을 받으시기에 합당하도다"(5:12).

이 찬양은 단순한 음악적 표현이 아닙니다. 계시록 전체를 관통하는 신학적 중심입니다. 계시록은 전쟁의 책이 아니라 경배의 책입니다. 누구에게? 어린 양께! 누구를 중심으로? 예수 그리스도를 중심으로! 무엇을 위하여? 모든 악한 세력을 이기신 참된 승리자에게 영원한 찬양을 돌리기 위해!

그런데 이 경배의 대상이 단지 하나님 아버지만이 아닙니다. 어린 양도 동일한 경배의 대상이 되십니다.

"보좌에 앉으신 이와 어린 양에게 찬송과 존귀와 영광과 권능을 세세토록 돌릴지어다"(5:13).

예수 그리스도께서 하나님과 동등한 경배를 받으시는 존재라는 점에서 이는 매우 놀라운 선포입니다. 이는 삼위일체 교리를 뒷받침할 뿐 아니라 교회가 예수 그리스도를 단순한 위대한 인물이 아닌, 찬양받으실 참된 하나님으로 예배하고 경배해야 함을 강력히 일깨워줍니다.

이 찬양은 계속 이어집니다. 7장에서는 큰 환난에서 나온 자들이 흰 옷을 입고 손에 종려가지를 들고 보좌 앞과 어린 양 앞에 서서 외칩니다.

"구원하심이 보좌에 앉으신 우리 하나님과 어린 양에게 있도다"(7:10).

계시록 14장에서도 어린 양이 시온산에 서 계시고, 그 앞에서 14만4천이 새 노래를 부릅니다. 계시록 15장에서는 모세의 노래와 어린 양의 노래가 울려퍼지며 구원의 완성을 찬송합니다. 계시록은 어떤 이론이나 교리의 책이라기보다 어린 양을 찬양하는 노래가 울려퍼지는 예배의 책입니다.

왜 이것이 중요한가요? 바로 이 찬양이 성도들의 승리의 비결이기 때문입니다. 이 세상은 무서운 존재들로 가득합니다. 용, 짐승, 바벨론, 음녀, 거짓 선지자… 그러나 그 모든 세력들은 결국 다 어린 양 앞에 무릎 꿇고 심판받습니다(17:14).

그러므로 우리는 두려워할 이유가 없습니다. 어린 양 예수 그리스도를 붙들고, 그분을 찬양하며 살아갈 때, 우리 또한 이미 이긴 자들입니다. 이 세상에서 얼마나 힘든 싸움을 마주하든, 그 싸움은 어린 양께서 이미 승리하신 싸움에 동참하는 것입니다.

나가는 글

요한계시록은 우리에게 이렇게 묻고 있는 듯합니다.

"지상 최대의 전투와 싸움이 벌어졌다. 이 싸움은 인류 역사 전체를 뒤흔드는 결전이며, 누구도 예외 없이 이 싸움의 한 쪽에 서야 한다. 청코너에 나오는 선수를 소개해 보겠다. 머리는 일곱, 뿔은 열개, 메두사처럼 뒤틀린 형상에 표범의 얼굴, 사자의 입, 곰의 발을 지녔고, 용의 권세를 받은 강력한 존재가 버티고 있다. 이제 홍코너를 보자. 상대가 되려면 최소한 히드라 같은 머리, 푸마의 얼굴, 호랑이의 입, 코끼리의 발, 독수리의 날개쯤은 달고 나와야 맞지 않겠는가? 그런데 의외로 홍코너에 등장한 존재는 작고 작은 '어린 양'이다."

바로 여기서, 요한계시록은 우리에게 결단을 촉구합니다. 당신은 누구에게 인생을 걸겠는가?

요한계시록은 말합니다. 이 어린 양이야말로 만왕의 왕, 만주의 주이시며, 넉넉히 이기실 분이라고. 그리고 그 어린 양을 따르는 자들에게도 동일한 승리가 주어질 것이라고 말입니다. 이것이 요한계시록이 선포하는 역설의 소망입니다. 겉으로는 연약해 보이는 어린 양, 그러나 실상은 모든 악의 세력을 꺾는 참된 승리자라는 사실 – 이 복음을 붙잡는 요한계시록 읽기가 진짜 바른 리딩입니다.

하지만 많은 사람들이 요한계시록을 읽을 때마다 그 초점을 빼앗깁니다.

"머리 일곱에 뿔이 열 개 달린 짐승은 누구인가? 아마겟돈 전쟁은 실제로 언제 일어나는가? 우크라이나 전쟁은 몇 째 인에 해당할까? 바벨론 음녀는 어떤 세력을 뜻하는가?"

이런 물음에만 사로잡혀 공포와 두려움에 빠져 있다 보면 계시록이 말하는 가장 소중한 메시지, 곧 복음과 승리와 소망의 이야기를 놓쳐버리게 됩니다. 그래서 다시 정리하길 바랍니다. 요한계시록을 복음으로 읽어야 합니다. 주님의 교회의 영화로움과 찬란함을 바라봐야 합니다. 어린 양의 최후 승리를 믿어야 합니다.

우리는 인생을 살아가면서, 마치 요한계시록의 짐승과 같은 현실을 자주 맞닥뜨립니다. 불의한 권력, 억울한 상황, 예기치 못한 질병, 무너지는 관계, 갑작스러운 경제적 어려움…. 멀쩡히 살아가던 일상 속에 갑작스레 습격해오는 인생의 거대한 짐승들 앞에서 우리는 종종 두려움에 휩싸입니다. 그러나 그럴 때마다 반드시 기억해야 합니다. 그 어떤 무시무시하고 강력하며 두려운 존재라 하더라도, 어린 양 예수 그리스도를 의지하는 한, 승리는 반드시 우리 것입니다. 왜냐하면 그분은 이미 이기셨고, 그분을 따르는 자들에게도 동일한 승리를 주시겠다고 약속하셨기 때문입니다. 이 복된 진리를 굳게 붙들고 요한계시록을 통해 참된 계시의 주인공이신 어린 양 예수 그리스도와 그분이 이루신 구원의 역사, 그리고 지금도 붙들고 계신 교회 공동체의 소중함을 다시 발견하시는 여러분 되시길 바랍니다.

2. 요한계시록 안전하게 읽기 1편

여는 글

주변에서 어떤 분이 "요한계시록 세미나를 다닌다"고 하면 어떤 생각이 드십니까? 십중팔구 "이단에 빠진 거 아닌가?" 하는 걱정부터 드실 겁니다. 왜 그럴까요? 그동안 "요한계시록을 공부한다"는 말이 들려오면 그 배경에는 대부분 신천지나 안상홍 증인회, 여호와의 증인 등 이단·사이비가 있었습니다. 그러다 보니, 심지어 건전한 교회에서 계시록을 공부해도 불안해지는 것이 오늘날 한국교회 성도들의 일반적인 정서가 되어버렸습니다. 하지만 그렇다고 해서 요한계시록을 피할 수는 없습니다. 왜냐하면 계시록은 성도에게 복을 약속하신 말씀이기 때문입니다.

"이 예언의 말씀을 읽는 자와 듣는 자와 그 가운데에 기록한 것을 지키는 자는 복이 있나니 때가 가까움이라"(1:3).

계시록은 성도들이 읽고, 듣고, 지키고, 복 받도록 주신 말씀입니다. 읽으셔야 합니다. 들으셔야 합니다. 행하셔야 합니다. 그래야 복이 있습니다. 하나님의 때가 가까워졌기 때문입니다. 그러나 현실은 어떻습니까? 지금 유튜브를 비롯해 수많은 채널에서 요한계시록을 가장 '핫한 주제'로 삼아 활동하는 이들 가운데는 이단성이 짙은 사람들이 적지 않습니다. 반면, 정통교회 성도들 가운데 "내 평생 교회 다니면서 계시록은 한 번도 배워본 적 없다"고 말하는 분들이 너무 많습니다. 교회에서 말씀의 밥을 제대로 먹지 못하니 밖에서 군것질하다가 잘못된 음식에 중독되는 것입니다. 계시록도 마찬가지입니다. 바른 해석과 지침 없이 무방비 상태로 두면 성도는 궁금증을 해소하기 위해 이단 유튜브나 모임을 기웃거리게 되고, 그 끝은 심각한 영적 손상이 될 수 있습니다. 이제는 교회가 계시록에 대한 바른 이해를 제공해야 할 때입니다. 그래서 계시록 시리즈 설교를 통해, 적어도 이렇게 말하는 성도가 없기를 원합니다.

"계시록을 교회에서 알려주지 않아서 이단단체에서 배웠어요."

그렇다면 질문은 이것입니다. 어떻게 해야 요한계시록을 읽고 공부하면서 이단에 빠지지 않을 수 있을까요? 무엇을 중심에 두어야 안전하게 계시록을 이해할 수 있을까요? 이제부터 그 기준을 세 가지로 정리해보겠습니다.

첫째, 계시록에서 다른 예수를 찾으면 안됩니다

이 말씀은 너무나 당연하게 들릴 수 있습니다. 하지만 오늘날 수많은 성도들이 요한계시록을 공부하다가 '다른 예수'를 만나고, 그 결과 이단에 빠지는 일들이 빈번하게 일어나고 있다는 현실을 직시해야 합니다. 신천지, 안상홍 증인회(하나님의교회), 여호와의 증인 등 거의 모든 이단들은 요한계시록을 핵심 도구로 활용합니다. 그들은 계시록을 이용해 '마지막 때의 약속의 목자', '재림 예수', '예언된 구원자' 등 예수 외에 다른 존재를 강조하고, 예수 그리스도의 자리를 빼앗습니다. 그러나 계시록은 새로운 구원자를 소개하려는 책이 아닙니다. 십자가에서 우리 죄를 위해 죽으시고 부활하신 예수 그리스도를 강력하게 증거하는 책입니다. 다시 말해, 예수만이 유일한 구원자이심을 끝까지 증언하는 책입니다.

한 권사님이 성경을 아주 잘아는 선교사가 계시다고 해서 소개를 받았습니다. 성경공부를 하는데 너무너무 재밌었습니다. 신구약의 참된 의미가 무엇인지 깨달아지는 듯했습니다. 4개월을 했는데 이상한 점을 알게 됐어요. 성경을 공부하면 할수록 '예수 그리스도'는 없고 마지막 때에 나타날 약속의 '목자'라는 사람에 대해 강조하는 것이었습니다. 그 사람을 만나고 믿고 따라야 구원을 받을 수 있다는 생각이 자꾸 드는 게 좀 이상하고 두려웠습니다. 원래 다니던 교회에선 없던 느낌이었습니다. 불안한 마음에, '성경공부를 그만해야겠다'고 생각했는데 그걸 어떻게 알았는지 성경공부 강사가 제안

했습니다. "권사님 지금까지 성경공부를 하셨는데 성경과 다른 이상한 내용이 있었나요?" "아니오. 없었어요." "이제부터 요한계시록 들어갈 거예요. 어때요, 궁금하지 않으세요. 혹시라도 그만두시더라도 요한계시록은 듣고 나서 결정하세요."

강사의 말을 들은 권사님, 생각해보니 교회 20년을 다녔는데 지금까지 요한계시록이 어떤 내용인지, 잘 알지도 듣지도 못했던 겁니다. 그래서 속으로 생각합니다. '계시록까지만 듣고 그만둬야겠다.' 결국 계시록까지 듣고 그곳을 나왔을까요? 아닙니다. 요한계시록만 듣고 그만두려 했는데 결국 요한계시록을 듣고 나서는 오히려 이단 사이비에 깊게 빠지게 됩니다.

이제 방향을 바로 정하셔야 합니다. 계시록에서 예수 그리스도를 분명히 만나셔야 합니다. 요한계시록을 바르게 읽는 길은 단 하나입니다. 다른 예수가 아니라, 예수 그리스도를 더욱 분명하게 만나는 것입니다. 십자가에서 죽으시고 부활하신 예수 그리스도, 어제나 오늘이나 영원토록 동일하신 그리스도, 지금도 교회 가운데 거하시며 다시 오실 주님이신 그 예수 그리스도 말입니다. 계시록은 신구약과 연결된 성경입니다. 신구약 전체가 증거하는 복음과 어긋나지 않는 복음을 증거하고 있습니다. 계시록을 통해 새로운 구원자를 만난다면 그것은 이단입니다. 하지만 계시록을 통해 예수 그리스도를 더욱 깊이 만나고, 더욱 굳게 믿게 된다면 그것이야말로 안전한 계시록 읽기입니다.

둘째, 계시록에서 다른 영을 찾으면 안됩니다

요한계시록은 환상과 상징이 가득합니다. 그래서 많은 사람들이 그 장면들을 '신비한 영적 체험'으로만 이해하거나, '초현실적 미래 예언'쯤으로 받아들이기 쉽습니다. 문제는 바로 이 틈을 타 '다른 영'이 들어온다는 점입니다. 성령의 이름을 빌려, 전혀 다른 영적 흐름과 메시지를 전하는 사람들이 적지 않습니다. 요한을 데리고 환상을 보여 주시는 분이 누구인가요? 공포의 대마왕이나 사탄이 아니라 성령님이십니다.

"주의 날에 내가 성령에 감동되어 내 뒤에서 나는 나팔 소리 같은 큰 음성을 들으니"(1:10).

성령의 감동으로 사도요한이 기록한 것이 계시록입니다.

"내가 곧 성령에 감동되었더니 보라 하늘에 보좌를 베풀었고 그 보좌 위에 앉으신 이가 있는데"(4:2).

지상에 사는 요한이 성령에 감동되니 천상의 보좌를 바라봅니다.

"곧 성령으로 나를 데리고 광야로 가니라 내가 보니 여자가 붉은 빛 짐승을 탔는데 그 짐승의 몸에 하나님을 모독하는 이름들이 가득하고 일곱 머리와 열 뿔이 있으며 그 여자는 자주 빛과 붉은 빛 옷을 입고 금과 보석과 진주로 꾸미고 손에 금 잔을 가졌는데 가증한 물건과 그의 음행의 더러운 것들이 가득하더라(17:3-4).

성령께서 요한을 데리고 바벨론 음녀의 실체와 그가 받을 심판을 보여 주십니다. 아무리 화려하고 아무리 권세 있어 보여도 그 결국은 하나님의 심판에 직면한다는 것입니다. 이렇게 요한계시록의 주요 순간순간, 장면장면마다 성령님께서 인도하십니다. 성령님이 도대체 뭐를 보여주실까요? 요한의 사고 속에서 성령님은 세계 3차 대전, 핵전쟁, 인류의 미래를 알려주시는 분이 아닙니다. 성령이 하시는 가장 중요한 일은 '그리스도를 증거'하는 것입니다.

"내가 아버지께로부터 너희에게 보낼 보혜사 곧 아버지께로부터 나오시는 진리의 성령이 오실 때에 그가 나를 증거하실 것이요"(요 15:26).

사도 요한은 진리의 성령이 하시는 가장 중요한 일로 '나(예수)를 증거하실 것'이라고 소개합니다. 성령님은 예수를 증거하는 영이십니다. 일반적으로 성령님은 강력한 능력과 기적과 특별한 은사를 주시는 것으로 생각하지만 사도 요한은 그렇게 보지 않았습니다. 예수가 그리스도임을 증거하는 것이 성령이 하시는 가장 가치있고 보배로운 일입니다.

그렇다면 사도 요한이 기록한 계시록은 다를까요? 아닙니다. 계시록의 상징이 보여주고 나타내는 가장 중요한 것은 그리스도 증거입니다. 그리고 그분께 소망을 두는 하나님의 백성 공동체입니다. 따라서 계시록을 설교한다며 자신을 2천년만에 계시록의 비밀을 푼 사람이라고 한다든가, 자신이 사도요한처럼 계시의 비밀을 하늘로부터 받아서 풀어주는 목자라고 한다거나, 계시록 11장에 등장하는 두 증인과 같은 증인이라고 한다든가, 마지막 때의 계시록의 말씀을 대언하는 사자라든가. 사람을 드높이는 방식의 계시록 해석은 성령이 하시는 것이 아니라 '다른 영'임을 분별하셔야 합니다. 성령은 예수를 증거하지 사람을 드높이고 증거하는 영이 아니시기 때문입니다. 어렵습니까? 이게 어려우면 안됩니다. 마음 중심에 단단히 새기십시다. 성령님께서 하시는 가장 중요한 일이 뭐다? 예수 그리스도! 십자가의 그리스도를 증거하는 것!이라고 가슴에 확실하게 새기셔야 합니다.

성령께서 인도하시는 계시록 읽기란? 세상을 해석하는 눈보다 예수를 바라보는 눈을 열게 하고, 불안한 예언보다 확실한 복음을 붙들게 하며, 혼란한 종말론보다 확고한 그리스도의 재림 소망을 품게 만듭니다. 성령의 감동으로 기록된 요한계시록을 읽는 우리는 반드시 그 중심에서 예수 그리스도를 만나야 합니다. 그것이 안전한 계시록 읽기입니다.

셋째, 다른 복음을 찾으면 안됩니다

요한계시록을 안전하게 읽기 위한 세 번째 기준은 다른 복음을 찾지 말아야 한다는 것입니다. 성도라면 누구나 '복음'을 알고 있다고 생각합니다. 하지만 계시록을 읽을 때는 이 복음의 본질에서 벗어나지 않는지 반드시 점검해야 합니다. 성경은 단 한 가지 복음을 가르칩니다. 어제나 오늘이나 영원토록 동일한 구원자 예수 그리스도, 그분을 믿는 믿음으로 구원에 이르는 복음입니다. 이 복음은 시간에 따라 바뀌지 않습니다. 2천 년 전이나 지금이나, 혹은 만 년 후에도 그리스도를 믿는 믿음이 구원의 조건입니다.

하지만 많은 사람들이 요한계시록을 읽으면서 초림과 재림의 구원이 서로 다른 방식일 것처럼 혼란에 빠집니다. 특히 세상이 흔들릴 때, 이런 '다른 복음'은 더욱 강하게 침투합니다. 2020년 전대미문의 팬데믹, 전쟁, 자연재해, 정치 혼란, 경제 불안…. 이 모든 위기 상황 속에서 '이제는 믿음만으로는 부족하다', '마지막 시대에는 특별한 믿음과 행동이 필요하다'는 말이 성도들을 유혹합니다. 결국, 예수 그리스도 외에 다른 어떤 기준이나 행위, 다른 메시지를 복음처럼 받아들이게 만드는 것입니다. 이것이 바로 '다른 복음'입니다. 사도 바울이 갈라디아서에서 분명하게 경고했듯, "다른 복음을 전하면 저주를 받을 것이라"(갈 1:8-9)는 그 말씀은 요한계시록을 읽는 우리에게도 동일하게 적용됩니다.

저는 2020년부터 화요일마다 요한계시록 성경공부를 인도해오며 흥미로운 현상을 보았습니다. 성도들이 요한복음을 읽다가 "어? 이건 요한계시록에서 본 말씀인데요?"라고 말합니다. 히브리서를 읽다가 "이 말씀이 계시록과 통하는 것 같아요"라고 고백합니다. 바로 그 순간이, 요한계시록을 바르게 읽기 시작한 것입니다. 계시록은 결코 '다른 복음'을 말하지 않습니다. 오히려 성경 전체가 증거해온 동일한 복음을 더 선명하고 장엄하게 보여주는 책입니다. 계시록에는 십자가 복음이 분명히 담겨 있습니다(1:5-6, 5:9-10, 17:10-12, 14).

이처럼 요한계시록은 신화적인 파괴나 상상 속의 재앙이 아니라, 어린 양 예수 그리스도의 피로 말미암은 구원의 메시지로 충만한 책입니다.

나가는 글

오늘날 수많은 이단들이 요한계시록을 '놀이터'처럼 사용하며 예수님 아닌 다른 구원자를 말합니다. 성령 아닌 다른 영을 따라가게 합니다. 복음 아닌 다른 메시지로 성도들을 유혹하고 미혹합니다. 그리고 그 결과, 십자가에서 죽으시고 부활하신 예수님 대신 자신이 계시를 받았다는 어떤 인간이 "내가 구원자요, 약속의 목자요, 하나님의 사자다"라고 주장하는 현실이 벌어지고 있습니다. 실제로 한국 안에만도 자칭 재림예수라 불리는 사람이 40-50명이나 존재합니다. 그 가운데는 국수 먹다가 죽은 자, 살인을 지시한 자, 성폭력을 저지르고 감옥에 간 자도 있습니다. 전자발찌를 찬 채 또다시 성범죄를 저지른 '재림주'도 있습니다. 이런 이들이 증거하는 예수가 '다른 예수'가 아니고 무엇이겠습니까? 그들이 주장하는 영이 '다른 영'이 아니고 무엇이겠습니까? 그들이 전하는 구원이 '다른 복음'이 아니고 무엇이겠습니까?

요한계시록은 오직 예수 그리스도만이 참된 구원자이심을 다시 한번 확증하는 책입니다. 처음부터 끝까지 성령의 감동으로 기록되었으며, 그 중심은 오직 십자가의 복음입니다. 계시록은 결코 공포와 두려움으로 성도들을 조종하려는 책이 아닙니다. 오히려 그 어떤 짐승보다, 그 어떤 전쟁보다도 크신 예수 그리스도의 승리를 선포하는 책입니다. 그러므로 우리는 오늘 이 말씀 앞에서 이렇게 결단해야 합니다. 계시록에서 다른 예수를 찾지 않겠습니다. 다른 영에 미혹되지 않겠습니다. 다른 복음에 흔들리지 않겠습니다. 복잡한 종말론의 상징보다 더 확실한 구원의 진리, 그것은 언제나 예수 그리스도입니다. 이 진리 안에 거하시기를, 그리고 이 진리를 붙들고 담대하게 살아가시기를 주님의 이름으로 축복합니다.

3. 요한계시록 안전하게 읽기 2편

여는 글

제가 요한계시록을 처음 만난 건 중학교 2학년 때였습니다. 어떤 신도가 "요한계시록에 나오는 붉은 용이 소련을 의미한다"고 말했습니다. 정신이 번쩍 들었습니다. 지금 우리가 살아가는 시대를 향한 메시지가 2천 년 전 성경에 기록돼 있다니, 그 말만으로도 마음이 요동쳤고, 궁금증이 폭발했습니다. 그날 밤 저는 요한계시록을 처음부터 끝까지 읽었습니다. 정말로 '붉은 용'(12:3)이 등장하더군요. 일곱 머리와 열 뿔을 지닌 붉은 용. 그런데 아무리 읽어도 이게 소련을 뜻한다는 해석은 성경 어디에도 나오지 않았습니다.

이후 고등학교 1학년 무렵, 또 한 번 요한계시록을 깊이 접하게 됩니다. 한 유명 목사님이 쓴 요한계시록 강해서였습니다. 일주일 동안 그 책을 열심히 읽었습니다. 그 목사님의 책은 매우 흥미로웠습니다. 그분은 소아시아의 일곱교회를 시대별로 구분하는 특징을 보였습니다. 에베소교회부터 라오디게아교회까지를 시대별로 대입하고 교회가 하늘로 휴거되며 이 땅에 7년 대환난이 일어나고 적그리스도가 세계를 지배하며 이스라엘이 국가적 회심을 할 것이라고 말씀했습니다. 그리고 이스라엘을 무너뜨리기 위해 중국에서 이만만으로 표현되는 2억명의 대군이 쳐들어와서 아마겟돈에서 전쟁할 때 드라마틱하게 재림하는 그리스도가 그려졌습니다. 흥미롭기도 했지만 동시에 두려웠습니다.

'정말 이런 일들이 일어날까?' '나는 그때 살아있을까?' '나는 과연 구원받을 수 있을까?'

그분은 1998년쯤 예수님이 재림하실 수 있다고 조심스레 언급하기도 했습니다. 다미선교회처럼 시한부 종말론을 노골적으로 주장하지는 않았지만 사실상 비슷한 선상에 있는 설교였습니다. 그때부터 요한계시록은 저에게 '두려운 책'이었습니다. 무시무시한 심판과 혼란, 이해하기 어려운 상징들, 무수한 해석과 예언들….

이렇듯 요한계시록과의 심상찮은 만남은 제게 많은 안경을 끼워 줬습니다. 아무리 환한 대낮에도 선그라스를 끼면 빛이 차단되듯 제게 요한계시록 해설가들이 남겨 준 선입견은 매우 강력하게 자리 잡았습니다. 그래서 이런 선입견을 깨기까지 정말 오랜 세월이 걸린 듯합니다. 거의 30년 가까운 시간 동안, 저는 요한계시록을 전쟁과 재앙의 책으로 받아들였습니다. 그러나, 그 선입견이 깨지기 시작한 것은 단 하나의 단순한 실천 때문이었습니다. 바로 요한계시록을 계속 '읽는 것', 다시 말해 '다독'이었습니다. 앞에서부터, 뒤에서부터, 현대인의 성경, 개역개정, 새번역, 흠정역, 메시지… 수십 가지 역본으로 읽고, 유튜브로 요한계시록을 듣고 또 들었습니다. 거의 100회를 반복하며 본문을 접하다보니 그 속에서 재앙과 심판이 아니라 '복음', '승리', '어린 양의 영광', '예배'가 보이기 시작했습니다. 그때 깨달았습니다.

"아, 요한계시록은 두려움의 책이 아니라, 소망의 책이구나."

그래서 지금 여러분께 말씀드립니다. 요한계시록을 두려워하지 마십시오. 바르게 읽으면, 그 안에는 우리가 붙들어야 할 복음의 보석이 숨어 있습니다. 그렇다면 요한계시록을 어떻게 읽어야 안전하고 유익할까요?

첫째, 사도 요한의 시대 상황을 이해하며 읽어야 합니다

요한계시록은 그저 미래의 재앙을 예언하는 책이 아닙니다. 그보다 먼저, 이 말씀은 사도 요한이 실제로 살았던 현실의 상황 속에서 받은 계시라는 점을 기억해야 합니다. 요한이 살았던 시대는 예수 그리스도를 왕으로 고백하는 것이 축복이 아니라 고난의 길이었던 때였습니다. 요한 자신도 그 고난 한복판에 있었습니다. 그는 이렇게 고백합니다.

"나 요한은 너희 형제요 예수의 환난과 나라와 참음에 동참하는 자라 하나님의 말씀과 예수를 증언하였음으로 말미암아 밧모라 하는 섬에 있었더니"(1:9).

　예수님의 증거 때문에 밧모섬에 유배된 요한, 그는 예수 그리스도를 "땅의 임금들의 머리가 되신 분"(1:5)으로 고백했습니다. 그러나 현실에서 진짜 왕처럼 군림한 존재는 예수가 아니라 로마 황제였습니다. 당시 지중해 세계를 무력으로 장악한 일명 '팍스 로마나'(로마의 무력으로 평화가 유지되던 시대)로 불리는 로마 제국의 강력한 힘 아래, 황제는 자신을 신으로 숭배하게 했고, 그 명령을 거부한 자는 온갖 불이익을 감수해야 했습니다. 예수 그리스도를 "이제도 계시고, 전에도 계셨고, 장차 오실 분"이라 높이며 경배와 찬양을 올리는 것은, 곧 황제 숭배를 거부하는 저항의 신앙 고백이었습니다. 그 고백의 대가는 혹독했습니다. 십자가형, 화형, 죽음…. 성도들은 실제 피 흘리는 박해를 겪고 있었습니다.

　그런 역사의 한복판에서 요한은 하늘의 계시를 받습니다. 그리스도를 따르다가 박해받는 교회와 성도들을 향해 '진정한 왕은 예수 그리스도시다. 결국 그분이 승리하신다'는 메시지를 전한 것입니다. 요한계시록은 현실을 회피하기 위한 책이 아니라, 그 현실을 신앙으로 돌파하도록 도와주는 말씀입니다. 그래서 우리는 요한계시록을 읽을 때 먼 미래의 종말론적 상상이 아니라 당시 고난받던 성도들을 향한 소망의 메시지로 먼저 읽어야 합니다. 지금 당장은 밧모섬에 갇혀 있고, 황제의 권력이 하늘을 찌르는 듯 보이지만, 결국 어린 양께서 승리하시며, 그분께 부름받고 택함받은 성도들도 함께 이기게 될 것을 선언하는 책, 그것이 바로 요한계시록입니다.

둘째, 요한계시록은 '이분법적 구도'를 인정하며 읽어야 합니다

'이원론(dualism)'이라는 개념이 있습니다. 선신(善神)과 악신(惡神), 두 신적 존재가 팽팽히 맞서 싸우며 영원히 균형을 이루는 사상입니다. 기독교는 이원론을 단호히 거부합니다. 하나님은 결코 사탄과 대등한 존재가 아닙니다. 하나님께 도전하는 어떤 존재도 본질적으로는 비교 대상조차 될 수 없습니다. 그럼에도 불구하고 요한계시록을 읽다 보면 마치 '두 세력이 싸우는 것처럼' 보이는 구도가 반복해서 등장합니다. 왜일까요? 그 이유는 간단합니다. 요한계시록의 구조가 '이분법적 흐름'으로 전개되기 때문입니다. 물론 이것이 이원론이라는 말은 아닙니다. 계시록은 "하나님의 편에 선 자"와 "하나님을 대적하는 자"라는 명확한 대조와 대비를 통해 승리가 누구의 편에 있는지를 극적으로 보여주는 방식을 취합니다.

한번 보시죠. 천상의 예배 장면(4-5장)에서는 삼위 하나님의 영광과 찬란함이 펼쳐집니다. 그 직후, 지상에서는 심판과 전쟁의 인들이 떼어지고 고통이 시작됩니다(6장). 그 와중에 "구원하심이 보좌에 앉으신 하나님과 어린 양에게 있다"(7:10)는 고백이 터집니다. 이후 등장하는 장면들을 보면 더욱 분명해집니다. 하나님의 인을 받은 14만 4천 명과 짐승의 표를 받은 자들, 한순간에 무너지는 큰 성 바벨론과 하늘에서 내려오는 새 예루살렘, 해를 입은 여인과 바벨론 음녀, 약하디 약해 보이는 어린 양과 일곱 머리 열 뿔의 흉측한 짐승, 하나님의 백성들과 땅에 속한 자들, 생명책에 기록된 자와 둘째 사망을 당한 자 등등.

이처럼 요한계시록은 이분법적 상징을 통해 성도들이 세상의 혼란 속에서 누구 편에 서야 할지를 분명히 하게 합니다.

또 하나 중요한 사실은 이 전투의 승부가 사실 '힘 대 힘'의 싸움이 아니라는 점입니다. 전투는 벌어지지만 그 승패는 이미 정해진 싸움입니다. 계시록이 묘사하는 전쟁은 '극적인 묘사'를 통해 승리의 확실성을 강조하는 문학적 장치일 뿐입니다. 하나님은 손가락 하나로도 악의 세력을 꺾을 수 있는 분입니다. 하지만 그 전쟁의 과정이 길고 치열하게 묘사되는 이유는 그만큼 성도들이 겪는 현실의 고통과 긴장감이 크기 때문입니다.

예를 들어, 계시록 후반의 '백보좌 심판'은 모든 인류가 심판대에 서는 장면처럼 보이지만, 사실은 '둘째 사망'에 처할 자들, 곧 하나님을 대적하고 회개하지 않은 자들을 대상으로 한 심판입니다. 하나님의 인을 받은 자들은 심판의 대상이 아닙니다. 그 구별을 정확히 이해하지 않으면 괜히 성도들이 자신도 심판의 대상이 된 것처럼 오해하게 됩니다.

뿐만 아닙니다. 계시록에는 마치 복수극을 보는 듯한 장면도 반복해서 나옵니다. 순교한 성도들의 원한이 풀어지고 짐승과 음녀의 참혹한 멸망이 이어지며 하나님의 '공의로운 심판'이 강조됩니다. 이 모든 이분법적 전개는 결국 단 하나의 결론을 향합니다. "최후의 승리는 어린 양 예수 그리스도께 있다." 그리고 그분을 따르는 성도들에게도 동일한 승리가 주어질 것이라는 위대한 선언입니다. 그러므로 요한계시록은 성도들에게는 '공포의 이야기'가 아닙니다. 그 격렬한 대비와 대조는 성도들에게 분명한 선택과 신앙의 자리를 묻게 하기 위함입니다. '짐승을 따를 것인가, 어린 양을 따를 것인가?' '잠시 권세 잡은 자를 경배할 것인가, 영원히 다스릴 어린 양께 무릎 꿇을 것인가?' 이 질문 앞에서 성도는 흔들림 없이 결단해야 합니다.

셋째, 요한계시록은 '묵시문학'이라는 장르로 읽어야 합니다

"내 마음은 호수요, 그대 저어오오." 김동명 시인의 시 한 구절입니다. 만약 누군가가 이 시를 듣고 이렇게 말한다면 어떨까요? "야, 니 마음이 무슨 호수냐? 그냥 심장만 뛰고 있구만!"

정말 어처구니없는 반응이겠죠. 시는 시의 언어로 읽어야 의미가 살아납니다. 마찬가지로 요한계시록도 '장르'를 이해하고 읽어야 제대로 해석할 수 있습니다. 요한계시록은 복음서도, 역사서도, 교훈서도 아닙니다. '묵시문학'(Apocalyptic literature)이라는 고유한 장르입니다. 묵시문학이란 현재의 악한 세상이 끝나고 하나님의 새로운 시대가 도래할 것이라는 희망을 상징과 은유로 담은 문학양식을 의미합니다. 중심 메시지는 지금 악한 세상이 끝나고, 하나님의 정의로운 나라가 도래할 것이라는 희망입니다. 그 과정에서 의인은 구원받고, 악인은 심판을 받습니다. 곧, 하나님의 통치가 회복될 것이라는 소망을 노래하는 문학양식으로서 소위 제 2성전기, 기원전 516년 스룹바벨성전 건립부터 기원후 70년, 로마의 타이투스 장군이 예루살렘을 함락하던 시기까지 다수 등장했습니다.

이 장르를 이해하지 못하면 요한계시록을 읽을 때 온갖 무시무시한 짐승들과 전쟁 묘사에 사로잡혀 공포와 두려움에 빠지기 쉽습니다. 그러나 그건 올바른 독법이 아닙니다. 예를 들어, 출애굽기를 읽을 때 성도들이 공포에 빠지지 않는 이유가 무엇입니까? 바로 심판의 대상이 '이스라엘 백성'이 아니라 바로와 애굽이라는 사실을 분명히 알기 때문입니다. 요한계시록도 동일합니다. 그 심판은 성도를 향한 것이 아닙니다. 하나님을 대적하고 회개하지 않는 자들, 짐승의 표를 받고 짐승을 따르는 자들이 대상입니다. 계시록에서 '땅에 사는 자들'이 자주 등장하는데, 이 '땅'은 단순히 지리적인 지구 표면이 아닙니다. 하나님과 함께하지 않는, 구원받지 못한 자들의 삶의 자리를 의미합니다.

8.15 광복을 예로 들어볼까요? 그날은 일본 제국에게는 '패망'이었지만, 우리 민족에게는 '해방과 승리'의 날이었습니다. 요한계시록의 심판도 마찬가지입니다. 심판은 짐승의 세력을 향한 것이고 구원은 성도들의 것이 됩니다. 이것이 요한계시록과 구약의 묵시 문학과의 가장 큰 차이입니다. 이를테면 에스겔서나 다니엘서에서는 하

나님의 분노는 '하나님의 백성의 죄' 때문에 일어납니다. 그런데 요한계시록에서는 그렇지 않습니다. 하나님의 분노와 진노는 단 하나의 방향을 향해 있습니다.

바로, 하나님의 백성을 핍박하고, 고통스럽게 하고, 하나님의 권세에 도전하며 신성 모독을 일삼는 자들, 곧 짐승 같은 세력들입니다. 요한계시록은 하나님께서 당신의 자녀들을 건드린 자들에게 더없이 분명하고도 결정적인 심판을 선포하시는 책입니다. 마치 개그맨들 사이에 '웃기려고 해도 가족은 건드리지 말자'는 불문율이 있듯, 하나님께도 선이 있습니다. 그 선을 넘은 존재들, 하나님의 백성을 해치는 자들에게는 더 이상 자비가 없는 진노가 떨어집니다. 이 심판의 대상과 방향을 요한계시록을 통해 분명히 찾게 되면 요한계시록을 읽을 때 불필요한 공포와 오해에서 벗어날 수 있습니다.

그리고 명심해야 합니다. 요한계시록은 세계 3차 대전이나 핵전쟁을 예고하는 미래 예언서가 아닙니다. 그보다 훨씬 더 본질적인 메시지, 하나님의 백성을 향한 보호와 구원, 하나님의 나라가 완성될 것이라는 소망을 담고 있는 말씀입니다.

나가는 글

지금까지 요한계시록은 마치 마지막 때에 일어날 대전쟁이나 환난을 기록한 것처럼 오해받아 왔습니다. 물론 계시록에 그리스도의 재림의 장엄한 미래적 환상이 그려진 것을 잊어선 안되겠지만 그렇다고 계시록을 21세기에 발을 딛고 살아가는 성도들을 수신자로 하는 계시로 여겨서도 안됩니다. 특히 계시록은 하나님이 천사를 보내 그 종 요한에게 '알게 하신' 계시임을 잊어서는 안됩니다. 즉 우리가 요한계시록을 해석할 때 사도 요한이 그 시대를 살면서 알지 못했던 해석, 모르는 등장인물, 모르는 표식 등을 내세워서는 안됩니다. 그런 해석은 요한계시록의 바른 해석에서 어긋납니다.

또한 이원론은 선악의 대결구도로 봐서 문제이지만 그렇다고 요한계시록에 이분법적 투쟁의 구도가 없는 것도 아님을 잊어서는 안됩니다. 물론 하나님은 아무렇지 않게 한순간에 적을 섬멸하는 만왕의 왕이요, 만주의 주이시지만 큰성 바벨론이 한순간에 무너지기까지 짐승의 세력이 할 수 있는 한 모든 총력을 동원해 그리스도의 나라와 권세에 도전한다는 구도가 요한계시록에서 중요한 축을 이루고 있습니다.

마지막으로 요한계시록은 묵시문학이라는 점도 잊어서는 안됩니다. 묵시문학은 핍박받는 민중의 아픔을 온갖 상징으로 표현한 장르로서 바벨론 포로기부터 발달한 문학 장르입니다. 요한계시록이 이 장르에 속한다는 것은 요한계시록에 등장하는 다양한 표현이 문자적 의미가 아니라는 것을 의미합니다. 7이란 숫자도 1, 2, 3, 4…7이라는 순서상의 숫자가 아니라 상징적 의미를 갖습니다. 666도 하나님의 신적 숫자인 7에서 1이 부족한 6이 세 번 반복되는 것입니다. 즉, 짐승의 한계와 특징을 보여주는 표현인 것입니다. 십사만 사천, 네 생물, 이십 사 장로, 큰 성 바벨론, 음녀, 일곱 머리 열뿔달린 짐승 등이 모두 그렇습니다. 상징적인 숫자와 도시, 단어가 등장하지만 잊어서는 안 되는 것이 있음을 알려 줍니다.

이 세상이 아무리 흉흉하고 포악한 짐승이 길길이 날뛰는 세상 같더라도 만왕의 왕이요 만주의 주되시는 어린 양이 짐승을 이기고 승리하니 그에게서 부르심을 받고 택하심을 받은 하나님의 백성들은 좌절하지 말고 그분을 붙드는 소망 가운데 살라는 메시지입니다.

마지막으로 다시 고백합니다. 요한계시록은 공포의 책이 아니라 소망의 책입니다. 패배의 이야기가 아니라 어린 양의 승리를 찬양하는 예배의 책입니다. 그리고 그 승리에, 오늘 우리의 이름도 함께 기록되어 있음을 믿으시기 바랍니다. 요한계시록을 읽고 듣고 살아가는 모든 성도들께 주 예수 그리스도의 은혜와 위로, 담대한 믿음이 함께 하시길 축복합니다.

4. 요한계시록 안전하게 읽기 3편

여는 글

사람들은 집에 들어갈 때 번호키를 누릅니다. 집 문을 열 수 있는 비밀번호는 단 하나입니다. 그 번호를 눌러야만 집에 들어갈 수 있습니다. 여러 번 잘못 누르면 '락'이 걸립니다. 매우 난처한 상황에 봉착하게 됩니다. 요한계시록을 열 때도 마찬가지입니다. 그곳에 들어갈 수 있는 바른 패스워드는 단 하나입니다. 그것은 바로 '예수 그리스도, 어린 양'이라는 열쇠입니다. 그리고 '하나님께 영원히 영광 돌리는 예배, 즉 찬양과 경배'의 마음입니다. 그 패스워드를 눌러야 요한계시록이 열립니다. 반복하지만 어린 양께 드리는 거룩한 예배가 요한계시록을 여는 바른 열쇠입니다. 그리스도를 따르는 헤아릴 수 없는 수많은 무리들이 하나님의 나라에서 영원히 영광을 돌리며 예배하게 됩니다. 반면 어린 양을 따르지 않고 배척한 무리들은 하나님의 인·나팔·대접에 이르는 가혹한 심판에 직면해야 합니다. 이런 바른 패스워드를 터치하지 않고 엉뚱한 걸 누르면 락이 걸립니다. 요한계시록의 본질적 주제에는 닿지 못하고 바깥에서 헤매는 신앙이 되는 겁니다.

요한계시록을 읽고 2천년 전에 부활승천하신 그 예수님이 참된 왕이시라는 게 믿어지고 그분을 경배하는 마음에 가슴이 뭉클해지십니까? 그렇다면 요한계시록을 제대로 읽은 것입니다. 그런데 계시록을 읽으면 읽을수록 두려움과 공포에 휩싸이고 밤잠을 못 이루지는 않습니까? 계시록의 패스워드를 뭔가 잘못 눌러서입니다. 그 중심을 바로 잡는 읽기가 되어야 합니다.

저는 지난 주제를 통해 요한계시록 읽기는 그 시대로 들어가 읽을 것, 이분법적 구도를 이해하고 읽을 것, 묵시문학 장르로 읽을 것이라는 제안을 했습니다. 이번에는 영적으로 읽을 것, 단어의 개념을 정리하고 읽을 것, 모호함과 선명함을 모두 받아들이며 읽을 것이라고 제안코자 합니다.

첫째, 영적으로 읽어야 합니다

저는 개인적으로 '영적'이라는 말을 가볍게 사용하지 않습니다. 이 말이 자칫 잘못 쓰이면, 현실을 회피하고 책임을 회피하는 말로 변질될 수 있기 때문입니다. 실제로 많은 이단 교주들이 '영적이다'라는 말을 방패처럼 들이대며 자신들의 거짓과 왜곡을 덮습니다. 한 예로, 제가 아는 어떤 여성 교주는 늘 "나는 하나님의 음성을 직통으로 듣는다"고 주장했습니다. 그 교주를 따르던 한 성도 부부 중 남편이 말기 암에 걸렸습니다. 부인은 간절한 마음으로 물었습니다.

"원장님, 우리 남편이 살 수 있을까요?" 그 교주는 고개를 들어 하늘을 쳐다보더니 이렇게 말했습니다. "하나님 아버지… 응, 산다고 하시네!" 그러나 결과는 어땠을까요? 6개월도 되지 않아 남편은 세상을 떠났습니다. 충격과 슬픔 속에 아내는 다시 물었습니다. "살거라고 하셨잖아요! 왜 죽었습니까?" 그때 교주는 한치의 망설임 없이 이렇게 말했습니다.

"내가 언제 육이 산다고 했니? 나는 영으로 산다고 했거든!"

이런 말을 듣고 성도들은 얼마나 기가 막히겠습니까? 이처럼 '영적'이라는 단어는 때때로 사람을 기만하고, 책임을 회피하는 말로 둔갑합니다. 그래서 저는 설교할 때 웬만하면 '영적'이라는 말을 사용하지 않으려 의도적으로 애씁니다. 하지만 요한계시록에서는 이 단어를 피할 수 없습니다. 오히려 반드시 '영적으로' 읽어야 비로소 그 뜻이 이해되는 경우가 적지 않습니다. 그 이유는 철저히 영적 메시지와 상징의 언어로 요한계시록이 기록되어 있기 때문입니다.

한 가지 퀴즈를 드려 보겠습니다. 예수님이 십자가에 못 박히신 곳은 어디일까요? 우리가 아는 정답은 예루살렘의 골고다 언덕입니다(막 15:22). 그러나 요한계시록에서는 다르게 말합니다. 요한계시록 11장 8절은 이렇게 기록합니다.

"그들의 시체가 큰 성 길에 있으리니 그 성은 영적으로 하면 소돔이라고도 하고 애굽이라고도 하니 곧 그들의 주께서 십자가에 못 박히신 곳이라.”

예수께서 골고다 언덕에서 십자가에 못 박히셨지만, 요한계시록은 ‘영적으로 보면’ 그곳이 소돔이요, 애굽이라고 말합니다. 왜 그렇습니까? 이는 지명이 중요한 게 아니라, 그 지역의 영적 상태를 강조하기 위해서입니다. 소돔은 어떤 곳입니까? 도덕적으로 부패하고 죄악이 관영한 도시입니다. 애굽은 어떤 나라입니까? 하나님의 백성을 억압하고 우상을 숭배하던 제국입니다. 요한은 예수께서 십자가에 못 박히신 곳이 예루살렘이지만 영적 실상을 고발하고 있는 것입니다. 요한계시록을 문자 그대로만 읽으면 이 구절은 혼란스럽습니다. 하지만 ‘영적 상태’를 기준으로 보면 오히려 명확해집니다. 이런 식으로 요한계시록은 수많은 상징과 표현을 통해 참된 구원자 예수 그리스도를 계시합니다. 그렇기에 요한계시록을 영적으로 읽지 않으면 우리는 오해하게 됩니다.

그러나 제가 말하는 ‘영적으로 읽는다’는 것은 자의적으로 영해(靈解)하라는 뜻이 아닙니다. 영해는 본문의 본의를 떠나 자기 마음대로 의미를 짜깁기해 억지로 교훈을 끌어내는 잘못된 방법입니다. 반대로 제가 영적으로 읽어야 한다고 말씀드리는 것은 성경 전체의 맥락 속에서, 예수 그리스도의 복음과 구속사에 비추어, 성령의 조명 아래 본문의 상징의 참 뜻을 해석해야 한다는 의미 입니다. 따라서

‘영적 읽기’는 무책임한 알레고리 해석과는 차이가 큽니다.

예를 들어, ‘666’이라는 숫자를 사람의 이마나 오른손에 실제로 주어지는 ‘표’로 해석하는 것이 대표적인 것입니다. 요한계시록 13장의 666은 14장의 하나님의 인과 대조적인 것으로서 하나님께 속하지 않았다는 표식이지 실제로 눈에 보이는 표식이 아닙니다. 만일 눈에 보이는 표시라면 하나님의 인도 눈에 보여야 하는 것입니다. 또는 요한계시록의 ‘큰 바벨론’을 현대의 특정 국가로, ‘두 증인’을 어떤 특정인으로 연결하는 해석도 대표적 오류입니다. 이것은 요한계시록을 땅의 눈으로 읽은 결과입니다. 요한계시록이 기록될 당시 ‘바벨론’은 실재하던 국가가 아닙니다. 이미 바벨론은 기원전 539년에 멸망합니다. 그런데 왜 600년도 더 지난 뒤에 바벨론을 ‘큰 성’이라고 언급하는 걸까요? 그것은 바벨론이 하나님의 백성의 나라이자 땅인 예루살렘을 파괴하고 정복한 최초의 왕국이어서입니다. 그들이 이스라엘 백성들에게 가져다 준 트라우마는 상상할 수 없었습니다. 그래서 요한계시록의 바벨론은 실재하는 나라가 아니지만 하나님의 나라를 대적하고 하나님의 백성을 핍박하는 상징성을 가진 대표적 나라로 표현한 것입니다.

이처럼 요한계시록은 우리의 상식과 지식으로 그리고 문자적으로 해석하는 책이 아닙니다. 영적인 통찰과 분별력, 그리고 성령의 조명하심 아래 겸손히 읽어야 하는 책입니다.

둘째, 단어의 개념을 잘 정리해서 읽어야 합니다

요한계시록을 읽을 때 가장 먼저 마주하게 되는 단어가 바로 "예수 그리스도의 계시라"(1:1)입니다. 여기서 '계시'라는 단어 하나만해도, 성도들마다 떠올리는 이미지가 천차만별입니다. 누군가는 숨겨진 것을 열어 보여주는 환상 정도로 생각하고, 누군가는 신비한예언이나 미래 예측으로 이해합니다. 그런데 이 단어 하나의 정의가 어떻게 내려지느냐에 따라 요한계시록을 바라보는 전체 방향이달라지게 됩니다. 계시(啓示)란 열어서 보여준다는 의미입니다. 2천년 동안 닫혀진 게 아닙니다. 처음 사도 요한이 계시를 받을 때부터열린 것입니다. 원어인 '아포칼립쉬스'도 동일한 의미이죠. 뚜껑과덮개(칼립시스)를 걷어내어(아포) 내부를 보여준다는 의미입니다.즉 요한계시록은 예수 그리스도에 대해 열어서 보여주는 책입니다.

요한계시록은 상징적 단어가 넘칩니다. '짐승', '바벨론'은 하나님의 대적세력을 의미하는 상징어입니다. '이기는 자', '이기는 그'는 winner가 아니라 overcome을 의미합니다. 현대인의 성경은 '신앙의 승리자'(현대인의 성경)로도 번역했습니다. 즉, 어떤 상대와 싸워서 이긴 것이라기 보다 신앙을 붙들고 어려움과 환난을 극복하고이겨낸 자들을 의미합니다. 계시록에는 독특한 단어들이 꽹장히 많이 등장합니다. 그런데 이 단어들을 제대로 이해하지 못하고, 자신의 감정이나 시대적 상황에 맞춰서 임의로 해석해버리면 계시록은전혀 다른 메시지로 탈바꿈하게 됩니다.

'예언'이라는 단어도 그렇습니다. 한국 성도들 사이에서 '예언'이라고 하면 대부분 '개인적인 미래를 알려주는 것'으로 이해하는 경향이 강합니다. "올해 이직을 할까요?", "배우자는 언제 나타날까요?", "우리 자녀는 어떤 직업을 갖게 될까요?"와 같은 식의 질문에 대해 하나님께서 응답하시는 것, 그것이 '예언'이라고 생각합니다. 심지어 '예언기도'라는 말이 자연스럽게 교회 안에 자리 잡기도 했습니다.

하지만 성경에서 말하는 예언은 전혀 다릅니다. 성경에서 예언은 철저히 하나님의 나라에 대한 선포이며, 하나님의 뜻에 순종하라는 요청입니다. 예언은 인간의 앞날을 알려주는 점술이 아닙니다. 오히려 예언은 "회개하라, 하나님의 나라가 가까이 왔다"는 외침입니다. 침례 요한도, 예수님도, 사도 요한도 예언을 통해 미래의 정보를 알려주기보다 오늘을 하나님 앞에서 바로 살도록 부르시는 메시지를 전했습니다.

요한계시록도 마찬가지입니다. '이 예언의 말씀을 읽는 자, 듣는 자, 지키는 자는 복이 있다'고 말할 때의 '예언'은 어떤 특정한 미래의 사건을 맞추는 능력이 아니라, 이 세상을 향한 하나님의 뜻을 선포하고 그 뜻 앞에 회개하며 지금 돌아오라는 초청입니다. 요한계시록은 우상 숭배에 물든 세상을 향해 '지금' 돌아서라고 외칩니다. 짐승을 따라가는 이들에겐 심판이, 어린 양을 따르는 이들에겐 승리가 있다는 선지자적 메시지, 곧 '믿으면 살고, 거절하면 심판받는다'는 영적 현실을 전하는 책입니다. 따라서 요한계시록을 읽을 때는 반드시 등장하는 단어의 개념을 바르게 정리해 나가야 합니다. '666'은 무엇을 의미하는가? '흰 옷을 입은 무리'는 누구인가? '두 증인'은 실제 인물인가, 상징인가? 아마겟돈 전쟁은 무엇인가, 적그리스도는 누구인가 등등. 이 질문들에 대한 이해가 성경 전체와 신학적 일관성 위에서 설명되지 않으면, 요한계시록은 무분별한 상상력의 놀이터가 되고 맙니다. 그 결과, 일부 이단들은 자신들의 교주를 '이기는 자'라고 주장하고 기존 교회를 바벨론이라고 단정 지으며 심지어 교주를 계시록이 예언한 '약속의 목자'라고 주장하기에 이릅니다.

요한계시록은 미래 예측 도구가 아닙니다. 지금 여기에서, 하나님의 뜻대로 살고자 하는 자들을 위한 말씀입니다. 단어가 상징하는 의미를 제대로 파악할 때 우리는 요한계시록 속에서 길을 잃지 않고 어린 양이 주시는 승리의 길을 발견하게 될 줄로 믿습니다. 이 설교 전체가 그 길을 찾는데 도움이 되었으면 좋겠습니다.

셋째, 모호함·선명함 모두 있지만 오직 예수를 구원자로 결론내려야 합니다

영적으로 읽으라, 단어의 개념을 잘 정리하라고 했지만 막상 요한계시록을 읽다 보면 어떤 부분은 분명하게 이해되는데, 어떤 부분은 아무리 이해하려고 해도 쉽게 해석되지 않아 막히는 경험을 하게 됩니다. 그것은 지극히 자연스러운 일입니다. 모든 성경이 그렇지만,

특히 요한계시록은 묵시문학이라는 장르 특성상 상징과 은유가 풍부하고, 시공간을 초월하는 환상과 예언이 교차되기 때문에 완벽하게 논리적으로 이해하려고 하면 오히려 길을 잃게 되는 책입니다. 그런데 이 '모호함'을 이용해 자신만 모든 것을 통달했다고 주장하는 사람들이 등장합니다. 대표적인 예가 이단 교주들입니다.

이단 교주들은 자신이 요한계시록의 비밀을 깨달아서 2천년만에 그것을 열어서 보여준다는 말을 스스럼없이 합니다. 완전히 통달해서 막히는 구석 없이 술술 다 풀어준다고 합니다. 그들은 "요한계시록은 아무도 알 수 없지만, 오직 자신만이 그 비밀을 열었다"고 말합니다. 그러면서 사람들의 불안한 마음을 자극하며, "지금은 계시록의 시대", "약속의 목자를 만나야 구원받는다"는 식의 주장으로 성도들을 미혹합니다. 자신만이 요한계시록을 '술술' 풀어줄 수 있는 유일한 존재라는 듯이 말하는 그들의 언행은, 결국 자신을 신격화하려는 위험한 시도에 불과합니다. 그러나 사도들은 다음과 같이 경고합니다.

"또 그 모든 편지에도 이런 일에 관하여 말하였으되 그 중에 알기 어려운 것이 더러 있으니 무식한 자들과 굳세지 못한 자들이 다른 성경과 같이 그것도 억지로 풀다가 스스로 멸망에 이르느니라"(벧후 3:16).

성경은 통달할 수 있는 것이 아니라 오히려 알기 어려운 것이 더러 있다는 현실을 받아들여야 합니다. 때로는 모호할 수 있음을 인정해야 합니다. 그게 죄입니까? 아닙니다. 일일이 단어 하나하나를 제대로 정확하고 완벽하게 풀 수 있을까요? 아닙니다. 계시록의 단어 하나하나를 모두 정확하게 자세히 푸는 것은 거의 불가능할 뿐 아니라 그렇게 풀려고 집착하다가는 요한계시록의 산맥에서 길을 잃고 말 것입니다. 또한 성경은 억지로 푸는 자들이 오히려 무식하고 굳세지 못한 자들이라는 겁니다. 그 다음 구절을 볼까요?

"그러므로 사랑하는 자들아 너희가 이것을 미리 알았은즉 무법한 자들의 미혹에 이끌려 너희가 굳센 데서 떨어질까 삼가라 오직 우리 주 곧 구주 예수 그리스도의 은혜와 저를 아는 지식에서 자라가라 영광이 이제와 영원한 날까지 그에게 있을지어다"(벧후 3:17-18).

요한계시록의 가장 선명한 결론은 바로 여기에 있습니다. 그리스도의 은혜를 더욱 알아가고, 그분을 더 깊이 사랑하며, 그분께 영광 돌리는 신앙으로 나아가는 것. 모든 상징과 예언, 심판과 환상은 결국 이 한분, 예수 그리스도께로 우리를 이끌기 위한 도구입니다. 따라서 요한계시록을 바르게 읽었다면, 반드시 이런 고백이 따라와야 합니다.

"주님 큰 영광 받으소서. 홀로 찬양 받으소서!"

그렇지 않고, 요한계시록을 읽은 결과가 두려움과 불안, 종말의 공포, 특정 인물에 대한 맹목적 추종이라면 그것은 성경의 의도와는 정반대의 방향입니다. 오늘날 '계시록 시대'라며 소위 약속의 목자를 만나라거나, 재림 주를 찾으라는 말에 넘어가는 이들이 많습니다. 요한계시록에서 말씀하는 결론은 '주님을 떠나지 말고 굳게 붙들고 영원히 소망하라'인데, 그들은 '특정 사람에게 가라'고 말합니다. 이것이야말로 굳센 데서 떨어지는 일이며, 미혹의 영에게 이끌리는 길입니다.

그러므로 요한계시록을 읽으며 우리가 내려야 할 결론은 딱 하나입니다. "영광이 이제와 영원한 날까지 저에게 있을지어다", '저'가 누구인가요? 예수 그리스도이십니다. 이 고백이 있다면, 우리는 요한계시록을 바르게 읽고 있는 것입니다.

나가는 글

요한계시록은 때때로 영적인 상징들로 가득하고, 해석이 모호해 보일 때가 많습니다. 그러나 결론만큼은 명확하고 선명해야 합니다. 전능하신 하나님과 어린 양의 승리, 그것이 요한계시록의 마지막 메시지입니다. 모호하다고 해서 이 말씀을 멀리하거나 회피해서는 안 됩니다. 오히려 너무 명확하게 모든 걸 안다고 주장하는 태도가 더 위험합니다. 즉, 계시록을 이해하기 어렵다, 알지 못하겠다는 것은 정상이고, 요한계시록을 모두 깨달아 이해했다, 통달했다고 하면 그것은 조금 이상한 겁니다.

생각해보십시오. 요한계시록은 2천 년 전에 성령의 감동으로 기록된, 시기적으로도 아주 고대에 속하는 문서입니다. 지금 우리가 그것을 하나도 틀림없이 전부 통달해낼 수 있다면 과연 그게 사람일까요? 그건 자신을 신격화하는 주장과 다를 바가 없습니다.

성령님은 하나님의 깊은 것을 통달하시는 분이지만 우리가 그 성령을 받았다고 해서 모든 걸 자동으로 아는 초능력이 부여된 것이 아닙니다. 주님은 우리가 '진리로 인도함을 받는다'고 하셨지 '모든 것을 완벽히 이해하게 된다'고 말씀하지 않으셨습니다.

그런데 오늘날 어떤 이들은 자신이 통달 성령을 받았다고 하며, 요한계시록 전체를 다 풀 수 있다고 나섭니다. 그러나 그것은 진리가 아닙니다. 모호하고 이해되지 않는 부분이 있을 때 너무 억지로 끼워 맞추려 애쓰지 마십시오. 우리는 언젠가 거울로 보듯 희미하게 보던 것을, 얼굴과 얼굴을 맞대고 주님을 뵙는 날이 오게 될 것입니다. 지금은 그날을 소망하며 믿음으로 걸어가는 시기입니다. 사도 바울은 이렇게 고백합니다.

"깊도다 하나님의 지혜와 지식의 풍성함이여, 그의 판단은 헤아리지 못할 것이며 그의 길은 찾지 못할 것이로다 누가 주의 마음을 알았느냐 누가 그의 모사가 되었느냐 누가 주께 먼저 드려서 갚으심을 받겠느냐 이는 만물이 주에게서 나오고 주로 말미암고 주에게로 돌아감이라 그에게 영광이 세세에 있을지어다 아멘"(롬 11:33-36).

이 말씀에 진심으로 "아멘" 하실 수 있습니까? 바울은 자신조차도 하나님의 뜻을 모두 이해할 수 없지만 그 깊이를 찬양하며 하나님께 영광을 돌립니다. 우리 역시 모든 것을 이해하지 못하더라도 하나님이 찬양받으시기에 합당하신 분이라는 사실만은 분명히 고백할 수 있어야 합니다. 삶을 돌아보면 모호한 일들이 참 많습니다. 불확실한 미래, 설명되지 않는 고통, 예기치 못한 변화들, 특히 최근 급격히 발달하는 AI, 불안한 세계정세 등등. 이런 삶의 한복판에서도 하나님은 우리를 끝내 인도하시고 결국 승리케 하시는 분이십니다.

요한계시록을 읽을 때, 두려움과 혼란 속에 머무르고 있습니까? 아니면 예수 그리스도의 승리와 은혜를 바라보고 있습니까? 이해되지 않는 말씀 앞에서 억지로 설명하고 이해하려 애쓰십니까? 아니면 선명한 말씀, 이해되는 말씀을 붙들고 하나님께 영광 돌리려 하십니까? 저는 계시록을 읽는 성도들이 믿음으로 걸어가기를 선택하며 하루하루를 살아갔으면 좋겠습니다. 모호하고 불완전한 해석 가운데서도 선명하게 예수를 바라보며 찬양으로 나아가시길 소망합니다.

5. 숫자로 쉽게 파악하기(1장-22장)

여는 글

수학을 잘하려면 분수를 알아야 하고 국어를 잘하려면 주제 파악을 잘해야 합니다. 마찬가지로 요한계시록도 각 장의 주제를 잡아야 전체가 보입니다. 그래서 이번에는 숫자와 주제 파악을 엮어 1장부터 22장까지 '숫자로 쉽게 파악하기'를 시작하려 합니다.

요한계시록이 어려운 이유가 무엇일까요? 상징적인 단어 때문이기도 하지만, 사실 가장 큰 이유는 각 장에 어떤 내용이 있는지 제대로 알지 못해서입니다. 그래서 "요한계시록 몇 장!" 하면 곧바로 핵심 주제와 개략적 내용이 떠오를 수 있도록 각 장을 숫자와 키워드로 연결하여 설명하려 합니다. 여기서 말하는 숫자는 '일곱 영, 네 생물, 이십사 장로, 한때·두때·반때'처럼 본문 속에 나오는 상징적 숫자가 아닙니다. 단순히 1장은 1, 2장은 2, 3장은 3처럼 장 번호와 연결해 기억을 돕는 방식입니다. 제가 임의로 숫자에 키워드를 붙였으니 독자 여러분의 이해와 차이가 있을 수도 있습니다. 그러나 먼

저는 "요한계시록에 어떤 내용이 담겨 있는가"라는 큰 틀을 잡는 것이 목표라는 점 이해해 주시기 바랍니다.

1장 - 한분, 예수 그리스도

'1' 하면 오직 한 분, 곧 예수 그리스도를 떠올리면 됩니다. 요한계시록은 '예수의', '예수를 위한', '예수에 의한' 계시입니다. 사도 요한은 본 것을 "다 증언하였다"(1:2)고 선포합니다. 그러므로 신천지처럼 '계시록 시대에 사도요한격 목자가 필요하다'거나, '환상계시'나 '실상계시' 같은 성경에 없는 개념을 덧붙이는 것은 요한계시록이라는 최고의 명품을 훼손하는 행위입니다. 요한계시록은 예수를 계시한 책, 곧 예수님을 드러내는 명품입니다. 그는 십자가에서 죽으시고 부활승천하신 후 재림하실 영원한 왕(1:5-16)이십니다. 동시에 일곱 금 촛대 사이를 운행하시며 교회를 붙드시는 주님(1:17-20)이십니다. 따라서 1장의 키워드는 단순합니다. "한 분, 예수 그리스도"입니다.

2장과 3장 - 이기는 그

요한계시록 2장과 3장은 소아시아 일곱 교회에 보내는 편지로 구성되어 있습니다. 일곱교회는 과거의 역사적 공동체일 뿐만 아니라 오늘날 교회의 영적 상태를 그대로 비추는 거울과 같습니다. 에베소, 서머나, 버가모, 두아디라(이상 2장), 사데, 빌라델비아, 라오디게아(이상 3장) 일곱 교회에 전하는 편지들 속에는 예수 그리스도의 위엄 있는 자기소개와 더불어 교회에 대한 정확한 평가가 담겨 있습니다. 칭찬받는 교회도 있고, 책망받는 교회도 있습니다만 모든 교회에 공통적으로 반복되는 두 문장이 있습니다. 첫째는 "귀 있는 자는 성령이 교회들에게 하시는 말씀을 들을지어다"입니다. 둘째는 "이기는 그에게는…"으로 시작되는 약속입니다. 이 약속은 각 교회마다 다르지만 모두 '이기는 자'에게 주어진다는 점에서 동일합니다. 그런데 여기서 한 가지 중요한 오해를 짚고 넘어갈 필요가 있습니다. 바로 '이기는 그'라는 표현이 단수로 기록되었다는 이유로, 이것을 한 사람, 단 한 명의 특별한 인물로 해석하려는 시도가 있다는 점입니다. 대표적인 예가 신천지입니다. 그들은 이만희 한 사람을 이기는 자로 해석하고 '이긴 자'라고도 합니다. 계시록의 모든 축복이 그에게 주어졌다고 주장합니다. 세대주의 아버지라 할 수 있는 존 넬슨 다비(1800년-1882)도 이기는 자를 '단수'로 해석합니다. 그래서 교회의 배도 가운데서도 끝까지 이기는 성도 개인에게 축복을 약속하신 말씀이라고 해석합니다.

그러나 성경은 그렇게 말하지 않습니다. 요한계시록은 교회를 배도의 세력으로 본 것이 아니라 오히려 그리스도께서 오른 손으로 붙들고 계시다고 말씀합니다. 또한 '이기는 자'는 단수 표현이지만 특정 개인이나, 교회의 배도를 이기는 개인을 향한 약속의 말씀으로 국한할 수 없습니다. 현대인의 성경은 이 표현을 정확히 "신앙의 승리자"라고 번역합니다. 이기는 자는 예수 그리스도를 믿고, 끝까지 붙들며, 어떤 시험과 시련 속에서도 신앙을 포기하지 않는 모든 성도를 가리킵니다. 성도의 승리는 예수 그리스도의 승리가 모범입니다. 그리스도는 전투력이 아니라 어린 양으로서 죽음으로서 승리했음을 기억해야 합니다.

4장 - 네 생물이 외친, 거룩하다 거룩하다 거룩하다

4생물과 24장로가 하나님의 보좌에서 세세토록 살아계시는 이에게 경배합니다(10절). 2-3장이 지상의 교회를 보여준다면 4-5장은 이미 이기는 자들이 예배하고 경배하는 천상의 교회를 보여줍니다. 네 생물(사자, 송아지, 사람, 독수리)이 등장하는데 그들이 하는 일은 하나님을 찬양하고 경배하는 것입니다. 우리는 여기서 참된 예배에서 빠져서는 안되는 가장 중요한 요소를 발견합니다. 그 목표와 대상은 하나님입니다. 이 구도를 흔들면 안됩니다. 제가 故 이재록 씨(1943-2023)가 만민중앙교회 담임일 때 집회를 참석한 적이 있습니다. 집회 중에 카메라맨이 그의 손을 갑자기 클로즈업하더니 교회 방송실에서 이렇게 말하는 겁니다. "당회장님 손에 네 생물이 앉았습니다." 이는 곧 이재록 씨가 경배의 대상이라는 심각한 신성모독입니다. 요한계시록의 네 생물은 하나님만을 향해 예배하는 존재로 나오는데 그 네 생물이 사람의 손에 앉았다니요!

이처럼 요한계시록의 본질을 알지 못하면, 예배의 방향이 하나님에서 인간으로 바뀌는 미혹에 빠질 수 있습니다. 4장은 피조 세계의 모든 피조물이, 12와 12를 합해 24장로로 표현된 천상의 구원받은 존재가 참 예배를 드리는 장면을 보여줍니다. 하나님만이 예배 대상이라는 것이죠. 그런데 5장에서 예배 받는 존재가 또 등장합니다. 그가 누구일까요?

5장 - '오열'에서 어린 양을 향한 온전한 예배로

경찰에서 고소를 당했을 때 처분 결과를 받아 본 적 있으신가요? 처분 결과는 우편으로도 옵니다. 우편 물에는 당사자 외에는 펴보지 말고 이를 위반 했을시 법적 처벌을 받을 수 있다는 경고문이 표기돼 있습니다. 이것이 인봉입니다. 인봉된 두루마리는 아무도 펴서 볼 수가 없습니다.

4장에서 천상의 장엄한 예배를 목격한 사도 요한에게 하늘 보좌 위에 앉으신 하나님, 그 손에 들린 두루마리가 눈에 들어옵니다. 그곳엔 인류를 향한 하나님의 섭리와 구원 계획이 담겨 있습니다. 그런데 어찌된 영문인지 이 두루마리는 일곱 개의 인으로 완전히 봉인되어 아무도 펼쳐 볼 수가 없습니다(1). 요한은 그 두루마리를 바라보며 깊은 탄식을 터뜨립니다. 하늘 위에도, 땅 위에도, 땅 아래에도 능히 그 두루마리를 펴거나 볼 자가 없습니다(3). 바로 이때 요한은 5열, 통곡합니다. 4장의 장엄한 예배의 영광에서 절망의 눈물로 뒤바뀌는 순간입니다. 옛 뱀의 머리를 상하게 할 여자의 후손, 사탄을 멸망시키고 하나님의 백성을 구원할 구속사가 펼쳐져야 하는데 그것이 브레이크가 걸려 멈춘 듯한 절망, 그 뜻이 인류에게 알려지지 못할 것 같은 막막함, 요한은 그 앞에서 오열하는 것입니다(5:4). 그런데 바로 그 순간, 장로 중 하나가 요한에게 다가와 말합니다.

"울지 말라 유대 지파의 사자 다윗의 뿌리가 이겼으니 그 두루마리와 그 일곱 인을 떼시리라 하더라"(5:5).

완벽하게 봉해진 일곱 인이 어린양에 의해 완벽하게 떼어지게 됩니다. 따라서 계시록이 다시 인봉됐다, 그리스도가 하신 것처럼 계시록 시대에 인봉을 뗄 누군가가 나타나야 한다는, 그 어떤 미완성된 주장도 허용해선 안됩니다. 하나님을 경배하던 네 생물, 이십사 장로, 만만이요 천천인 천사들과 온 우주의 모든 피조물이 일곱 인을 뗀 어린양을 찬양합니다. 어린 양에 대해 하나님과 동일한 대상으로 여기며 이토록 장엄한 예배를 드리는 광경은 계시록 외에는 나오지 않습니다. 계시록은 예수께서 하나님이시다라고 명시적으로 표현하지 않을 뿐 모든 내용에서 예수가 곧 영원토록 찬양받으실 하나님이라고 선포합니다.

6장 - 여섯 인, 세상이 뒤흔들리다(심판으로 알려졌지만 사실 하나님의 엄중한 뜻을 전달하는 계시 사건으로 봐야 합니다)

6장이니 당연히 여섯 인 심판이 나오는 장으로 기억하면 됩니다. 어린 양이 인을 뗄 때마다 흰 말, 붉은 말, 검은 말, 청황색 말을 탄 자들이 등장하고 그와 관련해 벌어질 사건들이 파노라마처럼 펼쳐집니다. 이 말들의 이미지는 요한계시록에서만 처음 등장한 것이 아닙니다. 구약 스가랴 1장과 6장에서도 붉은 말, 자주색 말, 흰 말, 검은 말 등이 등장합니다. 이들을 통해 하나님의 보이지 않는 통치와 감찰, 그리고 때를 따라 임하는 징계와 회복을 환상으로 보여주었습니다(슥 6:1-8). 이와 유사하게 요한계시록 6장의 말들 역시 세상에 일어날 일들을 상징적으로 드러냅니다. 그 중에서도 다섯째 인을 주목해서 봐야 계시록 6장이 온전히 이해됩니다.

"거룩하고 참되신 대주재여 땅에 거하는 자들을 심판하여 우리 피를 갚아 주지 아니하시기를 어느 때까지 하시려 하나이까"(6:10).

일반적으로 첫째 인부터 넷째 인까지를 '심판'으로 해석해 왔습니다. 그런데 어떻습니까? 다섯째 인을 뗄 때 보니 아직 심판은 진행조차 되지 않았다는 겁니다. 죽임을 당한 영혼들이 "심판하여 우리 피를 갚아 주지 아니하시기를"이라며 원한을 풀어주시기를 하소연하기 때문입니다. 이 다섯째 인을 전제로 첫째부터 넷째 인까지를 접근하면 좋겠습니다. 첫째부터 넷째 인까지 등장한 사건들은 역사 속에서 복음으로 이기려는 그리스도인들에게 어떤 고난이 닥칠지 큰 그림을 보여 줍니다. 첫째 인은 복음의 진보를, 둘째부터 넷째 인은 그 과정 중에 그리스도인들이 세상에서 겪는 전쟁, 기근, 죽음과 같은 고통을 나타냅니다.

만일 첫째부터 넷째까지의 인을 떼는 사건이 세상을 향한 심판이었다면 순교자들은 다섯째 인을 뗄 때 '할렐루야'로 반응했을 것입니다. 그러나 그들은 심판이 아직 집행되지 않았음을 전제하고 '왜 심판하여 피를 갚아 주지 않으시느냐'고 탄원하고 있습니다. '할렐루야'는 19장이 지나서야 등장합니다.

그리고 드디어 신원의 기도 후 여섯 번째 인이 떼어질 때에야 비로소 지진과 해·달의 어두워짐, 별들의 낙하와 같은 우주적 격변이 하나님의 진노와 심판으로 표현됩니다(6:12-14). 6장 마지막에 "그들의 진노의 큰 날이 이르렀으니 누가 능히 서리요"(6:17)라는 질문은 모든 독자에게 긴장감을 안깁니다. 그리고 바로 다음 장인 7장은 그 질문에 대한 대답으로 시작됩니다.

7장과 14장 - 칠은 칠, 칠이 십사… 인침받은 자와 예배하는 무리

"칠일은 7, 칠이 14." 7장과 14장에만 나오는 개념이 있습니다. 십사만 사천입니다. 외우기 쉽습니다. 십사만 사천은 오직 7장과 14장에만 나옵니다. 그 십사만 사천명이 보좌와 어린양에게 구원이 있다며 새노래를 부르는 예배가 장엄하게 펼쳐집니다(7:10). 이는 6장 17절, "진노의 큰 날에 누가 능히 서리요"에 대한 답변으로서 제시됩니다. 아무도 하나님의 심판 앞에 설 수 없습니다. 그런데 엄혹한 심판도 십사만 사천 앞에서는 잠시 침묵하고 있어야 합니다(7:3).

이스라엘 12지파에서 십사만 사천 인을 친다고 했는데 이를 문자적으로 해석하면 안됩니다. 문자적 이스라엘로 보면 많은 문제가 발생합니다. 이스라엘 지파의 계수는 전쟁을 위한 계수입니다(민 1:20). 당연히 남자 중에서 뽑습니다. 여자는 뽑지 않습니다. 문자적으로 보면 여자는 십사만 사천에 들 수 없다고 해야 합니다(14:4).

지파도 구약에서 언급한 지파와 맞지 않습니다. '단'지파가 빠져 있고, 므낫세와 에브라임 지파 대신 요셉 지파를 넣었습니다. 장자인 르우벤이 아니라 '유다' 지파를 가장 앞에 넣었습니다. 문자적 이스라엘 12지파가 아니라 구원받는 사람들의 총수를 의미하는 상징적 숫자라는 걸 말해주기 위해서입니다. 십사만 사천 인을 친 후 계시록에 셀 수 없이 큰무리가 등장합니다. 이들은 어린 양의 피 뿌림으로 은총을 입은 사람들(7:14)로서 14장에 등장하는 십사만 사천과 동일한 존재들입니다.

14장에도 십사만 사천이 등장합니다. 이들은 시온 산 위에 어린 양과 함께 서 있는 자들로 나타납니다(14:1). 이들은 하나님의 이름을 이마에 새긴 자들이며 흠이 없고, 거짓이 없으며, 정결함을 지킨 자들입니다. 다시 말해 세상에 속하지 않고 어린 양께 속한 자들, 짐승의 표를 거부한 자들입니다(14:3).

8장 - 나'팔'심판

나'팔' 계시라고도 할 수 있습니다. 우박, 불, 바다, 별, 강 등이 해를 입습니다(6-12). 인·나팔·대접 심판은 같은 사건을 새로운 각도와 관점에서 설명한 것으로서 어린 양을 경배하지 않고 거절하는 짐승의 세력들에 대한 엄혹한 심판이 임함을 보여줍니다.

첫째 천사가 나팔을 불었을 때, 피 섞인 우박과 불이 나와 땅에 쏟아졌고, 땅 삼분의 일이 타버렸습니다(7). 둘째 천사가 나팔을 불자 불붙은 큰 산 같은 것이 바다에 던져져 바다 삼분의 일이 피가 되었습니다(8). 그 뒤를 이어 셋째 나팔에는 쓴 쑥 같은 큰 별이 강들과 물샘에 떨어져 많은 사람이 죽었고(8:10-11), 넷째 나팔이 불자 해와 달과 별의 삼분의 일이 어두워졌습니다(12). 이 나팔 계시가 여섯인 계시와 보이는 가장 큰 차이점은 하나님을 경배하기를 거절한 자들에게만 향하는 심판이라는 것입니다. 8장에 명시적으로 표현하지는 않았지만 얼마든지 그런 해석이 가능합니다. 왜냐하면 나팔 심판은 모든 성도의 기도 때문에 시작됩니다(3-4). 또한 이 심판은 '땅에 사는 자들'을 향한 것입니다(13). 땅은 하늘에 속한 백성이 아닌 짐승을 경배하는 자들을 의미합니다.

9장 - 구멍에서 피어오른 경고의 연기

'구'멍에서 연기가 나오며 세상이 어두워지고 이 땅이 전갈, 다섯 달의 괴로움(황충으로 표현된 메뚜기의 생존 활동 기간 5개월과 동일합니다), 황충(전쟁을 위해 예비한 말), 아바돈, 아불루온 등으로 표현되는 임금을 통해 이 땅에 화가 있다고 말합니다. 이 장면은 전쟁과 대량 살상, 폼페이 화산 폭발같은 그레코-로만 사회가 당시 두려워하던 최악의 천재지변 같은 사건을 빌려온 묵시적 표현입니다.

그러나 인·나팔을 심판이라고 하는데, 심판이라기 보다 '계시'사건이라고 봐야 합니다. 그 이유는 심판 자체가 목적이 아니라 당하는 사람들을 향한 '회개'(20), 회개!(21)가 목적이기 때문입니다. 회개, 무엇으로부터 돌이키라는 것일까요? 짐승을 경배하는 것에서 돌이켜 인 맞은 십사만 사천처럼 "구원하심이 보좌에 앉으신 우리 하나님과 어린양에게 있도다"(7:10)는 인정, 경배(7:11), 어린양의 피에 그 옷을 씻어 희게 한 사람(7:14)이 되길 바라시는 것입니다. 다른 사람도 아닌, 짐승을 경배하는 사람들조차!

8-9장의 전체 흐름을 볼 때 나팔 재앙 시리즈는 출애굽기의 재앙 구조와도 유사합니다. 애굽에 내려진 10가지 재앙이 그렇듯이 계시록의 나팔 심판은 하나님의 백성이 아닌 그들을 핍박하고 짐승을 따르는 자들을 향한 것입니다.

10장 - 펴놓인 작은 책과 '받아 먹으라'

10은 달걀 10판을 생각해 볼까요. 달걀은 먹는 겁니다. 따라서 10장에는 사도 요한이 두루마리의 작은 책을 받아먹는 사건이 나온다고 기억하시면 됩니다. 5장의 책은 예수님이 인봉을 직접 떼십니다. 이제 인봉이 떼졌으니 10장에는 '펴놓인 작은 책'이 나오는 겁니다. 이는 복음의 증인이 받아먹기에 감당할 만한 크기임을 의미합니다. 그러나 말씀을 먹을 때, 입에는 꿀같이 달지만 배에서는 쓰게 변합니다(10). 이는 하나님의 말씀을 받아들일 때의 기쁨과 달리 그 말씀을 갖고 세상 가운데 살아내고 증거할 때 따르는 고통과 희생을 보여줍니다. 얼마나 배에서 쓴지 11장에서 두 증인을 통해 그 쓴맛이 보여집니다.

11장 - 1+1, 두 증인

11은 1+1의 모습과도 유사합니다. 그래서 '둘', 11장에는 두 증인이 등장한다고 기억하시면 좀 쉽게 느껴지실 겁니다. 요한계시록 11장은 두 가지 주요 장면으로 구성됩니다. 먼저 요한은 하나님의 성전과 제단을 측량하라는 명령을 받습니다(11:1). 그러나 성전 바깥 마당은 이방인에게 주어져 마흔 두 달 동안 짓밟히게 됩니다(11:2), 이는 하나님의 백성, 곧 참된 예배자들을 구별하고 보호하심과 동시에 성도의 고난이 현실 속에서 계속될 것을 보여줍니다. 척량 후 등장하는 두 증인은 1,260일(3년 반, 한 때 두 때 반 때, 마흔 두 달 모두 동일한 기간입니다)을 예언합니다(11:3). 그들은 두 감람나무와 두 촛대로 묘사되는데 촛대는 요한계시록 1:20에 따르면 교회를 상징합니다. 즉, 이 두 증인은 고난 속에서도 그리스도를 증거하는 하나님의 충성된 교회 혹은 성도들로 이해할 수 있습니다.

두 증인이 함께 등장한 이유는 구약에서부터 강조된 증언의 확실성 때문입니다. 민수기 35:30과 신명기 19:15은 어떤 사건이든 반드시 두 명 이상의 증인에 의해 확정되어야 함을 강조합니다. 예수님도 제자들을 둘씩 짝지어 보내셨습니다(막 6:7).

하지만 여기서 끝나지 않습니다. 이 증인들은 죽은 뒤 3일 반 동안 거리에 버려지고 조롱당하지만 그 후 하나님의 생기가 그들 속에 들어가 살아나고, 하늘로 들림을 받습니다(11:11-12).

이제 1장부터 11장까지 계시록의 반을 지나왔습니다. 계시록의 반이 지나가는 11장에서 "일곱째 천사가 나팔을 불매 하늘에 큰 음성들이 나서 이르되 세상 나라가 우리 주와 그의 그리스도의 나라가 되어 그가 세세토록 왕 노릇 하시리로다 하니"(15)라고 결론을 내립니다. 이는 짐승과 음녀의 세력을 굴복시키시고 새 하늘 새 땅, 새예루살렘을 열어가는 계시록 19-22장에 다시 구체적으로 반복됩니다.

12장 - 시비거는 일곱머리 열뿔

십이장은 '시비'거는 존재가 등장합니다. 해를 옷 입은 여자가 해산을 하려 하자 일곱머리 열뿔이 달린 큰 붉은 용이 아이를 삼키려고 합니다. 그러나 하늘은 아이의 편입니다. 아이는 하늘로 올려가고 남자를 낳은 여자는 이 땅에서 용의 박해를 피해 광야로 가야 합니다. 그래도 희망이 있습니다. 하나님께서 뱀의 낯을 피할 광야를 예비하시며 거기서 1,260일 동안 양육하십니다(12:6). 12장은 구약부터 신약까지 면면히 흐르는 구속사 가운데 탄생하신 예수 그리스도와 그의 부활 승천, 이 땅에 남은 믿음의 공동체, 그에 대한 붉은 용의 공격과 하나님의 보호를 우주적 차원으로 변형한 스토리입니다. 따라서 여자가 광야에서 양육받는 1,260일은 상징적 시간으로서 11장에서 두 증인이 활동한 기간, 13장에서 짐승의 활동 기간과도 동일합니다. 이 시기에 성도들은 고난과 은혜가 공존하는 시간을 경험하게 됩니다. 그래도 우리 형제들은 어린 양의 피와 자기들이 '증언하는 말씀'으로 짐승을 이기게 됩니다(11). 때로 땅까지 나서서 여자를 향한 붉은 용의 공격을 막아내며 지키는 역할을 합니다(16).

13장 - 불길한 숫자, 바다와 땅에서 올라오는 짐승들

13은 서양에서 불길한 숫자로 여깁니다. 13장에선 하나님을 훼방하는 세력이 12장에 이어 또다시 실체를 드러냅니다. 바다에서도 올라오고(1) 땅에서도 올라옵니다(11). 어디서 올라오든 이들은 하나님께로 향해야 할 경배를 가로채는 게 최대 관심사입니다. 이에 속은 사람들은 짐승을 경배하게 됩니다(3-4). 보좌에 계신 분과 어린양을 경배하느냐, 아니면 짐승을 경배하느냐의 싸움이 요한계시록이 말하는 진정한 영적 전쟁입니다(8). 이것은 성도들의 미래에 있을 문제가 아니라 현재 일어나는 신앙의 실존적 문제입니다. 이 짐승은 그리스도를 카피해 죽은 것 같다가 살아나기도 하고(3) 11

장에 등장하는 두 증인을 흉내내 기적들을 베풉니다(13). 역시 사탄은 흉내를 참 잘냅니다.

이런 사탄을 경배하는 본질을 드러낸 숫자가 666입니다. 다시 정리하지만 계시록은 사람을 딱 두 종류로 구분합니다. 하나님을 경배하고 찬양하고 어린양을 따르는 사람들, 이들을 하나님의 인 맞은 자들, 어린 양의 생명책에 기록된 사람들(8절), 또는 십사만 사천이라고 합니다. 이 반대에 있는 사람 모두를 요한계시록은 짐승을 경배하는 자들, 짐승의 표를 받았다고 설명합니다(16-18). 누구를 경배하느냐가 초점이지 인체에 삽입하는 베리칩이나 바코드 등 육체의 표식이 아닙니다.

15장 - 마지막 재앙의 시보

십오장은 '시보'입니다. '시보'는 시간을 알리는 것을 말합니다. 어떤 시간일까요? 15장의 그 시간은 다름 아닌 마지막 재앙의 시간이 시작되는 시점입니다. 요한계시록 15장은 하나님의 대접 심판이 본격적으로 쏟아지기 직전, 그 이전의 숨 고르기와 같은 장면을 보여줍니다. 일곱 천사가 일곱 재앙을 가지고 등장하며, 이는 하나님의 마지막 심판이 임박했음을 시보처럼 알려 줍니다. 이제 모든 준비는 끝났고 하나님의 공의가 완성될 순간만이 남아 있습니다.

그러나 이 시점에서 가장 먼저 등장하는 것은 재앙이나 공포가 아닌 찬양입니다. 짐승과 그의 우상, 그리고 그 수를 이기고 벗어난 자들이 유리 바다 위에 서서 하나님께 찬양을 올립니다. 그들은 하나님의 거문고를 들고 '모세의 노래와 어린 양의 노래'를 부릅니다 (2-3). 이 노래는 이스라엘의 출애굽 당시 홍해를 건넌 후 부른 모세의 찬송(출 15장)과, 구속사역을 완성하신 어린 양을 찬양하는 노래가 결합된 구원의 승전가입니다. 이 찬양은 요한계시록 4장, 5장, 7장, 11장, 14장 등에서 반복적으로 등장하는 하나님과 어린 양을 향한 경배의 주제와 맞닿아 있습니다. 모든 구속받은 이들의 공통된 고백은 오직 하나님만이 거룩하시고, 의로우시며, 예배받으실 분이라는 것입니다. 이는 곧 이어질 일곱 대접 재앙이 두려움의 심판이 아니라 거룩과 공의의 실현이라는 점을 미리 밝히는 장면입니다.

그리고 5절에서 하늘에 증거장막의 성전이 열린다고 합니다. 이 말씀을 기초로 교회 이름을 증거장막성전이라고 백날 해봐야 예수를 경배하지 않으면, 사람이 예수의 자리를 대신하고 앉아서 경배받고 있으면 그건 성경의 증거장막성전이 아니라 666 짐승의 전당입니다. 그리스도의 진리는 간판에 있지 않습니다. 간판에 진리의 근거를 두고 자부심을 갖고 있다면 그건 헛된 나르시시즘에 불과합니다.

16장 - 대접심판

인·나팔·대접 심판은 6장, 8장, 16장으로 이어집니다. 팔일은 팔, 팔이십육으로 구구단을 외우듯이 8장은 나팔, 16장은 대접 심판으로 기억하시면 되겠습니다. 요한계시록 16장은 마지막 일곱 대접 심판이 본격적으로 쏟아지는 장면으로 하나님의 거룩과 어린 양의 주권이 세상에 드러나는 장입니다. 그런데 이 심판은 하나님이 세상을 다 깨뜨리고 저주하시는 심판이 아니라 심판을 통해 하나님의 뜻을 계시하시는 사건이라 할 수 있습니다. 하나님을 예배하지 않고 짐승의 표를 받은 사람들과 그 우상에게 경배하는 자들에게 엄중한 경고가 주어지는 사건입니다.

대접 심판의 내용은 악하고 독한 종기(2), 죽은 자의 피같이 된 바다(3), 피가 된 강과 물 근원(4), 크게 태워지는 사람들(8-9), 나라가 어두워지고 자기 혀를 깨물 정도로 아픔과 종기로 고통당하는 사람들(10-11), 유브라데 강이 말라 동방의 왕들의 길이 예비됨(12) 등입니다. "하나님께 영광을 돌리지 않고, 회개하지 아니하더라"(9)는 말씀이 보여주듯 대접 심판은 처절한 파괴가 목적이 아닙니다. 최종적으로 하나님께서 바라시는 바는 '회개'였음을 보여주는 계시 사건입니다. 그리고 세상에 대한 최종적 심판을 상징하는 아마겟돈(16) 전쟁이 펼쳐집니다. 대접 심판은 성도들이 함께 당하는 것이 아니라 우상숭배자들을 타깃으로 합니다. 또한 그들의 회개를 촉구한다는 점에서 하나님의 계시사건이라고도 할 수 있습니다(2, 6, 9, 11, 15, 21).

17장 - 일곱의 비밀

7에 대한 숫자가 일제히 등장하는 17장으로 기억하시면 되겠습니다. 7과 관련한 상징이 많이 나오고 그것에 대한 설명까지 친절하게 해주는 장이 17장입니다. 일곱 대접, 일곱 머리 열뿔(짐승의 비밀을 이른다 - 7), 일곱머리 - 일곱산(9), 일곱왕(10)이 나옵니다. 그 일곱의 뜻을 정확히 밝혀 주고 있습니다. 열뿔은 열왕(12), 많은 물(1절의 해석은 15절에 백성/ 무리/ 열국/ 방언들을 의미한다고 설명합니다) 위에 앉은 큰 음녀가 받을 심판에 대한 이야기가 17장입니다(1).

짐승은 어린 양과 더불어 싸웁니다. 그래도 어린 양을 이기지 못합니다. 어린 양은 만주의 주시요, 만왕의 왕이시기 때문입니다. 이기는 건 어린 양뿐만이 아닙니다. "그와 함께 있는 자들 곧 부르심을 받고 택하심을 받은 진실한 자들은 이기리로다"(14)고 말씀합니다. 신앙의 승리는 내가 하는 것 같지만, 어린 양에게 묻어가며 얻는 것입니다. '그와 함께 싸우는 자들이 이기리로다'라고 하지 않고 '그와 함께 있는 자들', '부르심을 받고 택하심을 받은 진실한 자들'이라고 하셨습니다. 싸움은 어린 양이 해주시고 그 대가는 어린 양과 함께 있는 자들이 함께 누린다는 의미입니다.

전쟁에는 백마를 탄 장군은 물론 그 외 기마병, 보병, 포병 등이 나섭니다. 최전방에서 혈전을 벌이는 그들이 승리하면 후방에 땅을 기반으로 살며 그들의 보호 속에 있는 국민들이 함께 승리의 결과를 누리게 됩니다. 어린 양이 승리하시니 그와 함께 있는 자들, 그 속에 함께 살아가는 자들이 함께 승리자가 되는 법입니다.

18장 – '18, 18' 바벨론 음녀가 패망하며 욕설하고 탄식하는 장

18장은 '큰 성 바벨론'의 화려했던 영광이 무너지는 장면을 선포하며 시작됩니다. 숫자 18은 욕으로도 들리기 때문에 18장은 바벨론의 멸망에 대한 세상의 '욕설과 탄식'으로 가득한 장이라 기억하면 쉽게 떠올릴 수 있습니다. "무너졌도다 무너졌도다 큰 성 바벨론이여"(2)라는 외침은 하나님의 심판이 확정되었음을 알립니다. 이 바벨론은 세상의 왕들과 음행했고 상인들과 결탁해 자신의 사치와 탐욕을 채웠습니다. 겉으로는 자주빛 옷과 금과 진주로 치장해 화려한 여왕처럼 보였지만 그 실체는 피 흘림과 음행, 탐욕으로 가득 찼습니다(18:3, 7).바벨론은 "나는 여왕으로 앉은 자요 과부가 아니라 결단코 애통함을 당하지 아니하리라" 교만하게 외치지만(7) "강하신 주 하나님"(8)의 심판은 피할 수 없습니다. 하루아침에 불로 심판받으며 그 멸망은 사람들의 무역망과 모든 체계까지도 함께 붕괴시키는 총체적 몰락으로 이어집니다. 세상 왕들과 상인들이 애통하며 바라보지만(10-11), 이 심판은 파괴로 끝내자는 게 아닙니다. 오히려 이 장은 구원의 마지막 기회를 다시 한번 강하게 호소하는 말씀입니다. 하나님은 이렇게 선포하십니다.

“내 백성아, 거기서 나와 그의 죄에 참여하지 말고 그가 받을 재앙들을 받지 말라”(18:4).

놀랍게도 바벨론 안에서도 하나님은 여전히 “내 백성”을 부르십니다. 그런 점에서 계시록의 심판은 완벽한 파괴가 아니라 끝까지 회개를 촉구하는 계시사건입니다. 구속의 초대는 끝까지 포기되지 않습니다.

19장 - 만왕의 왕 만주의 주의 승리

19는 ‘식구’(십구)와 발음이 비슷하지요. ‘그리스도 안의 식구들’이 함께 부르는 대합창의 장으로 이해하시면 되겠습니다. 바벨론의 멸망 이후, 요한계시록에서 처음 ‘할렐루야’가 등장합니다. 그것도 네 번 ‘할렐루야’ 찬양을 합니다(1, 3, 4, 6). 이는 앞선 18장에서 바벨론이 무너질 때 음악과 환희가 사라진 것(18:22)과 극명하게 대조됩니다. 거짓된 도성에는 노래가 사라지지만 어린 양의 나라에는 찬양이 가득합니다. 도대체 무엇을 찬양하는 걸까요? 구원과 영광과 능력이 우리 하나님께 있음(1), 하나님의 심판이 의롭고 참되심(2), 심판하신 그분이 또한 의롭게 통치하심(6)을 찬양합니다.

찬양 이후 백마 탄 그리스도의 심판 장면이 나옵니다. 백마를 타신 분은 “그 이름은 하나님의 말씀이라 칭하더라”(13)는 표현대로 곧 예수 그리스도 자신입니다. 이제 그리스도는 고난받는 종이 아니라 "그 옷과 다리에 이름 쓴 것이 있으니 만왕의 왕이요 만주의 주라"(19:16)는 이름을 가지신 통치자로 등장하십니다.

이 모든 과정은 시간 순서대로 일어난 사건이 아니라 어린 양의 승리를 반복해서 강조하기 위한 것입니다. 짐승은 이미 17장에서 어린 양에게 패배합니다. 그런데 19장에서 다시 한 번 짐승과 거짓 선지자가 잡히고, 그들을 따르던 자들이 유황불 붙는 못에 던져지는 심판이 반복해서 선언됩니다(20-21). 이는 반드시 무너질 바벨론의 현실을 반복적으로 각인시키기 위함입니다.

20장 - 천년왕국

지금은 2000년대입니다. 그래서 요한계시록 20장을 '2천년 = 천년왕국'으로 기억하면 좋습니다. 그래서 이 세상의 어떤 요한계시록 주석이나 강해서라 해도 20장 2절부터 6절까지를 어떻게 해석하는지만 보면 무천년설, 전천년설, 후천년설 중 어떤 견해를 따르는지 가늠할 수 있습니다. 그가 아무리 '나는 교리적 편견을 갖지 않고 성경 텍스트만으로 연구했다'고 해도 셋 중에 하나의 견해를 취하게 돼 있습니다. 천년왕국에 대한 견해는 1,500년 이상을 논쟁했지만 아직 결론이 나지 않았습니다. 그래서 천년왕국의 참뜻보다도 본질적으로 중요한 것은 요한계시록 전체가 말하고자 하는 복음 중심의 메시지와 하나님의 주권, 어린 양의 승리, 성도의 보호라는 주제로 20장을 살펴보는 것이 좋겠습니다.

무서운 옛뱀, 마귀, 사탄이 결박당합니다(2). 그런데 그 무서운 사탄을 잡고 결박하는 더 힘세고 강한 천사가 하늘에서 내려옵니다(1). 사탄은 공포스런 존재로 묘사되지만 결국 하늘에서 내려온 천사를 이길 수 없어 결박당하고 맙니다(2). 그러나 반드시 놓이는 날이 옵니다(3). 이 패턴은 하나님을 칭송하는 관용어와 확실히 다르다는 점을 알 수 있습니다. 하나님은 이제도 계시고 전에도 계시고 장차 오실 이라는 관용어로 그의 영원성이 표현됩니다(1:4, 4:8, 16:5). 반면 짐승은 있다가 사라지고, 죽게 된 거 같다가 다시 나타나는 등 등락과 명멸을 반복합니다(2-3). 결박당했다가 풀려나기도 합니다.

그런데 그가 어떤 상태가 되든 하는 일은 똑같습니다(7-8). 즉, 그에게 회개란, 회심이란, 반성이란 없습니다. 처음부터 끝까지 영원토록 그는 하나님께 반항하고 저항합니다. 그리고 공격하는 대상은 하나님과 그분의 백성입니다. 마치 복수할 당사자보다 그 자녀를 노리는 듯한 비열한 모습입니다. 마귀 사탄이 무저갱에서 풀려서 하는 일이라는 게 고작 땅의 사방 백성을 미혹하는 것입니다(8). 그리고 그들을 싸움을 붙이는 일입니다. 성도들의 진과 사랑하는 성을 두르고 공격합니다(8, 9). 그러나 하늘에서 이번엔 천사가 아니라 불이 내려와 그들을 태웁니다(9). 마귀가 불과 유황에 던져지니 거기는 마귀뿐만 아니라 짐승과 거짓선지자도 있어 세세토록 밤낮 괴로움을 받습니다(10). 사탄, 마귀, 거짓 선지자들을 두려워 할 일이 아닙니다. 그들은 천사의 손에, 하늘에서 내려오는 불에 순식간에 정리되는 날이 올 것입니다.

21장 - 새 하늘 새 땅의 신랑 신부

둘(2)이 하나(1)되는 장입니다. 부부의 날도 21일이지 않습니까. 부부가 지내려면 살 공간이 필요합니다. 따라서 21장에선 하나님과 그의 백성들이 함께하는 공간, 새 하늘 새 땅과 거룩한 성 새예루살렘이 나오는 장입니다. 사도 요한은 새 하늘과 새 땅, 그리고 거룩한 성 새 예루살렘이 신랑을 위하여 단장한 신부처럼 준비되어 있다고 합니다(2). 흥미롭게도 계시록21장은 우리가 신부처럼 단장하는 것이 아니라 하나님께서 우리를 위해 신부처럼 단장한 공간을 예비하셨다고 말합니다. 예수님도 요한복음 14:2-3에서 "너희를 위하여 거처를 예비하러 가노니"라고 말씀한 바 있습니다. 이처럼 21장에서 거룩한 성 새 예루살렘은 성도들이 만들고 신부 단장을 하며 준비하는 게 아니라 하나님께서 꽃단장을 해주셔서 내려보내신다고 말씀합니다. 21장은 이런 하나님의 언약이 완전히 실현되는 장입니다. "하나님이 그들과 함께 거하시리니 그들은 하나님의 백성이 되고 하나님은 친히 그들과 함께 계시리라"(3)는 말씀은 구약에서부터 반복되었던 "내가 너희 하나님이 되고 너희는 내 백성이 되리라"는 언약(출 6:7, 레 26:12, 렘 24:7)이 완성되었음을 선포합니다.

이 영광은 재림의 때에 완성되지만 그리스도 안에 있는 자는 재림의 때가 아니라 땅에서도 그 은혜를 누릴 수 있습니다. 완벽하지는 않습니다만 하나님과 동행하고 하나님의 백성으로 살아간다면 우리는 지금도 새 하늘과 새 땅의 삶을 살아가는 것입니다. 그러나 동시에 21장은 복된 현실에 참여하지 못하는 자들, 즉 둘째 사망에 이르를 자들에 대한 경고도 분명하게 합니다.

"두려워하는 자들과 믿지 아니하는 자들과 흉악한 자들과 살인자들과 음행하는 자들과 점술가들과 우상 숭배자들과 거짓말하는 모든 자들은 불과 유황으로 타는 못에 던져지리니 이것이 둘째 사망이라"(8).

결국 요한계시록 21장은 사탄의 승리는 전혀 없고 오직 어린 양 예수 그리스도의 승리와 심판, 그리고 그분이 예비하신 새 창조의 충만함으로 가득한 말씀입니다. 이 말씀은 미래에 완성될 말씀일 뿐만 아니라 오늘을 살아가는 성도들이 지금 이 땅에서부터 누릴 수 있는 은혜이기도 합니다. 우리가 매일의 삶 가운데서 하나님과 어린 양의 보좌로부터 흘러 나오는 생명의 말씀을 듣고 누린다면 말입니다.

22장 - 둘둘, 영원한 생명나무

투투라는 가수들이 1994년 처음 데뷔했을 때입니다. 투투라는 이름을 지은 이유에 대해 그들은 멤버들 모두 스물 두 살이라서 붙인

이름이라고 소개했습니다. 그들과 요한계시록이 아무 상관없지만 기억하기 쉽게 하나님의 나라는 22살의 젊음처럼 생명을 얻는 곳으로 기억해보겠습니다.

요한계시록 22장은 성경 전체의 결말이자 생명과 구속의 완성이 선포되는 장입니다. 계시록의 마지막 장인 이곳에서는 젊음과 같은 생명을 영원히 유지할 '생명나무'가 세 번 등장합니다(2, 14, 19), 그 나무는 12가지 열매를 달마다(즉 12개월이겠지요) 맺습니다. 12는 여전히 자주 등장합니다. 창세기에 등장했던 '선악을 알게 하는 나무'(창 2:9)는 더 이상 찾아볼 수 없고 오직 생명나무만이 존재합니다. 이는 생명과 영원, 그리고 안전이 완전히 보장된 공간임을 의미합니다. 우리의 의지나 타인의 영향에 따라 사망에 이를 가능성은 전혀 없는 곳이며 생명은 안전하게 확보되고 유지됩니다.

그곳에서는 사망도, 저주도, 사탄도 더 이상 존재하지 않습니다. 이미 앞선 장에서 결박되었던 마귀, 사탄, 옛 뱀은 불과 유황 못에 던져졌고(20:10), 이제는 생명을 주시는 하나님과 어린 양의 보좌가 그 중심에 있으며 그로부터 생명수의 강이 흘러나옵니다(1). 이 강 좌우편에는 생명나무가 있어 만국을 치료하는 잎사귀를 내고(2), 복을 받은 자들은 생명나무에 나아갈 권세를 얻게 됩니다(14). 이 모든 회복은 창세기에서 잃어버렸던 생명나무에 대한 완전한 회복이자 예수 그리스도 안에서 이루어진 구속의 절정이 무엇인지를 보여줍니다.

예수 그리스도께서는 이 장에서 "내가 속히 오리라"는 말씀을 세 번 반복하십니다(7, 12, 20). 이는 재림의 확실성을 선언하는 말씀입니다. 그러나 재림은 존재론적으로 단절되어 있다가 다시 연결되는 사건이 아니라 이미 우리와 늘 함께 계신 그분이 역사적으로, 최종적으로 다시 오시는 것입니다. 따라서 신실하게 주와 동행해온 자들의 고백은 자연스럽게 "아멘 주 예수여 오시옵소서"(20)라는 고백으로 이어집니다.

나가는 글

저는 때때로 요한계시록을 '두 존재의 거대한 전쟁'으로 소개합니다. 하나는 유약해 보이지만 실상은 만왕의 왕이신 '어린 양', 다른 하나는 위협적 외형을 지닌 '일곱 머리와 열 뿔 달린 짐승'입니다. 누가 이 전쟁의 최종 승자인가요? 요한계시록 전체를 따라가며 우리는 그 답을 분명히 보게 되었습니다.

1장부터 5장까지는 일곱 금촛대 사이에 계신 인자 같은 분, 곧 지금도 교회 가운데 계시는 예수 그리스도의 영광과 그분만이 인을 떼실 권세가 있음을 선포합니다. 그리스도는 역사의 시작과 끝을 여시는 분이며, 심판과 구원의 주권자이십니다.

6장부터 16장까지는 세 번의 일곱 심판(인, 나팔, 대접)을 통해 이 세상의 악과 심판, 그러나 동시에 구원의 백성들을 인치시는 하나님의 섭리를 보여줍니다. 어린 양의 피로 씻은 십사만 사천과 세상의 회개를 촉구하는 두 증인을 통해, 세상 한가운데에서 믿음을 지킨 자들의 궁극적 보호와 승리를 확증하십니다.

17장부터 22장까지는 짐승과 음녀 바벨론의 최후 멸망, 그리고 어린 양의 승리와 새 하늘 새 땅의 도래로 이어집니다. 그리스도의 신부인 교회는 아름답게 단장되어 어린 양과 혼인하고, 생명수의 강가에서 생명나무의 열매를 누리며 영원히 하나님과 함께 거하게 됩니다.

요한계시록은 종말에 대해서만 알려준 예언서에 그치지 않습니다. 지금 이 순간에도 우리 곁에 계시며 교회를 돌보시는 예수 그리스도, 이 세상의 역사와 심판과 회복을 이끄시는 하나님, 그리고 우리가 궁극적으로 가야 할 영원한 도성 새 예루살렘을 보여주는 복음의 책입니다. 짐승의 세력은 잠시 화려하고 위협적이지만 결국 유황불에 던져지는 일시적 존재입니다. 그러나 어린 양은 영원한 왕이시며, 모든 성도들의 승리의 주가 되십니다.

"큰 소리로 외쳐 이르되 구원하심이 보좌에 앉으신 우리 하나님과 어린 양에게 있도다 하니 모든 천사가 보좌와 장로들과 네 생물의 주위에 서 있다가 보좌 앞에 엎드려 얼굴을 대고 하나님께 경배하여 이르되 아멘 찬송과 영광과 지혜와 감사와 존귀와 권능과 힘이 우리 하나님께 세세토록 있을지어다 아멘 하더라"(계 7:10-12).

이제 우리는 고백합니다. 어린 양을 선택하는 것이야말로 가장 지혜로운 결정이며 가장 확실한 승리의 길이라고 말입니다. 요한계시록 1장부터 22장까지의 여정을 마무리하며, 다음 시간부터는 각 장에 담긴 주제들을 깊이 살펴보는 시간을 갖겠습니다.

제2부

복음 안에서
이기는 교회

6. 예수 그리스도의 계시(1장)

여는 글

기독교를 말할 때 우리가 하나님을 찾아가는 것이 아니라 하나님이 우리를 찾아오시는 종교라고 종종 말하곤 합니다. 그것을 계시종교라고도 하거든요. 그렇습니다. 오늘 예수님은 고달프고 모순에 빠져 있는 예수님의 제자 요한의 이야기로 시작합니다. 요한은 예수님을 땅의 임금들의 머리 되신 분이라고 고백합니다(1:5).

"또 충성된 증인으로 죽은 자들 가운데에서 먼저 나시고 땅의 임금들의 머리가 되신 예수 그리스도로 말미암아 은혜와 평강이 너희에게 있기를 원하노라."

그런데 그분을 증거하자 생긴 일이 뭡니까? 고작 밧모섬에 유배되듯 갇힌 겁니다(1:9).

"나 요한은 너희 형제요 예수의 환난과 나라와 참음에 동참하는 자라 하나님의 말씀과 예수를 증언하였음으로 말미암아 밧모라 하는 섬에 있었더니."

바다 건너편, 지금의 튀르키예 지역에는 자신이 목양하던 교회가 지척인 듯 멀지 않습니다. 그런데 자신은 밧모섬에 갇혀 있습니다. 사도 요한은 예수님께 할 말이 많았을 겁니다. "하나님, 이게 뭡니까!! 내가 저의 부귀 영화를 위해 살았습니까, 아니면 제가 명예를 얻자고 했습니까? 제가 한 것은 그리스도께서 이 땅의 진정한 왕이라고 한 거 아닙니까. 그런데 이게 뭡니까!!" 그런 사도요한에게 예수님이 찾아오십니다. 위로하거나 두드려주는 정도가 아니라, 하늘의 문을 활짝 여시고, 자신의 영광을 직접 계시하십니다. 왜일까요? 고난과 핍박, 외로움이 삶을 압도할 때에도 예수 그리스도는 여전히 살아계시고, 여전히 우리 곁에 계시며 역사의 주인으로서 이 세상의 마지막까지 다스리고 계신다는 것을 알려주시기 위해서입니다.

그러므로 오늘 우리가 요한계시록 1:1을 펼칠 때는 물론 마지막 덮을 때도 기억해야 할 가장 중요한 문장은 이것입니다.

"예수 그리스도의 계시라."

계시록은 종말의 암호가 아니라 그리스도가 구원자라는 밝고 환한 선언입니다. 이제 그분이 요한에게 다가가셔서 무엇을 보여주시는지 그 열린 계시의 첫 장으로 함께 들어가 보겠습니다.

첫째, 찾아오셔서 계시하시는 하나님

요한계시록은 "예수 그리스도의 계시라"(1:1)로 시작합니다. 이 첫 문장이 요한계시록 전체를 여는 열쇠입니다. '계시'의 헬라어는 아포칼립시스입니다. 아포(ἀπό)는 away from, 떼어낸다는 뜻입니다. 칼립시스(κάλυψις)는 '덮개', cover입니다. 계시라는 것은 감추어진 덮개를 벗겨내 드러내는 것, 숨겨진 실체를 밝히 드러내는 것입니다.

한 번은 제가 가족과 함께 독일과 이탈리아로 20일간 여행을 간 적이 있었습니다. 유럽의 피자, 파스타, 슈바인학세(독일식 족발) 등 다양한 음식을 맛봤지만, 한국에 돌아와 보니 집에서 묵은지 돼지김치찌개의 냄새가 가득했습니다. 처형께서 그걸 만들어 놓은 겁니다. 그 어떤 고급 음식보다도 강렬하게 입맛을 자극했습니다. 보글보글 끓는 냄비 뚜껑을 여는 그 순간, 진하게 우러난 국물과 김치, 그리고 잘 익은 고기의 향이 확 퍼졌습니다. 바로 그 '뚜껑을 여는' 것, 그것이 '계시'입니다. 덮개를 열고 진짜 내용을 드러내는 것, 그것이 요한계시록이 하는 일입니다.

어떤 감춰진 실체를 보여준다는 것일까요? 바로 예수 그리스도 자신입니다.

다시 본문을 보겠습니다.

"예수 그리스도의 계시라 이는 하나님이 그에게 주사 반드시 속히 일어날 일들을 그 종들에게 보이시려고 그의 천사를 그 종 요한에게 보내어 알게 하신 것이라"(1:1).

여기서 중요한 표현은 "예수 그리스도의 계시", 곧 예수님이 주체이시며 내용이시고 목적이시라는 것입니다. 요한계시록은 예수 그리스도를 드러내는 책입니다. 종말의 비밀을 푸는 암호책이 아닙니다. 노스트라다무스식의 예언서도 아닙니다. 요한계시록을 읽으며 떠올려야 할 유일한 분, 바로 예수 그리스도입니다. 그런데 많은 분들이 요한계시록 하면 무엇부터 떠올리십니까?

자꾸 초림 주와 분리해서 재림 주를 생각합니다. 인체에 삽입하는 짐승의 표 666 베리칩 같은 것을 떠올립니다. 일곱 머리 열 뿔 달린 짐승, 인·나팔·대접 재앙과 심판, 핵폭발, 세계 제 3차대전 등등 대재앙의 공포를 먼저 상상합니다.

물론 요한계시록에는 무시무시한 환난을 보여주는 상징적 표현이 다수 등장합니다. 그러나 그것들이 전하고자 하는 중심 메시지는 예수 그리스도와 성도의 최종적 승리이지 공포와 두려움이 아닙니다.

요한계시록은 이 세상의 모든 악한 권세가 결코 이기지 못할 왕, "땅의 임금들의 머리이신"(1:5) 예수 그리스도께서 지금도 살아계시며 우리를 끝까지 붙드시고 인도하신다는 소망을 보여줍니다. 이 계시의 핵심은 다음과 같습니다.

"우리를 사랑하사 그의 피로 우리 죄에서 우리를 해방하시고 그의 아버지 하나님을 위하여 우리를 나라와 제사장으로 삼으신 그에게 영광과 능력이 세세토록 있기를 원하노라 아멘"(1:5-6).

그러므로 요한계시록을 대할 때 중요하게 생각해야 할 게 있습니다. '무엇을 계시하는 책인가'가 아니라 '누구를 계시하는 책인가'를 먼저 물어야 합니다. 그 답은 명확합니다. "예수 그리스도"입니다. 십자가에 죽으시고 부활하시고 다시 오시는 그리스도이십니다. 계시록 뿐만 아니라 나아가 성경 전체도 마찬가지입니다. 말씀을 읽으면서 다른 무엇보다 예수 그리스도를 떠올리셔야 합니다. 왜냐하면 "성경은 곧 내게 대하여 증언하는 것"(요 5:39)이라 말씀하셨기 때문입니다.

성경을 읽을 때 십자가와 부활의 예수 그리스도가 떠오른다면 그 성경 읽기는 성공한 것입니다. 요한계시록이라고 달라야 할 이유가 있을까요? 예수의 계시요, 예수에 의한 계시요, 예수를 위한 계시입니다. 그분이 드러나는 순간, 우리는 참된 계시의 목적을 만난 것입니다. 기억하십시오. 요한계시록은 지금 21세기에, '계시록 시대'에 나타날 누군가를 계시하는 것이 아니라 예수 그리스도께서 천사들을 보내어 자기 자신에 대해 계시한 것입니다. 요한계시록 하면 누구를 떠올려야 할까요? 네 그렇습니다. 십자가에서 죽으시고 부활하셔서 영원히 살아계신 그리스도를 반드시 떠올리셔야 합니다.

둘째, 읽고 듣고 지키는 자에게 복을 약속하시는 하나님

요한계시록은 종말론적 환상을 풀기 위한 암호책이 아니라, 읽고 듣고 지키는 자들에게 복이 있다고 약속된 말씀입니다. 요한계시록 1장 3절은 이렇게 말합니다.

"이 예언의 말씀을 읽는 자와 듣는 자와 그 가운데에 기록한 것을 지키는 자는 복이 있나니 때가 가까움이라"(1:3).

하나님은 이 말씀을 열어 보여주시기 위해, 그리고 말씀에 순종하는 자에게 복을 주시기 위해 계시록을 주셨습니다. 그런데 현실에서는 어떻습니까? 한국 교회에서 요한계시록은 왠지 건드려선 안 될 위험한 책처럼 여겨지기도 합니다. 교회 내에서 요한계시록 전장을 강해설교나 성경공부로 제대로 들어본 성도들이 많지 않습니다. 그러다 보니 성도들은 말씀의 갈급함을 유튜브나 인터넷 강의로 해결하려다가 때로는 이단 단체의 성경공부에 빠지는 일도 생깁니다.

그러나 본문은 말합니다. 계시록은 숨겨진 책이 아닙니다. "이 예언의 말씀을 읽는 자, 듣는 자, 지키는 자는 복이 있다"고 분명히 선언합니다.

만일 계시록이 아직 열리지 않은 '봉함된 책'이라면, 어떻게 읽고, 듣고, 지킬 수 있겠습니까? 요한계시록은 그 당시에도 읽히고 있었고, 지금도 모든 시대의 성도에게 열려 있는 하나님의 말씀입니다.

그런데도 어떤 사람들은 말합니다. "지금이야말로 계시록이 열리는 시대다." 그 말은 2천 년 전 성도들은 계시록을 읽고도 아무것도 몰랐다는 전제가 깔린 주장입니다. 말이 되지 않습니다. 요한이 계시록을 쓸 당시에도 그 말씀을 통해 "예수 그리스도는 만왕의 왕이시고, 이 세상의 최종적 통치자이심을 고백한 성도들"이 있었습니다. 그 고백이 오늘 우리에게도 동일하게 울려 퍼져야 합니다. 계시록의 마지막 장을 덮고 난 후, 적그리스도가 두렵고, 핵전쟁이 일어날까 불안하고, 짐승의 표를 받을까 걱정된다면 우리는 뭔가 크게 잘못 읽은 것일 수 있습니다.

계시록은 성도에게 두려움을 주기 위한 책이 아니라 예수 그리스도의 승리를 선포하며 성도에게 소망과 복을 주기 위한 책입니다. 이것은 성경 전체의 일관된 메시지입니다.

"복 있는 사람은 악인들의 꾀를 따르지 아니하며…오직 여호와의 율법을 즐거워하여 그의 율법을 주야로 묵상하는도다"(시 1:1-2).

예수님도 말씀하십니다.

"이 말씀을 하실 때에 무리 중에서 한 여자가 음성을 높여 이르되 당신을 밴 태와 당신을 먹인 젖이 복이 있나이다 하니 예수께서 이르시되 오히려 하나님의 말씀을 듣고 지키는 자가 복이 있느니라 하시니라"(눅 11:27-28).

요한계시록도 동일한 말씀을 합니다. 이처럼 계시록은 특수한 책이 아니라, 말씀을 지키는 자가 복을 누린다는 성경 전체의 복음 원리 위에 세워진 책입니다. 그러므로 계시록을 무서워하지 마십시오. 이단의 책도 아니고, 암호 해독책도 아닙니다. 지금 이 자리에서 말씀을 읽고, 듣고, 지키려는 모든 분은 이미 복 있는 자입니다. 그리고 그 복의 근원은 예수 그리스도입니다. 우리는 늘 찬양하지 않습니까?

"복의 근원 강림하사 찬송하게 하소서."

복의 근원이 누구이십니까? 예수 그리스도입니다. 계시록을 읽으며 복의 근원인 예수 그리스도를 만나게 되시기를 축복합니다.

셋째, 이제도 계시고 전에도 계시고 장차 오실 하나님

요한계시록은 처음부터 끝까지 하나님과 어린 양의 영원성과 주권을 선포하는 책입니다. 가장 대표적인 표현이 바로 이것입니다.

"이제도 계시고 전에도 계셨고 장차 오실 이와 그의 보좌 앞에 있는 일곱 영과"(1:4).

"주 하나님이 이르시되 나는 알파와 오메가라 이제도 있고 전에도 있었고 장차 올 자요 전능한 자라 하시더라"(1:8).

이 표현은 하나님이 시간의 모든 차원을 초월하여 지금도, 과거에도, 미래에도 영원히 존재하신다는 선언입니다. 요한계시록은 이를 또 다른 말로 바꿔 설명합니다. 바로 "세세토록 살아계신 분"(1:18)입니다. 출 3:14을 보면 하나님께서 자기 소개를 해주십니다. "제가 이스라엘 자손에게 가서 '너희 조상의 하나님께서 나를 너희에게 보내셨다'하고 말하면, 그들이 저에게 '그의 이름이 무엇이냐?'하고 물을 터인데, 제가 그들에게 무엇이라고 대답해야 합니까?" 모세가 묻자 하나님이 말씀합니다. "나는 스스로 있는 자다"(나는 과거에도 있었고 지금도 있고 앞으로도 영원히 있을 자다). 때로 이 말은 알파와 오메가로도 설명되는 용어로서 하나님이 어떤 원인에 의해서가 아니라 스스로 영원무궁히 계신 분임을 강조합니다(21:6, 22:13).

세세토록, 알파와 오메가, 이제도 계시고 전에도 계시고 장차 오실 이는 삼위일체 하나님께서 현재·과거·미래의 시간 속에서 초월적으로 언제나 계시는 분이라는 의미입니다. 여기서 우리가 생각해야 할 것은 재림은 단절된 상태에서 오시는 게 아니라는 점입니다. 즉 우리와 완전히 별개의 나라에서 존재하시다가 갑자기 도둑처럼 재림하시는 개념이 아닙니다. 적어도 그리스도인에게 있어서는 그렇다는 말입니다. 재림은 이제(지금)도 있고, 전에도 있었던, 그리고 앞으로도 영원히 함께 계신 그리스도께서 장차 오신다는 개념입니다. 언제나 나와 함께 하시는 분이 다시 오신다는 강조적 오심입니다. 지금 나와 계신, 이제도 계신 주님에 대한 사랑이 마음에 기초로 자리잡은 신앙인이라면 그분이 다시 오신다는 말을 들었을 때 그것은 반갑고 감사하고 기쁜 일이지 두렵고 떨리고 공포스런 일이 되지 않습니다.

따라서 이 재림의 사건은 미래에 최종적으로 벌어질 일일 뿐만 아니라 지금 현재 내 삶의 종말과 관련해서도 연결해서 이해해야 하는 것이 맞습니다.

종말에는 두가지가 있습니다. 역사의 종말과 개인의 종말입니다. 역사의 마지막에 그리스도께서 재림하십니다. 그런데 그분이 우리와 단절돼 있는 분이 아니라고 설명했습니다. 늘 우리와 성령으로 함께 하시는 분입니다. 그리스도와 그렇게 연합된 우리가 죽는 순간, 즉 개인의 종말이 일어나는 순간, 우리는 그리스도와 참된 연합된 존재로서 그리스도를 맞이하게 됩니다. 이것 자체가 재림은 아니지만 개인의 새로운 차원의 그리스도의 오심을 경험하게 되는 순간이 될 것이라 믿습니다.

나가는 글

요한계시록 1장을 열고, 마지막 22장을 덮을 때 우리가 붙잡아야 할 진리는 단 하나입니다. 2천 년 전에 오신 예수 그리스도께서 그때나 지금이나 만왕의 왕이시며, 만주의 주이시며, 이 세상을 최종적으로 통치하시는 승리자이시다는 것입니다. 그런데 계시록을 읽고 나서 짐승의 표가 두려워지고, 적그리스도가 무섭고, 핵폭발과 아마겟돈 전쟁에 대한 공포만 남는다면, 우리는 반드시 질문해야 합니다. "나는 도대체 계시록을 통해 누구를 바라본 것인가?" 요한계시록은 줄곧 예수 그리스도의 승리, 그리고 그분을 따르는 성도들의 최종 승리를 선포합니다. 그러므로 요한계시록을 읽고 나면 감사와 찬양, 확신과 소망이 터져 나와야 합니다. 성경은 이렇게 말씀합니다.

"이제도 계시고 전에도 계셨고 장차 오실 이"(1:4, 8).

요한계시록의 가장 첫 장에서 '전에도 계신 이'나 '장차 오실 이'보다 '이제도 계신 이'를 왜 먼저 말할까요? 바로 지금도, 이 순간에도, 우리가 기뻐하는 순간뿐 아니라 쉬지 않고 기도하는 순간, 때로는 어둠 속에서 슬피 울며 고통당하는 그 순간에도 성도의 희노애락 모든 순간 속에 살아계신 주님께서 함께하심을 강조하기 위해서입니다.

오늘도 짐승의 세력은 우는 사자처럼 삼킬 자를 찾으며 날뛰고 있습니다(13:6). 그렇기에 우리는 미래에 오실 주님만 바라볼 것이 아니라, 지금 살아계신 예수 그리스도를 절실히 붙들어야 합니다. 예수님은 단순히 미래에만 나타나실 분이 아니라, 이미 지금 우리와 함께 계시는 주님이십니다. 요한계시록은 미래의 재림만을 기다리게 하는 책이 아닙니다. 지금 이 순간 살아 역사하시는 주님을 붙들도록 이끄는 책입니다. 그렇기에 우리는 이렇게 고백할 수 있어야 합니다. "아멘. 주 예수여 어서 오시옵소서"(22:20). 이 고백은 두려움이나 불안에서 나오는 것이 아니라, 지금 살아계셔서 우리와 함께하시는 주님에 대한 사랑과 확신에서 자연스럽게 터져 나오는 고백이어야 합니다.

우리 각자의 삶에도 짐승의 세력처럼 거대하고 무시무시한 문제들이 다가올 수 있습니다. 내 신앙으로는 도저히 극복할 수 없을 것 같은 시험과 환난이 밀려올 수 있습니다. 그럴 때마다 우리는 기억해야 합니다. 요한계시록이 말하는 '이제도 계시고, 전에도 계셨고, 장차 오실 이' 되시는 예수 그리스도, 그분이 지금 나와 함께 계신다는 사실을. 그분이 지금 내 옆에 서 계시고, 내 기도에 귀를 기울이시며, 나를 붙드신다는 사실을.

살아계신 하나님, 지금 우리와 함께하시는 예수 그리스도의 능력을 깊이 체험하는 복된 한 주가 되시기를 소망합니다.

7. 반드시 속히 일어날 일(1장, 4장)

여는 글

요한계시록 전체를 읽어 내려가면서 우리가 가장 먼저 풀어야 할 숙제가 있습니다. 그것은 바로 미래의 일로 보이는 문장들에 대한 재해석입니다. 요한계시록을 예수 그리스도의 복음과 장엄한 예배의 현장으로 우리를 이끌지 못하게 막는 장애물들이 있습니다. 아이러니하게도 그것은 다름 아닌 '미래에 일어날 일'로 여겨지는 문장들입니다. 이 문장들에 대한 이해가 바로 서지 않으면, 요한계시록을 아무리 읽어도 복음의 깊이에 닿지 못하고, 헛바퀴 돌듯 종말적 공포에 사로잡히게 됩니다.

대표적인 예가 오늘 본문 말씀에 등장하는 '반드시 속히 일어날 일들'(1:1)입니다. 또한 1장 3절에 나오는 '이 예언의 말씀을 읽는 자들'중 '예언'이라는 표현도 같은 종류의 단어입니다. 특히 '예언'이라는 단어는 미래의 사건을 점치는 것이 아니라, 선지자적 선포임을 우리가 이미 앞에서 정리한 바 있습니다. 그러나 이 '예언'의 개념을 잘못 정의하면 문제가 발생합니다. 신천지 같은 이단들은 바로 이 점을 악용하여, 요한계시록이 요한 당대의 사건이 아니라 1966년 시작한 장막성전을 예언한 것이라고 주장하며 그리스도 예수 중심의 복음에서 벗어난 해석을 펼칩니다. 이처럼 요한계시록 안에 '미래'를 연상시키는 단어들 – '반드시 속히 될 일'(1:1), '장차 될 일'(1:19), '이후에 마땅히 일어날 일들'(4:1), '속히 될 일'(22:6) 등 – 을 정리하고 바로 이해하지 않으면, 우리는 끝없이 길을 잃고 종말론적 혼란 속에 빠지게 됩니다.

이 문장들을 해석할 때 가장 흔하게 나타나는 오류는 무엇일까요? 바로 사도 요한의 입장에서 말씀을 해석하지 않고, 21세기를 살아가는 나 자신의 입장으로 곧바로 적용해 버리는 것입니다. 요한계시록 해석의 중심이 사도 요한에게 계시하신 성령님이 아니라, 오늘을 살아가는 '내'가 되어버리면, '반드시 속히 될 일'은 지금의 내 상황을 기준으로 해석되고 맙니다. 나를 기준으로 '장차 일어날 일'이 되고, 나를 중심으로 '속히 될 일'이 되어버립니다. 그렇게 되면 자연히 요한계시록은 예수 그리스도의 복음에 집중하지 못하고, '속히 벌어질 사건들'에 주파수를 맞추게 되고 맙니다. 이로 인해 요한계시록은 공포와 음모론, 그리고 특정 사건 예측의 책으로 전락하게 되는 것입니다.

따라서 우리는 이 용어들의 개념을 반드시 바로잡고, 요한계시록을 바르게 이해해야 합니다. 그렇게 할 때, 사이비 단체들의 미혹이나 균형을 잃은 종말론적 해석에서 벗어날 수 있습니다. 그렇다면 이제 질문을 던져야 합니다. 요한계시록에 등장하는 '반드시 속히 될 일', '장차 될 일', '이후에 마땅히 일어날 일들'은 과연 무엇을 의미하는 것일까요? 이제 우리는 그 본래적 의미를 사도 요한의 관점에서, 그리고 복음의 중심이신 예수 그리스도의 빛 아래에서 하나하나 살펴보아야 합니다.

첫째, 요한계시록 2장과 3장에 기록된 이기는 자가 누릴 축복이 "반드시 속히 될 일"입니다

우리는 요한계시록 1장 1절의 '반드시 속히 될 일'을 해석할 때, 오늘을 살아가는 우리의 입장이 아니라, 계시를 처음 받은 사도 요한의 입장에서 살펴보아야 한다고 말씀드렸습니다. 우선 질문드립니다. 사도 요한은 자신이 받은 계시의 내용을 알았을까요, 몰랐을까요? 알았습니다. 성경은 1장 1절에서 분명히 말합니다.

> "하나님이 그에게 주사 반드시 속히 일어날 일들을 그 종들에게 보이시려고 그의 천사를 그 종 요한에게 보내어 알게 하신 것이라."

이것이 요한계시록 해석의 기본입니다. 따라서 우리는 21세기에 일어날 어떤 특정한 재림의 징조로 요한계시록을 해석해서는 안됩니다. 계시의 첫 번째 수신자인 사도 요한이 알았던 내용, 그리고 그가 깨달았던 계시의 의미를 중심으로 읽어야 합니다. 그렇다면 사도 요한이 알았던 내용은 무엇이었을까요? 예수님께서는 요한에게 이렇게 말씀하셨습니다.

"그러므로 네가 본 것과 지금 있는 일과 장차 될 일을 기록하라"(1:19).

많은 분들이 '네가 본 것'은 계 1장의 승리자 예수 그리스도의 모습, '지금 있는 일'은 계 2장-3장의 소아시아 일곱 교회의 현실, '장차 될 일'은 4장 이후 인류의 미래에 진행될 일로 해석합니다. 그러나 저는 계 1:19 말씀 이후에 바로 이어지는 내용부터가 네가 본 것과 지금 있는 일과 장차 될 일을 통합하는 말씀이라고 봅니다. 1장의 말씀 이후에 바로 이어지는 내용이 무엇입니까? 그것은 소아시아 일곱 교회에 대한 편지입니다. 그 편지 속에는 이기는 자들에게 주어질 칭찬과 책망, 그리고 신앙의 승리자들에게 주어질 약속이 등장합니다. 어린 양이신 예수 그리스도께 끝까지 속하여 신앙을 버리지 않고 지키며 승리하는 자에게 주어지는 약속들, 그것이 바로 요한계시록이 말하는 '반드시 속히 될 일'이며, '장차 될 일'입니다.

우리는 요한계시록 2장과 3장에서 이기는 자들에게 약속된 축복들을 하나하나 살펴볼 수 있습니다. 생명나무의 열매를 먹는 축복(2:7), 둘째 사망의 해를 받지 않는 축복(2:11), 감추인 만나를 받는 축복(2:17), 만국을 다스리는 권세를 받는 축복(2:26-27), 생명책에서 지워지지 않고 아버지와 그 천사들 앞에서 시인받는 축복(3:5), 새 예루살렘의 이름과 나의 새 이름을 그의 이마에 기록하리라는 복(3:12), 아버지의 보좌에 함께 앉는 축복(3:21) 등입니다. 중요한 것은 이 축복들이 먼 미래에나 주어질 약속이 아니라는 점입니다. 이 약속들은 소아시아 일곱 교회, 에베소부터 라오디게아까지 실제로 존재했던 그리스도인 공동체에게 주어진 실제적인 소망의 약속입니다. 재림 때의 신앙인들만을 대상으로 한 약속이 아니라, 이미 초대교회 시대를 살아가던 신앙 공동체에게 실질적인 소망으로 선포된 것입니다.

그렇다면 왜 이 약속들을 '반드시 속히 될 일'이라 표현했을까요? 그것은 당시 초대교회의 상황과 직결됩니다. 도미티안 황제(Domitianus, A.D. 81-96)는 네로 황제를 떠올리게 하는 잔혹한 통치를 펼쳤습니다. 네로는 그리스도인들을 십자가에 못 박고, 화형시켜 로마 정원의 횃불로 삼거나, 원형 경기장에서 맹수에게 던져 죽이는 등 잔혹한 박해를 자행했던 인물입니다. 도미티안 역시 그 치세 동안 기독교인들과 유대인들을 박해했기에 '작은 네로'라는 별명을 얻었습니다. 초대교회 성도들에게 눈에 보이는 현실은 고난과 핍박뿐이었습니다. 복음을 전하고 믿음을 지키는 일이 목숨을 내놓아야 하는 치열한 싸움이었습니다.

이처럼 고통스럽고 절망스러워 보이는 시대 속에서 사도 요한은 성도들에게 소망을 잃지 말라고 외칩니다. 끝까지 믿음을 지키는,

이기는 자들에게는 반드시 생명나무의 열매가, 둘째 사망의 해를 받지 않는 은혜가, 하나님의 보좌에 함께 앉는 승리의 영광이 약속되어 있다는 사실을 힘주어 선포합니다. 이 약속은 먼 미래에 어쩌면 이루어질지 모르는 희미한 기대가 아닙니다. 핍박 속에 살아가는 초대교회 성도들에게 주어진 확실한 약속이며, 바로 그들에게 '반드시 속히' 이룰 하나님의 변함없는 선언입니다. 그러므로 요한계시록은 죽음과 핍박의 공포를 넘어 이기는 자들에게 준비된 승리의 확신을 선포하는 복음의 책임을 우리는 반드시 기억해야 합니다.

둘째, 천상 교회의 영화로움이 반드시 속히 일어날 일입니다

요한계시록 2장과 3장에서 사도 요한은 전투하는 지상 교회의 모습을 매우 치열하게 그립니다. 일곱 교회의 사자들을 예수께서 친히 붙드시고, 그 일곱 촛대(곧 교회) 사이를 거니시며 돌보십니다(2:1). 그러나 주님께서 붙드시고 운행하시는 교회라 할지라도 현실에서는 끊임없는 공격에 노출되어 있습니다. 자칭 사도라 주장하는 자들(2:2), 니골라당(2:6, 2:15), 자칭 유대인이라 하면서 실상은 사탄의 회당인 자들(2:9), 이세벨 같은 거짓 선지자들(2:20)이 교회 안팎을 넘나들며 미혹하고 공격하는 상황을 묘사합니다. 이 치열한 영적 전쟁 속에서도 주님은 귀 있는 자마다 이기는 자들에게 주어질 축복을 듣게 하시고, 끝까지 믿음을 지키기를 권면하십니다.

이렇게 지상의 전투하는 교회의 모습을 보여주신 후 성령께서는 사도 요한의 시선을 땅에만 머물지 않게 하십니다. 2장과 3장의 치열한 전투적 현실을 보여주신 다음, "이후에 마땅히 일어날 일들"(4:1)을 보이십니다. 성령의 감동을 받은 요한은 하늘에 베풀어진 보좌(4:2)를 보게 됩니다. 그리고 그 보좌를 중심으로 네 생물과 이십사 장로, 만만이요 천천인 천사들, 하늘과 땅과 바다의 모든 피조물들이 어린 양을 찬양하고 경배하는 장엄한 예배의 광경(5:11)을 목도하게 됩니다. 지상에서는 박해와 핍박, 그리고 책망과 칭찬이 교차하는 한계 많은 교회가 고난 속에 몸부림치고 있습니다. 도미티안 황제와 같은 세상의 권세자들은 그리스도인들을 십자가에 매달고, 짐승에게 던지며, 화형시키는 형벌을 자행하고 있습니다. 당시의 그리스도인들은 하나님을 찬양해야 할지, 아니면 세상의 권력자인 도미티안을 경배해야 할지 갈등 속에 놓여 있었습니다. 그런 현실 앞에 성령께서는 지상의 어려운 교회 모습만을 보여주지 않으시고, 하늘에 펼쳐진 참된 교회의 영화로움을 요한에게 열어 보여주십니다.

하늘의 교회를 보니, 도미티안이 세상의 임금이 아니라, 하나님과 어린 양이 보좌에 앉아 계십니다. 그리고 온 피조물들이 "보좌에 앉으신 이와 어린 양에게 찬송과 존귀와 영광과 권능을 세세토록 돌릴지어다"(5:13)라며 장엄한 예배를 드리고 있습니다. 바로 이 천상의 광경이야말로 "반드시 속히 될 일", "마땅히 일어날 일"로서, 지금 지상의 고난을 견디는 교회에 주어지는 가장 확실한 소망이 됩니다.

지상의 교회는 한계투성이지만, 천상의 교회는 온전하고 영광스럽습니다. 이 장면은 단순한 위안이나 상상이 아니라 믿음의 승리자들이 궁극적으로 누리게 될 실제적 약속입니다.

그렇다면 천상의 이 영화로움은 어떻게 볼 수 있을까요? 그렇습니다. 성령님의 감동으로만 볼 수 있습니다. 사도 요한이 밧모라는 외로운 섬에 갇혀 있을 때, 인간적인 눈으로는 오직 쓸쓸함과 절망밖에 보이지 않았습니다. 그러나 성령께서 감동시키셨을 때, 그의 눈에는 하늘의 보좌가 열리고, 영화로운 찬양과 경배가 펼쳐졌습니다. 우리도 마찬가지입니다. 우리는 매일매일 이 땅에서 치열한 인생을 살아갑니다. 살다 보니 어느새 세월이 흘러 지금의 나이에 이르렀고, 정신없이 바쁜 하루하루 속에 몸과 마음이 지칠 때도 많습니다. 그런데 그 와중에도 문득 교회를 생각하게 되고, 하나님 나라를 그리워하게 되고, 더 나은 본향을 소망하게 된다면, 그것은 내 의지의 산물이 아니라, 성령께서 우리 마음에 부어주시는 감동 덕분인 줄 믿습니다. 성령의 감동이 있을 때 우리는 비로소 지상의 고난을 넘어 천상의 영광을 바라보게 됩니다. 그리고 그 영화로움은 반드시 속히 우리에게 다가올 것입니다.

셋째, 어린 양이신 그리스도의 최종적 승리가 반드시 속히 될 일입니다

사도요한에게 처음 계시를 한 나팔소리 같은 음성이 '이후에 마땅히 될 일을 내가 네게 보이리라'고 하십니다. 그리고 보여주시는 장면은 무엇입니까? 4장은 천상에서 하나님께서 경배받는 장엄한 광경이었습니다. 그런데 중요한 것은 어린 양으로 상징화된 예수께서 보좌에 앉으셔서 하나님과 동등한 신격으로 경배 받으시는 장면을 5장에 연속으로 보여주신다는 점입니다. 이것이 반드시 속히 될 일, 마땅히 될 일의 가장 중요한 핵심입니다.

요한계시록의 대단원은 백보좌 심판과 천년왕국, 새 하늘 새 땅이 등장하는 20장-22장으로 마무리됩니다. 그러나 그보다 먼저 성령께서는 4장-5장에서 이미 가장 중요한 결론을 보여주고 계십니다. 왜냐하면 4-5장에서는 하나님과 어린 양의 최종적 승리, 피조물의 최후의 상태가 어떤 모습이어야 하는지, 그리고 온 인류와 피조세계가 어떻게 될 것인지를 우주적 찬양과 경배로 보여주시기 때문입니다.

하나님과 피조물이 비로소 바른 자리를 찾고 바른 위치를 찾은 최상의 상태가 20장 이후가 아니라 먼저 4장과 5장에 등장하는 겁니다. 이곳에선 어떤 사람도 하나님이 되려고 도전하지 못합니다. 아담은 "너희가 그것을 먹는 날에는 너희 눈이 밝아져 하나님과 같이 되어 선악을 알 줄 하나님이 아심이니라"(창 3:5)는 옛뱀의 말에 속아 하나님과 같이 될 욕망으로 원죄를 지었습니다. 그래서 죄가 세상에 들어오고 사망이 모든 사람에게 이른 겁니다.

그러나 죽은 것처럼 보이는 어린 양이 천상에서는 일곱 뿔과 일곱 눈을 가진 완전한 권세와 완전한 지혜를 가지시고 온 땅을 호령하는 존재(5:6)로 나타납니다. 어린 양의 죽음이 하나님의 오른손에 일곱 인으로 완벽히 봉인된 두루마리를 취해서 뗄 자격으로 반전되는 현상을 천상에서 보여주는 겁니다.

아담은 하나님과 같이 되고자 하는 욕심으로 선악과를 취해 사망을 불러 왔지만 어린 양은 우리를 대신하여 죽으심으로 인봉을 뗄 자격을 갖춘 분이 되시는 겁니다.

	아담	어린 양
행동	하나님과 같이 되려는 욕심으로 선악과를 따먹음	일찍이 죽으시고 사람들에게 생명을 주심
결과	세상에 죄와 사망을 불러 옴	하나님의 오른손에 있는 두루마리를 취하시고 믿는 모든 이에게 구원을 주심

이후에 마땅히 될 일을 네게 보이리라고 하신 성령님은 4장에서 하나님의 보좌의 장엄함을 보이신 뒤에 5장에서 하나님과 동등하신 분 예수 그리스도를 보여주십니다. 그리고 어린 양이신 그리스도께서 하나님의 보좌에서 동일하게 성도들의 찬양과 영광을 받는 장면을 펼쳐주십니다. 하나님과 예수님은 하늘의 보좌에 앉으시고 그 주변에 천상의 교회를 상징하는 네 생물과 이십사 장로와 만만천천의

천사들과 하늘과 땅과 모든 피조물들이 자기 자리를 찾아갑니다. 이 것이 이후에 마땅히 될 일, 반드시 속히 될 일입니다.

"내가 또 들으니 하늘 위에와 땅 위에와 땅 아래와 바다 위에와 또 그 가운데 모든 피조물이 이르되 보좌에 앉으신 이와 어린 양에게 찬송과 존귀와 영광과 권능을 세세토록 돌릴지어다 하니"(5:13).

나가는 글

요한계시록은 "반드시 속히 될 일들"이라는 선언으로 시작됩니다. 이 표현 때문에 많은 사람들이 계시록을 미래의 재림과 심판에 관한 예언서로 오해하곤 합니다. 그러나 요한계시록은 연대기적 기록이나 지구 최후의 종말 예언서가 아닙니다. 요한계시록은 예수 그리스도의 복음과 승리, 그리고 하나님의 통치에 대한 상징적이고 선지자적인 선포입니다.

여기서 "반드시 속히 될 일"은 초대교회 성도들에게 주어진 약속이자, 모든 시대의 성도들을 향한 영원한 위로의 말씀입니다. 이 약속은 먼 미래의 사건만을 지칭하는 것이 아니라, 그 당시에도, 그리고 지금 우리에게도 적용되는 초월적인 말씀입니다. 예를 들어, 믿음을 지키는 자들에게는 생명나무의 열매를 주시고, 둘째 사망의 해를 받지 않는 복을 약속하신다는 말씀(2-3장)은 모든 성도에게 실질적인 소망이자 약속이자 언약입니다.

요한계시록은 지상에서 핍박받는 교회와 천상에서 영화롭게 예배하는 교회를 강렬히 대비시킵니다. 땅에서는 믿음을 지키기 위한 치열한 전투가 계속되지만, 하늘에서는 어린 양과 하나님께 모든 피조물이 찬양을 올리는 장엄한 장면이 펼쳐집니다. 이 대조는 고난받는 성도들에게 천상 영광의 확실성을 심어줍니다.

무엇보다 요한계시록의 궁극적 메시지는 어린 양 되신 예수 그리스도의 최종적 승리입니다. 예수님은 죽임을 당하셨지만 하나님과 동등한 경배를 받으시며, 온 우주의 통치자로 드러나십니다. 이는 하나님과 피조물이 제 자리를 회복하는 우주적 질서의 완성을 상징합니다.

그러나 많은 이들이 이 계시를 'SF영화 같은 심판의 드라마'로 오해합니다. 예컨대 영화 터미네이터2의 부제처럼 'Judgment Day'라는 식으로 핵전쟁, 로봇 전사 등을 떠올리는 경우가 많습니다. 그러나 요한계시록은 그런 이미지의 책이 아닙니다. "반드시 속히 될 일들"은 인류의 미래에 벌어질 핵전쟁이 아니라, 밧모섬에 갇힌 사도 요한(1:9)에게 주어진 그리스도 중심의 복음적 계시입니다.

우리가 사는 시간은 짧습니다. 영원할 것 같은 청춘도, 권력도, 재물도 모두 순식간에 지나갑니다. 우리 각자에게 '속히 올 날'이 다가오고 있습니다. 그것은 우리의 생명이 다하는 날이며, 주님의 존전 앞에 서게 될 날입니다. 그때, 지상에서 신앙의 싸움을 감당하며 예배를 드리던 성도는 천상에서 찬란한 경배의 주체가 될 것입니다.

이것이야말로 반드시 속히 될 일, 마땅히 될 일입니다. 그러므로 오늘 이 말씀 앞에 결단해야 합니다. 계시록을 공포의 예언으로 읽지 말고, 승리의 복음으로 받아들이십시오.

그리고 바로, 지금, 여기서 천상에 계신 하나님과 어린 양의 보좌를 바라보며 내가 어떤 존재인지, 요한계시록을 통해 존엄한 그리스도의 자녀임을 되새기며 살아가시기를 주님의 이름으로 축원합니다.

8. 지상교회가 새하늘 새땅에서 누릴 영광 (2-3장, 21-22장)

여는 글

"됐어!" 1967년 어느 날, 장막성전 교주는 마당 밖으로 뛰쳐나오며 이렇게 외쳤습니다. 마치 자신이 응원하는 팀이 2사 만루에서 끝내기 역전 만루홈런이라도 친 것처럼 흥분한 표정이었습니다. 그날은 제3차 중동전쟁, 소위 '6일 전쟁'이 발발한 날이었습니다. 그러나 교주의 반응은 전쟁 자체 때문이 아니라, 그가 예언한 종말의 날이 가까워졌다고 확신했기 때문이었습니다. 그는 1969년 9월 14일을 세계 종말의 날로 선포했고, 그 예언을 믿은 이들은 자신의 재산을 바치고 장막성전으로 들어갔습니다. 당시 약 2천여 명이 삶을 걸었고 전쟁은 그들의 불안을 '확신'으로 바꾸는 도화선이 되었습니다. 사람들은 재산을 바치고 교주는 그 불안을 이용해 종말 비즈니스를 대성공으로 이끌 수 있다고 믿었을 것입니다.

이 모습은 지금도 낯설지 않습니다. 2020년대에 들어서면서, 유사한 사이비 종말론자들이 곳곳에서 다시 기지개를 켜고 있습니다. 세계 곳곳의 무력 충돌 – 이스라엘·하마스의 전쟁, 러시아·우크라이나 전쟁 – 은 좀처럼 수그러들지 않고, 사람들은 종말의 징조를 찾기 시작합니다. 일부는 급기야 특정 사건을 요한계시록에 등장하는 '몇 번째 나팔' 혹은 '몇 번째 대접' 심판이라고 단정합니다.

이러한 종말론 해석은 단지 해석의 문제가 아니라 사람들의 신앙을 왜곡하고 현혹하는 심각한 위험이 됩니다. 특히 2020년에서 2030년 사이를 종말의 시기로 예언한 이들, 특정 날짜에 재림이 임할 것이라고 주장한 자들이, 지금쯤 어딘가에서 회심의 미소를 짓고 있을지도 모릅니다. 그들의 메시지는 늘 "회개하라, 주님이 곧 오신다"는 익숙한 표현을 앞세우지만, 실제로는 '재림'이라는 단어를 사적으로 사용하며 자기 단체의 권위를 높이는 데 이용해 왔습니다. 성도들이 경계하지 않으면 이런 종말론적 분위기에 쉽게 휘말릴 수 있습니다.

그래서 오늘날처럼 불안과 공포가 만연한 시기일수록 우리는 요한계시록을 '바르게 읽고, 듣고, 지키는 자'가 되어야 합니다(1:3). 요한계시록은 공포의 책이 아니라, 궁극적인 승리와 소망의 책입니다. 그 중심에는 '이기는 자'들에게 주어질 하늘의 약속이 있습니다.

이번 시간에는 요한계시록 2장-3장에 나오는 일곱 교회에 주어진 "이기는 자"의 축복이 어떻게 21-22장에서 새 하늘과 새 땅의 영광으로 성취되는지를 조명하고자 합니다.

첫째, 우리의 현실을 깊이 아시는 하나님

요한계시록에서 일곱 교회에 주신 예수님의 메시지는 오늘 우리에게 깊은 도전을 줍니다. 주님은 각 교회의 외형적인 행위뿐 아니라 그들의 내면까지도 모두 아시는 분입니다. 에베소 교회의 수고와 인내, 서머나 교회의 환난과 궁핍, 버가모 교회의 죽음 가운데서도 믿음을 저버리지 않은 자세, 두아디라 교회의 사랑과 섬김까지 아신다고 말씀하십니다. 동시에 사데 교회의 죽은 신앙, 빌라델비아교회의 배반하지 않는 신앙, 라오디게아 교회의 미지근한 태도 또한 정확히 꿰뚫어 보십니다.

주님은 우리의 수고와 사랑뿐 아니라, 나태와 무관심까지 모두 아십니다. 그런 하나님께서 각 교회에 칭찬과 책망, 그리고 소망의 말씀을 아끼지 않으신다는 것은, 주님의 관심이 그만큼 깊다는 뜻입니다.

그렇다면 주님께서 일곱 교회에 주신 약속들은 어떻게 성취되는 것일까요?

에베소 교회에는 "이기는 그에게는 내가 하나님의 낙원에 있는 생명나무의 열매를 주어 먹게 하리라"(2:7) 하셨는데 이는 "강 좌우에 생명나무가 있어 열두 가지 열매를 맺되 달마다 그 열매를 맺고 그 나무 잎사귀들은 만국을 치료하기 위하여 있더라"(22:2)로 이어집니다. 서머나 교회에게는 "이기는 자는 둘째 사망의 해를 받지 아니하리라"(2:11) 약속하셨으며, 이는 "다시는 사망이 없고 애통하

는 것이나 곡하는 것이나 아픈 것이 다시 있지 아니하리니"(21:4)
라는 말씀으로 완성됩니다. 버가모 교회에게는 "감추인 만나와 흰
돌"을 주시겠다고 하셨는데(2:17), 이는 새 예루살렘에서 생명수 강
과 생명나무를 통해 성도들이 하나님과의 교제를 누리게 되는 장면
(22:1-2)으로 연결됩니다.

두아디라 교회에게는 "이기는 자와 끝까지 내 일을 지키는 그에게
는 만국을 다스리는 권세를 주리니"(2:26-27)라고 하셨고, 이 권세
는 "그들이 하나님과 그리스도의 제사장이 되어 천 년 동안 그리스
도와 더불어 왕 노릇 하리라"(20:6), "그들이 세세토록 왕 노릇 하리
로다"(22:5)라는 말씀으로 실현됩니다.

라오디게아 교회에게는 "내 보좌에 함께 앉게 하리라"(3:21)고 하
셨고, 이는 "그의 얼굴을 볼 터이요 그의 이름도 그들의 이마에 있으
리라"(22:4)로 성취됩니다.

이 모든 약속은 결국 한 곳에서 수렴됩니다. 바로 하나님의 임재
가 있는 새하늘과 새땅입니다. 그곳에서 하나님은 "친히 그들과 함
께 계셔서 모든 눈물을 그 눈에서 닦아 주시니 다시는 사망이 없
고 애통하는 것이나 곡하는 것이나 아픈 것이 다시 있지 아니하리
니"(21:3-4)라고 말씀하십니다.

결론적으로, 일곱 교회에 주어진 축복은 하나님의 영광과 사랑 안
에서 그분과의 완전한 연합, 곧 하나님의 임재를 누리는 것에 있습
니다. 그렇기에 우리는 이 약속들을 먼 미래의 소망으로만 여기지

말고 오늘의 삶 가운데 적용해야 합니다. 매일 아침, 생명나무이신 예수 그리스도를 바라보며 하나님의 자비하심에 기대어 그분의 생수를 갈구하고 그 사랑을 구하며 하루를 시작할 수 있다면 그 순간이 바로 새 하늘 새 땅의 삶이 시작되는 시간일 것입니다.

둘째, 믿는 자를 이기는 자로 받아주시는 하나님

요한계시록 2-3장은 아시아의 일곱 교회에 보내는 편지들로, 각 교회마다 "이기는 자에게는"이라는 표현으로 약속의 복을 선언합니다. 그리고 이 약속들은 계시록 21장과 22장에 묘사된 새하늘과 새 땅의 복과 긴밀하게 연결되어 있습니다. 이처럼 '이기는 자'는 하나님의 영원한 나라에 참여할 자격이 있는 자로 표현됩니다. 그렇다면 성경이 말하는 '이기는 자'란 누구일까요?

요한계시록의 저자 사도 요한은 요한일서 5장에서 이 질문에 해답을 줍니다.

"무릇 하나님께로부터 난 자마다 세상을 이기느니라 세상을 이기는 승리는 이것이니 우리의 믿음이니라 예수께서 하나님의 아들이심을 믿는 자가 아니면 세상을 이기는 자가 누구냐"(요일 5:4-5).

요한은 분명히 말합니다. 세상을 이기는 자는 예수 그리스도가 하나님의 아들이심을 믿는 자이며, 믿음 자체가 세상을 이기는 승리의 비결이라는 것입니다. 여기서 '세상'이란 물리적인 세상을 넘어, 죄와 유혹, 사탄의 권세, 핍박과 타협, 절대권력자의 핍박과 폭력을 포함합니다. '이기는 자'란 이런 세상의 흐름에 타협하지 않고 믿음을 지켜내는 자, 곧 예수 그리스도를 끝까지 신뢰하는 사람입니다. 그러나 이 믿음은 인간의 결단만으로 유지되는 것이 아닙니다. 믿음의 근거는 '이미 이기신 그리스도'에게 있습니다.

"이것을 너희에게 이르는 것은 너희로 내 안에서 평안을 누리게 하려 함이라 세상에서는 너희가 환난을 당하나 담대하라 내가 세상을 이기었노라"(요 16:33).

예수님은 십자가의 죽음을 통해 사탄의 권세를 깨뜨리셨고 부활을 통해 사망을 이기셨습니다. 그러므로 우리가 예수 그리스도를 믿을 때 그의 승리에 참여하게 되는 것입니다.

요한계시록 17장 14절은 이를 더욱 선명히 밝혀줍니다.

"그들이 어린 양과 더불어 싸우려니와 어린 양은 만주의 주시요 만왕의 왕이시므로 그들을 이기실 터이요 또 그와 함께 있는 자들 곧 부르심을 받고 택하심을 받은 진실한 자들도 이기리로다."

성도들이 이기는 가장 큰 이유는 그리스도로부터 부르심을 받고 택하심을 받았기 때문입니다. 그분이 이기시니 그에게 붙어 있는 자는 자연스레 승자가 되는 개념입니다. 이 점에서 '이기는 자'란 마치 전쟁에서 승리한 장수 곁에서 함께 환호하는 백성들과 같습니다. 그들은 스스로 칼을 들지 않지만, 장수의 승리가 곧 자신의 승리가 되는 것입니다.

윤태호 작가의 만화 『미생』에서, 주인공 장그래는 프로 바둑기사가 되는 길을 포기하고 낯선 사회 속으로 들어옵니다. 그는 도시의 수많은 사무실 불빛을 바라보며, "나도 이 도시 어딘가를 밝힐 수 있는 빛이 된다면…"이라는 소망을 품습니다. 이것은 성도에게 주어진 사명과도 닮아 있습니다. 믿음을 지키며 그리스도의 빛을 세상 어디엔가 비추는 삶, 그 자체가 하나님 보시기에 이기는 삶입니다. 우리는 때로 약해지고 흔들리지만 믿음을 통해 그리스도 안에 거할 때, 주님은 우리를 이기는 자로 받아주십니다.

셋째, 내가 가진 것을 굳게 잡기 원하시는 하나님

요한계시록 2장과 3장에서 빠지지 않고 반복적으로 등장하는 구절이 있습니다. '귀 있는 자는 성령이 교회들에게 하시는 말씀을 들을지어다'와 '이기는 그에게는'이라는 약속의 구절입니다. 그리고 더불어 많이 등장하는 구절이 "네가 가진 것을 굳게 잡으라"는 말씀입니다. 이는 성도들에게 중요한 신앙적 태도를 가르칩니다. 이 말씀은 새로운 목표를 찾거나 무언가를 새로 만들어 내거나, 다른 교

회와 비교해서 '서머나 교회같이 돼라, 빌라델비아 교회같이 돼라'
는 게 아니라 이미 네게 주어진 은혜와 믿음을 굳게 붙들며 끝까지
지키라는 의미를 담고 있습니다.

두아디라 교회는 사랑, 믿음, 섬김, 인내라는 신앙의 열매를 칭찬
받았지만, 거짓 선지자 이세벨의 유혹 속에 있었습니다. 그럼에도
불구하고 주님은 그들에게 새로운 것을 요구하지 않으시고, 이미 가
지고 있는 믿음과 행실을 굳게 붙들라고 말씀하십니다(2:25). 사데
교회는 겉으로는 살아 있는 것처럼 보였으나, 실상은 죽어 있는 상
태였습니다. 그런데도 주님은 그들에게 여전히 남아 있는 믿음의 흔
적과 영적인 가능성을 굳게 붙잡아 다시 회복하라고 명령하십니다.
이는 모든 것을 새로 시작하는 것이 아니라, 남아 있는 신앙의 씨앗
을 붙잡고 다시 일어서라는 도전입니다(3:2). 빌라델비아 교회는 작
은 능력을 가지고도 주님의 말씀을 지키며 신실한 교회로 칭찬받았
습니다. 주님은 그들에게 지금 가진 믿음과 순종을 굳게 붙들어, 주
님이 주시는 면류관을 끝까지 지키라고 권면하십니다(3:11). 살았
으나 죽은 것 같은 사데교회는 물론 작은 능력을 갖고도 내 말을 지
키며 내 이름을 배반하지 아니한 빌라델비아교회에도 동일하게 말
씀하십니다. "네가 가진 것을 굳게 잡으라."

요한계시록 21장과 22장에서 약속된 새 하늘과 새 땅의 축복도
가진 것을 굳게 잡은 이기는 자들과 연결됩니다. "이기는 자는 이것
들을 상속으로 받으리라 나는 그의 하나님이 되고 그는 내 아들이

되리라"(21:7)는 말씀처럼, 끝까지 믿음을 지키는 자들은 하나님의 자녀로서 영원한 상속자가 됩니다.

오늘날 현대인들의 가장 큰 아픔과 상처는 남과 비교하는 것에서 비롯되는 경우가 많습니다. 우리가 신앙의 이기는 자들이 되기 위해서 버려야 할 가장 큰 것이 타인과의 비교입니다. 비교하기 시작하면 긴장하고 조급해지기 시작합니다. 세상은 아무도 신경 안 쓰는데 나 혼자 비교의 늪에 빠져 지옥을 사는 경우도 있습니다. 인스타나 페이스북, 유튜브를 하면서 그런 비교 의식은 더욱 강해집니다. 왜냐하면 다른 사람이 어떻게 하는지 너무 많이 보이기 때문입니다. 내게 주어진 '좋아요', '조회수'보다 다른 사람이 조금이라도 더 받으면 그것이 그렇게 질투가 날 수가 없습니다. 비교에서 비롯되는 겁니다. 그냥 스치듯 지나가는 생각이면 모르겠는데, 계속해서 그게 생각나고 나중에는 그것이 분노가 되고 그러다가 병이 되기도 합니다.

그래서 오늘 말씀은 교회 성도들에게 더욱 크게 다가옵니다. 우선 하나님 안에서 내가 할 수 있는 일, 잘하는 일을 찾아서 그 일을 굳게 잡고 해나가야 한다는 것입니다. 그것이 교회 성도들의 마땅한 바입니다.

나가는 글

요한계시록은 고난받는 교회와 성도들에게 두려움을 주려는 책이 아닙니다. 오히려 그것은 이기는 자에게 주어질 영원한 승리와 새 하늘 새 땅의 소망을 전하는 복음의 책입니다. 우리는 이 말씀을 통해 세상 속에서 믿음을 지키는 자가 누구인지, 그리고 그들에게 어떤 약속이 주어지는지를 살펴보았습니다. 무엇보다 중요한 사실은, '이기는 자'는 초인적인 능력을 지닌 존재가 아니라는 점입니다. "예수께서 하나님의 아들이심을 믿는 자", 바로 그가 이기는 자입니다(요일 5:5). 이기는 승리의 근거는 우리의 열심이나 능력이 아니라 이미 세상을 이기신 예수 그리스도께 있습니다. 주님은 말씀하셨습니다.

"세상에서는 너희가 환난을 당하나 담대하라 내가 세상을 이기었노라"(요 16:33).

믿음이란, 바로 그 승리에 참여하는 것이며 그분과 연합된 자는 이미 승리를 가진 자입니다. 그러나 요한계시록은 이 믿음을 끝까지 지키는 일의 중요성을 거듭 강조합니다. "귀 있는 자는 성령이 교회들에게 하시는 말씀을 들을지어다"라는 반복적인 권면은 우리가 믿음 안에 서 있으되 지속적으로 하나님의 음성에 귀 기울이며 순종해야 할 필요를 일깨워 줍니다.

요한계시록 3장 11절에서 주님은 분명히 말씀하십니다.

"내가 속히 오리니 네가 가진 것을 굳게 잡아 아무도 네 면류관을 빼앗지 못하게 하라."

이 말씀은 성도들이 새로운 사명이나 더 뛰어난 업적을 요구받는 것이 아니라, 이미 받은 은혜, 믿음, 사명, 순종을 굳게 지키는 것이 곧 이기는 자의 삶임을 보여줍니다. 두아디라 교회, 사데 교회, 빌라델비아 교회를 향한 주님의 권면 역시 동일한 흐름 위에 있습니다. 주님은 이미 너희가 가진 것을 굳게 잡으라 하셨고, 그것이 믿음을 지키는 자에게 면류관을 주시는 기준이 되었습니다.

결국, 이기는 자는 다른 무엇보다 그리스도를 끝까지 붙드는 자입니다. 그분을 붙잡는 자는 면류관을 빼앗기지 않으며 생명수 샘에서 영원히 목마르지 않을 것입니다. 우리 모두 주께서 허락하신 그 날에, 영원한 새 하늘과 새 땅에서 하나님의 자녀로 함께 서기를 간절히 소망합니다.

"이기는 자는 이것들을 상속으로 받으리라 나는 그의 하나님이 되고 그는 내 아들이 되리라"(21:7).

9. 하나님과 어린양의 보좌(4장-5장)

여는 글

세상을 둘로만 나누는 시각, 이원론이라고도 하는데 이는 매우 위험한 사상입니다. 선과 악, 영과 육, 빛과 어둠, 이처럼 세계를 철저히 이분법적으로 바라보면, 중간지대는 곧 타협이요, 제거해야 할 것으로 여겨집니다. 이원론에 빠지면 세상은 극단적으로 단순해지고 이해보다 정죄가 앞서며 모든 대화와 공존의 여지는 사라집니다.

초대교회 당시의 대표적 이단인 마니교는 바로 이 이원론적 세계관을 종교로까지 발전시켰습니다. 그들의 교리에 따르면 이 세상은 빛의 왕국과 어둠의 왕국의 전쟁터입니다. 빛의 왕국은 '원초인간(the Primal man)'을 비롯한 신적 존재들을 보내어 어둠을 정복하려 했지만 실패했고, 그 결과 물질 세계는 영혼을 가두는 감옥이 되었다고 봅니다. 구원이란, 물질 세계에 갇힌 '신의 조각'을 깨워 원래의 빛으로 돌려보내는 과정일 뿐입니다.

놀랍게도, 이런 이원론적 사고는 오늘날 요한계시록을 해석하는

데에도 적지 않게 작용하고 있습니다. 사람들은 요한계시록을 마치 선신(善神)과 악신(惡神)의 대등한 전쟁처럼 이해합니다. 그러나 성경은 결코 그런 구도를 보여주지 않습니다. 요한계시록이 묘사하는 것은 대등한 전쟁이 아니라, 하나님의 절대 주권 아래 벌어지는 제한된 악의 저항입니다. 사탄은 창조자와 동등하지 않습니다. 하나님은 보좌에 앉으신 이시며, 예수 그리스도는 그 오른편에 앉으신 유일한 분입니다. 성경은 이렇게 증언합니다.

““내가 또 들으니 하늘 위에와 땅 위에와 땅 아래와 바다 위에와 또 그 가운데 모든 피조물이 이르되 보좌에 앉으신 이와 어린 양에게 찬송과 존귀와 영광과 권능을 세세토록 돌릴지어다 하니”(5:13).

사도 요한은 또한 하늘의 예배를 보게 됩니다.

“보라 하늘에 보좌를 베풀었고 그 보좌 위에 앉으신 이가 있는데”(4:2). “거룩하다 거룩하다 거룩하다 주 하나님 곧 전능하신 이여 전에도 계셨고 이제도 계시고 장차 오실 이시라”(4:8).

그리고 그 보좌의 오른편에 계신 어린 양,

“죽임을 당하신 어린 양은 능력과 부와 지혜와 힘과 존귀와 영광과 찬송을 받으시기에 합당하도다"(5:12).

이처럼 요한계시록의 핵심은 선악의 대결이 아닙니다. 그리스도가 최후의 승리자이시고 그가 하나님과 동등하게 찬양 받을 만왕의 왕이라는 것이 핵심 주제입니다. 그래서 요한계시록 4장과 5장은 이후 펼쳐질 인, 나팔, 대접 심판 이전에 하늘 보좌의 질서와 예배, 그리고 어린 양의 자격과 주권을 먼저 보여줍니다. 우리의 시선을 다른 데로 돌리지 말고 하나님과 어린 양의 보좌에 고정하라고 말씀하는 듯합니다. 이는 성도들에게 요한계시록을 읽기 위해 내려주신 신학적 지침과도 같습니다. 하늘 보좌를 보지 않고는 요한계시록을 이해할 수 없습니다. 2천년 전에 십자가에 못박히신 어린 양을 찬양 경배하지 않는 계시록 해석은 백해무익합니다. 요한계시록은 주님의 주권적 통치로부터 시작되며 모든 사건과 심판, 구원은 그 보좌로부터 흘러 나옵니다. 우리는 이 계시록을 대하면서 먼저 경배의 자리에서 어린 양을 바라보는 눈을 가져야 합니다. 변화하는 세상에 결코 눈을 돌려서는 안됩니다.

첫째, 보좌에 앉으신 하나님, 역사의 주관자

요한계시록 4장을 읽으며 우리는 '이후에 마땅히 될 일'(4:1)을 묵상하게 됩니다. 요한이 하늘의 열린 문을 보고 그 너머로 이끌림을 받을 때, 천사의 음성이 이렇게 들려왔습니다.

“이리로 올라오라 이후에 마땅히 일어날 일들을 내가 네게 보이리라”(4:1).

하나님께서 요한에게 보여주신 '이후에 마땅히 될 일'은 무엇이었습니까? 전쟁의 광경이 아니었습니다. 환난이나 심판도 아니었습니다. 요한이 가장 먼저 본 것은 하늘의 보좌, 그리고 보좌에 앉으신 이와 그분을 향한 전 피조물의 경배였습니다(4:2, 8-11).

바로 이것이 요한계시록의 시작점이며 성도들이 기억해야 할 모든 종말의 출발점입니다. 하나님은 요한을 통해 모든 성도들에게 이렇게 말씀하시는 듯합니다. “종말을 말하기 전에, 먼저 보좌를 보아라.” 왜냐하면 이 세상을 다스리는 분은 지금도 보좌에 앉으신 하나님이시기 때문입니다. 이 보좌로부터 모든 심판이 시작됩니다(6:1), 이 보좌에서 주시는 말씀으로 모든 구원이 완성됩니다. 또한, 요한은 그 보좌 주위에서 24장로들과 네 생물이 하나님을 경배하는 장엄한 예배를 목격합니다.

“우리 주 하나님이여 영광과 존귀와 권능을 받으시는 것이 합당하오니 주께서 만물을 지으신지라 만물이 주의 뜻대로 있었고 또 지으심을 받았나이다”(4:11).

24장로는 누구입니까? 그들은 흰 옷을 입고(4:4), 머리에 금관을 쓰고 보좌 앞에 엎드려 찬양합니다(4:10). 이들은 신구약의 구원받은 성도들을 대표하며, 모든 피조물이 마땅히 하나님 앞에 드려야 할 경배의 모범을 보여줍니다. 특히 이 장면에서 주목할 것은, 예수 그리스도, 어린 양이 하나님과 동등하게 경배를 받는다는 사실입니다.

'이후에 마땅히 될 일'의 핵심은, 사건이나 재앙이 아니라, 하나님과 어린 양의 왕 되심이 만천하에 선포되는 것입니다. 여기서 성도는 분명한 시각을 가져야 합니다. 종말은 두려움의 시간이 아니라 경배와 소망의 시간입니다. 왜냐하면 그 출발이 하늘 보좌의 예배이기 때문입니다. 사탄의 음모가 아니라 하나님의 주권이 모든 것의 시작점입니다. 결국, 요한계시록 4장은 우리에게 이렇게 말하는 듯합니다. "종말을 말하고 싶다면, 먼저 예배하라." "하나님의 보좌 앞에 엎드리지 않고는, 이후에 마땅히 될 일을 이해하지 못할 것이다." "적그리스도, 짐승의 표 666 공포, 인류 최후의 아마겟돈 전쟁에 집중하지 말고 하나님과 어린 양의 보좌를 바라보라!"

지금 우리의 눈에는 고난과 혼란만 보일 수 있습니다. 그러나 하나님께서는 우리를 '하늘로 올라오라' 하십니다. 우리의 시선을 땅에서 하늘로, 인간의 해석에서 하나님의 관점으로 바꾸기를 원하십니다. 요한계시록은 그렇게 말합니다. 이 세상의 최종 결말은 하나님과 어린 양의 보좌 앞에서 모든 피조물이 엎드려 찬양하는 순간입니다. 그러므로 오늘 우리가 교회에서 드리는 예배는, 마지막 그

날을 미리 앞당겨 삶 가운데 실천하는 가장 소중한 시간이 됨을 믿습니다.

둘째, 인봉된 역사를 여시는 분, 죽임당한 어린 양

진시황과 그를 암살하려는 무사의 이야기를 다룬 이연걸 주연의 영화 '영웅'이 있었습니다. 진시황은 자신을 신뢰하는 사람에만 접근을 허락했습니다. 신뢰를 얻으면 얻을수록 거리가 가까워집니다. 신뢰를 완전히 얻기 전에 가까이 할 수 없는 자리, 보좌란 그렇게 두렵고 어려운, 최고의 황제만이 앉을 수 있는 배타적 영역입니다. 그래서 5장은 '오열'의 장이라고 할 수 있습니다. 그 중심에는, 역사의 가장 깊은 비밀이 담긴 일곱 인으로 봉해진 두루마리와, 그 인을 뗄 자격을 갖춘 분을 찾지 못해 오열하는 사도 요한이 있습니다. 요한은 하늘 보좌에서 장엄한 광경을 본 직후 충격적인 사실과 마주합니다. 하나님의 오른손에 들린 두루마리가 있는데 그 보좌에 아무도 근접할 수도, 그래서 그것을 열 자가 없다는 점 때문이었습니다.

"하늘 위에나 땅 위에나 땅 아래에 능히 그 두루마리를 펴거나 보거나 할 자가 없더라"(5:3).

그 두루마리에는 곧 구원과 심판, 하나님의 계획과 성도의 운명이 담겨 있기 때문입니다. 그러나 아무도 그것을 열 수 없다면 성도들은 끝없는 혼란 속에 방황해야 하는 두려움이 엄습했을 듯합니다. 그 절망 앞에 요한은 울었습니다.

"그 두루마리를 펴거나 보거나 하기에 합당한 자가 보이지 아니하기로 내가 크게 울었더니"(5:4).

그때 장로 중 하나가 말합니다.

"울지 말라 유대 지파의 사자 다윗의 뿌리가 이겼으니 그 두루마리와 그 일곱 인을 떼시리라"(5:5).

그리고 요한은 보좌와 네 생물과 장로들 사이에 한 어린 양이 서 있는 것을 보게 됩니다.

"내가 또 보니 보좌와 네 생물과 장로들 사이에 한 어린 양이 서 있는데 일찍이 죽임을 당한 것 같더라"(5:6).

이 어린 양이 보좌에 앉으신 이의 오른손에서 두루마리를 취합니다(5:7). 여기서 '취하다'라는 헬라어 '에이레펜(εἴληφεν)'은 영어로 take로서 다른 사람의 소유를 내 손으로 강력하게 취하는 행동을 의미합니다. 보좌에 앉으신 하나님의 오른손에서 두루마리를 취했다는 것입니다. 이토록 당당하게 두루마리의 인을 떼는 자격을 갖춘 존재가 누구여야 하는지 잠깐 정리해볼까요.

1) 유대 지파의 사자, 다윗의 뿌리여야 한다(5)
2) 하나님이어야 한다(7)
3) 죽임을 당하사…사람들을 피로 사서 하나님께 드린 존재여야 한다(9)

이 조건에 해당하지 않으면 인을 뗄 자격이 없습니다. 어린 양이 보좌 앞에서 두루마리를 취하고 인을 떼자 보좌를 호위하듯 둘러 있던 4생물과 24장로가 그 어떤 제지도 하지 않습니다. 왜 아무 일도 일어나지 않았을까요? 그 이유는 분명합니다.

그 어린 양이 만왕의 왕, 만주의 주이시기 때문입니다(17:14, 19:16). 그리고 그분은 하나님과 본질적으로 동일하시며, 하나님과 대등한 권세를 가지신 분이기 때문입니다.

우리는 이 장면에서 복음의 가장 본질적인 선포를 듣습니다. 십자가에 죽임당하신 어린 양 예수 그리스도만이 하나님의 계획을 열 수 있고 성도의 구원을 완성할 수 있으며 역사의 비밀을 펼 수 있는 유일한 분이십니다. 그 누구도, 어떤 인간 지도자도 이 두루마리를 펼 수 없습니다. 그리스도 이외의 어떤 인간도 보좌에 앉으신 이의 오른손에서 인봉돼 있던 그 두루마리를 폈다고 할 수 없습니다. 특정 인간이 두루마리의 인봉을 뗐다고 주장하는 순간, 그것은 스스로가 구원자의 자리에 있다는 심각한 신성모독적 발언입니다.

"죽임을 당하신 어린 양은 능력과 부와 지혜와 힘과 존귀와 영광과 찬송을 받으시기에 합당하도다"(5:12).

이 고백이 오늘 저와 여러분의 찬송이 되기를 소망합니다.

셋째, 구원받은 백성의 새노래, 오직 어린 양께 드리는 찬송

요한계시록 5장의 절정은 죽임당한 어린 양께서 두루마리를 취하시자 하늘의 존재들이 경배와 찬양으로 반응하는 장면입니다.

"그 두루마리를 취하시매 네 생물과 이십사 장로들이 그 어린 양 앞에 엎드려"(5:8).

이는 보좌에 앉으신 하나님과 어린 양이 본질상 동일한 하나님이심을 고백하는 장엄한 광경입니다. 만약 그 어린 양이 하나님과 같은 권세를 가지지 않았다면, 보좌 주위의 존재들이 그 앞에 엎드리는 일은 결코 일어나지 않았을 것이고 일어나서도 안되는 장면입니다. 오히려 신성 모독으로 간주되어 즉각적인 심판이 임했을 것입니다. 그러나 천상의 존재들은 한 목소리로 찬양을 올립니다. 그리고 그 찬양을 바로 '새노래'라고 합니다.

"그들이 새 노래를 불러 이르되 두루마리를 가지시고 그 인봉을 떼기
에 합당하시도다"(5:9).

우리는 여기서 새노래의 특징을 확인하게 됩니다.

1) 새노래는 오직 어린 양께 드리는 찬양입니다. 우리가 주목해야
할 것은 '새노래'의 핵심이 결코 새로운 지식이나 이해할 수 없는 예
언 해석에 있지 않다는 사실입니다. 요한계시록이 말하는 새노래는
그리스도 중심적 신앙 고백입니다.

"일찍이 죽임을 당하사 각 족속과 방언과 백성과 나라 가운데에서 사
람들을 피로 사서 하나님께 드리시고"(5:9).

이 새 노래는 십자가에서 피 흘리신 어린 양의 구속 사역, 모든 민
족에게 베풀어진 하나님의 은혜, 그리고 우리를 하나님 앞에 나라와
제사장으로 세우신 복음을 찬양하는 노래입니다.

둘째, 새노래는 '그리스도 없는 계시록 해석'을 폐기합니다. 요한
계시록의 해석에서 반드시 폐기되어야 할 주장들이 있습니다. 대표
적으로 이런 주장들입니다. △한국교회의 요한계시록 해석은 사탄
에게 점령당했다는 식의 비하 △계시록 시대에 새로운 구원자가 나

와야 한다는 주장 △특정 지역, 특정 단체에 요한계시록의 예언이 성취되었다는 주장 △계시록의 등장인물을 자신들의 지도자와 동일시하는 행위 △현 시대의 사건을 계시록 몇 장 몇 절에 강제 연결하는 오만 △지금이야말로 2천년간 감추어진 계시가 특정인에 의해 열렸다는 망상 등등 이러한 주장들은 요한계시록이 말하는 '새노래'와는 아무 상관이 없습니다. 그저 옛 거짓말의 반복일 뿐입니다. 요한계시록은 비밀을 푸는 책이 아니라, 예수 그리스도의 복음을 선포하는 찬양의 책입니다.

셋째, 새노래는 구속받은 성도의 감사 찬양입니다. 요한계시록 15장 3절은 이렇게 말합니다.

"하나님의 종 모세의 노래 어린 양의 노래를 불러 이르되 주 하나님 곧 전능하신 이시여 하시는 일이 크고 놀라우시도다."

'새노래'는 감춰진 암호를 푸는 신비한 코드가 아닙니다. 그것은 하나님의 구원을 받은 성도들이 하나님께 드리는 감사의 찬양입니다. 오늘날 우리는 요한계시록을, '어린 양의 피'로 시작되어 '하나님의 보좌로 나아가는 찬양'으로 마치는 복음의 대서사시로 읽어야 합니다. 그리고 우리도 그 하늘 예배에 참여하는 백성으로 살아가야 합니다. 결론적으로, 요한계시록의 새노래는 오직 예수 그리스도 안에서만 가능하며, 하나님의 백성들이 은혜로 받은 구원의 기쁨을 찬양하는 것입니다.

"죽임을 당하신 어린 양은 능력과 부와 지혜와 힘과 존귀와 영광과 찬
송을 받으시기에 합당하도다"(5:12).

이 새노래가 우리 교회 공동체의 예배 속에서 살아 숨쉬기를 간
절히 소망합니다.

나가는 글

요한계시록 4장과 5장은 참된 예배의 중심이 누구신지를 선명하
게 보여줍니다. 바로 하나님과 어린 양, 그리고 그들과 함께 역사하
시는 성령 하나님, 곧 삼위일체 하나님이십니다. 우리는 예배당에서
드리는 예배를 소중히 여기지만, 계시록이 보여주는 예배는 단지 교
회 건물 안에 머무르지 않습니다. 이는 온 천하와 모든 피조물이 보
좌에 앉으신 이와 어린 양께 올려 드리는 우주적 예배입니다(5:13).
더 나아가 우리는 이 예배 속에서 심판조차도 하나님의 보좌로
부터 나온다는 사실을 깨닫습니다. 요한계시록 6장에서의 인 심판
(6:1), 8장에서의 나팔 심판(8:2), 15장에서의 대접 심판(15:7)은
모두 하나님의 주권 아래 있습니다. 그러므로 이 모든 심판은 파괴
와 멸망으로 끝나는 것이 아니라, 하나님의 선한 통치가 완성되어
가는 과정입니다.

우리가 주목해야 할 것은 이 심판과 구속의 모든 중심에 어린 양 예수 그리스도가 계시다는 사실입니다. 그분은 죽임을 당하셨으나 부활하신 어린 양으로, 하나님과 동일한 권세로 보좌에서 인봉된 두루마리를 취하셨고(5:7), 하늘과 땅, 바다의 모든 존재로부터 새노래의 찬양을 받으셨습니다(5:9-10, 13).

예수 그리스도는 우리를 피로 사셔서 하나님 앞에서 나라와 제사장, 왕으로 삼으셨습니다(5:10). 이는 '떵떵거리는 지배자'가 아니라, 사랑과 섬김으로 다스리는 영적 통치자로서의 삶을 의미합니다. 베드로후서 3장 11-14절은 그 통치자의 삶이 어떤 모습이어야 하는지 잘 설명합니다. 그것은 거룩과 경건, 평강과 소망의 삶입니다.

"이 모든 것이 이렇게 풀어지리니 너희가 어떠한 사람이 되어야 마땅하냐 거룩한 행실과 경건함으로 하나님의 날이 임하기를 바라보고 간절히 사모하라 그 날에 하늘이 불에 타서 풀어지고 물질이 뜨거운 불에 녹아지려니와 우리는 그의 약속대로 의가 있는 곳인 새 하늘과 새 땅을 바라보도다 그러므로 사랑하는 자들아 너희가 이것을 바라보나니 주 앞에서 점도 없고 흠도 없이 평강 가운데서 나타나기를 힘쓰라."

요한계시록은 보좌에 앉으신 하나님과 어린 양을 예배하며 살아가는 현재의 삶을 말하는 책입니다. 우리는 예배의 자리에서 참된 통치를 배우고, 하나님 나라의 제사장이자 왕으로 살아가는 훈련을 받습니다. 이제 우리는 누구입니까? 우리는 그리스도의 피로 산 백성이며, 하나님 나라의 백성이요, 이 땅에서 거룩과 섬김으로 왕노릇하는 자들입니다. 할렐루야!

10. 짐승과 세상에 대한 하나님의 참교육(6장, 8장-9장, 16장)

여는 글

'참교육'이라는 말이 있습니다. 악행을 저지른 사람에게 통쾌한 방식으로 응징이 이뤄졌을 때 자주 쓰는 표현입니다. 요한계시록 6장, 8장, 16장에 등장하는 인·나팔·대접 심판은 그런 의미에서 사탄과 짐승, 짐승의 표를 받은 자들, 그리고 하나님의 백성의 피를 흘린 자들에게 행해지는 하나님의 '참교육'이라고 볼 수 있습니다. 이 세 가지 심판은 연대기적 순서가 아니라, 하나님의 공의와 인내를 강조한 '삼중주적 심판'입니다.

이 심판들은 모든 인류를 향한 무차별적 징벌이 아닙니다. 심판의 타깃은 명확합니다. 요한계시록의 인·나팔·대접 심판은 회개하지 않고 우상숭배와 신성모독을 일삼으며, 하나님의 백성을 박해한 자들을 향한 것입니다.

이 장에서 '심판'이라는 단어를 계속 사용하겠습니다만 이때 말하는 심판은 파괴를 목적으로 한 멸망이 아니라는 점을 기억하면 좋겠습니다. 오히려 하나님께서 어떤 분이신지를 드러내시고 돌이켜 회개하라는 경고의 메시지, '사인'으로 이해해 주시기를 바랍니다. 그러므로 인·나팔·대접 심판은 하나님의 진노의 표현이자 동시에 회개의 촉구이기도 합니다.

인·나팔·대접 심판은 종종 '지구 종말 시나리오'나 '7년 대환난'처럼 해석되기도 합니다. 그러나 요한계시록은 무차별적 종말이나 공포의 묵시록이 아니라 끝까지 돌이키기를 기다리시는 하나님의 '진심 어린 참교육'임을 말합니다. 하나님은 끝내 우상숭배자들, 신성 모독자들, 그리고 그리스도인들을 핍박한 자들에게조차도 회개할 기회를 주십니다.

이번 설교에서는 인·나팔·대접 심판에 등장하는 상징 하나하나를 해석하는 방식으로 접근하지 않겠습니다. 마치 히말라야 산맥을 현미경으로 들여다보며 전체 지형을 이해하려는 시도가 무의미하듯, 요한계시록도 개별 상징어를 일일이 분석하는 식으로 접근해서는 전체 맥락과 흐름을 잃게 됩니다.

대신, 저는 이 심판들을 통해 신앙인이 반드시 붙잡아야 할 핵심 메시지가 무엇인지를 조망하려 합니다.

첫째, 하나님은 인간이 회개하기를 원하십니다

요한계시록을 읽을 때 많은 성도들이 가장 부담스러워하는 대목은 하나님의 분노입니다. 계시록 곳곳에 그 분노가 마치 활화산처럼 타오르는 듯 합니다. 활활 타오르는 그 진노 앞에서 성도들은 위축되고 때로는 불안해지기도 합니다. 그러나 우리는 물어야 합니다. 과연 하나님은 아무 이유 없이 이토록 분노하시는 것일까? 그 분노는 단순한 감정의 폭발일까? 그렇지 않습니다. 요한계시록은 하나님의 분노가 정확한 이유와 대상에 기초하고 있다는 사실을 분명하게 보여줍니다. 그 첫 번째 근거는 성도의 피입니다. 요한계시록 6장에서 다섯째 인이 떼어지는 순간, 우리는 다음과 같은 장면을 목격하게 됩니다.

"다섯째 인을 떼실 때에 내가 보니 하나님의 말씀과 그들이 가진 증거로 말미암아 죽임을 당한 영혼들이 제단 아래에 있어 큰 소리로 불러 이르되 거룩하고 참되신 대주재여 땅에 거하는 자들을 심판하여 우리 피를 갚아 주지 아니하시기를 어느 때까지 하시려 하나이까 하니"(6:9-10).

나팔 심판도 성도의 기도로 스타트를 끊습니다.

"향연이 성도의 기도와 함께 천사의 손으로부터 하나님 앞으로 올라가는지라 천사가 향로를 가지고 제단의 불을 담아다가 땅에 쏟으매 우레와 음성과 번개와 지진이 나더라"(8:4-5).

마치 성도의 기도가 하늘에 가득차자 그것을 땅에 쏟는듯한 이미
지입니다. 성도들의 기도가 하늘에 차오르고, 그것이 땅에 부어지
면서 심판이 시작됩니다. 이는 하나님의 분노가 무작위적인 것이 아
니라 땅에서 올린 기도에 대한 응답임을 보여주는 장면입니다. 그
뿐만 아니라, 요한계시록은 분명하게 말씀합니다. 하나님의 심판은
우상숭배와 회개하지 않는 완악함에 대한 반응입니다. 나팔 심판이
계속된 이후에도 사람들은 돌이키지 않습니다.

"이 재앙에 죽지 않고 남은 사람들은 손으로 행한 일을 회개하지 아니
하고 오히려 여러 귀신과 또는 보거나 듣거나 다니거나 하지 못하는 금,
은, 동과 목석의 우상에게 절하고 또 그 살인과 복술과 음행과 도둑질
을 회개하지 아니하더라"(9:20-21).

재앙이 닥쳐도 사람들은 하나님께 돌아가지 않습니다. 끝까지 우
상에게 무릎 꿇고, 자신들의 악행을 끊지 않습니다. 대접 심판에서
도 이 패턴은 반복됩니다.

"첫째 천사가 가서 그 대접을 땅에 쏟으매 짐승의 표를 받은 사람들과
그 우상에게 경배하는 자들에게 악하고 독한 종기가 나더라"(16:2).
"그들이 성도들과 선지자들의 피를 흘렸으므로 그들에게 피를 마시게
하신 것이 합당하니이다 하더라"(16:6).

"사람들이 크게 태움에 태워진지라 이 재앙들을 행하는 권세를 가지신 하나님의 이름을 비방하며 또 회개하지 아니하고 주께 영광을 돌리지 아니하더라"(16:9).

"아픈 것과 종기로 말미암아 하늘의 하나님을 비방하고 그들의 행위를 회개하지 아니하더라"(16:11).

요한계시록은 분명히 말합니다. 하나님의 심판은 전 인류를 전체적으로 파멸시키는 것이 아니라, 끝까지 회개하지 않는 자들, 우상숭배와 신성모독을 반복하는 자들, 그리고 하나님의 백성을 학대하고 피를 흘리게 한 자들을 향한 것이라고 말입니다. 결국 하나님의 분노는 그분의 이름이 모독당했기 때문만이 아니라, 그분을 따르는 자녀들(16:6)이 처절한 박해를 받고 피를 흘리며 쓰러졌기 때문입니다.

우리는 이 세상을 살면서 말로 다 할 수 없는 억울함과 수모를 겪기도 합니다. 직장에서, 사업에서, 인간관계 속에서, 자존심이 짓밟히고도 참고 견뎌야 할 때가 있습니다. 그러나 내가 당하는 수모보다 더 고통스러운 것은, 사랑하는 자녀가 억울하게 당하는 모습을 지켜볼 때입니다. 누구든지 자녀가 차별당하고 고통받는 것을 보면 참을 수 없을 것입니다. 하물며 하나님 아버지께서, 자신의 이름을 위하여 믿음을 지킨 자녀들이 짐승의 표를 받은 자들에 의해 무참히 학대당하고 피를 흘리는 모습을 외면하시겠습니까?

하나님의 분노는 무서운 것이지만, 동시에 깊은 사랑의 또 다른 얼굴입니다. 요한계시록의 심판은 우리에게 이렇게 말하고 있습니다. 하나님은 침묵하지 않으신다. 그분은 기억하신다. 그리고 반드시 응답하신다. 우리가 믿음으로 인내하며 억울함을 감당할 때 하나님께서 반드시 정의로 응답하실 것입니다.

둘째, 하나님이 최종 심판자이십니다

요한계시록에 등장하는 인·나팔·대접 심판은 각기 다르게 보이지만 공통된 중요한 메시지를 내포하고 있습니다. 그것은 심판의 최종 주권자가 누구인가에 대한 분명한 선언입니다. 많은 사람들이 요한계시록의 재앙들을 보면서 사탄이나 짐승이 세상의 주도권을 쥐고 있는 것처럼 오해합니다. 그러나 성경은 명확하게 말합니다. 심판을 시작하시는 분도, 그것을 끝내시는 분도 오직 하나님이십니다.

요한계시록 6장 1절에서 인 심판은 어린 양이 인을 떼시는 것으로 시작됩니다.

"내가 보매 어린 양이 일곱 인 중의 하나를 떼시는데"(6:1).

여기서 '어린 양'은 예수 그리스도를 상징하며, 그분이 바로 역사의 주관자요 심판의 주체임을 밝히고 있습니다. 나팔 심판 역시 하나님 앞에 선 일곱 천사들이 나팔을 불면서 시작됩니다(8:2). 이때 성도의 기도와 함께 향연이 올라가고, 천사가 향로를 땅에 쏟는 것으로 심판이 전개되죠(8:3-5). 대접 심판도 마찬가지입니다. 하나님의 보좌 앞에서 찬양하던 네 생물이 일곱 천사에게 진노의 대접을 건네며 시작됩니다.

"네 생물 중의 하나가 영원토록 살아 계신 하나님의 진노를 가득히 담은 금 대접 일곱을 그 일곱 천사들에게 주니"(15:7).

이 네 생물은 요한계시록 4장 6절에서 보좌 주위에 항상 하나님의 거룩하심을 찬양하는 존재로 등장합니다(4:6-8). 이처럼 인·나팔·대접 심판은 모두 하나님의 주권 안에서만 시작되는 것입니다.

사람들은 종종 이런 심판을 인간의 예측이나 세속적 공포로 받아들이곤 합니다. 예를 들어, 1999년 7월에 하늘에서 '공포의 대왕'이 내려온다고 예언했던 노스트라다무스의 예언처럼 심판을 미신적으로 해석하거나 대중 심리를 자극하는 수단으로 왜곡하기도 합니다. 하지만 요한계시록은 그런 식의 무서운 운명론을 말하지 않습니다. 요한계시록의 심판을 이끄는 분은 '공포의 대왕'이 아닙니다. 참되시고 의로우시며 노하기를 더디 하시는 하나님이십니다. 그분이 역사의 심판자이시며 그분만이 시작하고 마치십니다. 짐승, 거짓 선지자, 사탄, 마귀 등은 모두 심판의 대상일뿐, 결코 심판을 주관하는 존재들이 아닙니다.

요한계시록 19장 20절은 이렇게 말씀합니다.

"짐승이 잡히고 그 앞에서 표적을 행하던 거짓 선지자도 함께 잡혔으니 이는 짐승의 표를 받고 그의 우상에게 경배하던 자들을 표적으로 미혹하던 자라 이 둘이 산 채로 유황불 붙는 못에 던져지고."

최종 심판에서 주도권을 쥔 자는 사탄이 아니라 하나님이시며, 짐승과 거짓 선지자는 산 채로 영벌에 넘겨집니다. 하나님이 심판의 주권자라는 사실은 심판이 무조건적인 공포가 아니라 공의로움을 전제로 한다는 것을 의미합니다. 심판을 받는 대상이 있는가 하면 심판을 면책 받는 자도 있습니다. 요한계시록 9장 4절을 보십시오.

"오직 이마에 하나님의 인침을 받지 아니한 사람들만 해하라 하시더라."

하나님의 인침 받지 못한 자만 해하라 하셨으니 반대로 하나님의 인을 받은 자는 하나님의 보호 아래 있다는 의미입니다. 해를 받지 않는다는 뜻입니다. 하나님께서 심판을 행하실 때 그분은 무차별적으로 행하지 않으십니다. 분명한 경계가 있습니다.

요한계시록 11장 18절은 하나님의 심판이 어떻게 이뤄지는지를 두 가지로 나누어 설명합니다.

"이방들이 분노하매 주의 진노가 내려 죽은 자를 심판하시며 종 선지자들과 성도들과 또 작은 자든지 큰 자든지 주의 이름을 경외하는 자들에게 상 주시며 또 땅을 망하게 하는 자들을 멸망시키실 때로소이다 하더라."

하나님의 심판은 한편으로는 상을 주는 날이며, 다른 한편으로는 멸망을 선포하는 날입니다. 이처럼 하나님의 심판은 두 가지 측면을 갖고 있습니다. 그러나 많은 사람들은 '심판의 날'이라고 하면, 무조건 인류가 멸망하는 날로 생각합니다. 종말 영화들에서는 핵폭발, 소행성 충돌, 기후 재앙 같은 이미지가 단골로 등장합니다. 물론 지구가 시름시름 앓다가 실제로 그런 일이 일어날 가능성을 부정할 수는 없지만, 성경은 전혀 다른 관점을 제시합니다. 하나님의 심판의 날은 그런 지구 최후의 날이 아닙니다. 그것은 경외하는 자에게는 구원의 날이며, 반역한 자에게는 멸망의 날입니다. 광복절을 생각해 보십시오. 8월 15일은 우리 민족에게는 자유와 해방의 날이었지만, 일본에게는 패배와 굴욕의 날이었습니다. 동일한 날이지만, 그 날을 맞이하는 입장에 따라 의미가 완전히 달라집니다. 마찬가지입니다. 하나님의 심판의 날은 믿는 자에게는 상급의 날이요, 대적자에게는 멸망의 날입니다. 그리고 그 심판을 주관하시는 분은 사탄도 짐승도 아닌, 바로 보좌에 계신 하나님과 어린 양임을 명심해야 합니다.

셋째, 심판은 우리가 아닌 하나님께 속해 있습니다

요한계시록의 인·나팔·대접 심판을 살펴보며 우리가 분명히 깨달아야 할 사실이 있습니다. 바로 심판은 우리 손에 있는 것이 아니라 하나님의 손에 있다는 진리입니다. 앞서 우리는 하나님의 분노가 단순한 감정적 폭발이 아닌, 신성 모독과 성도의 피흘림에 대한 응답이라는 점을 확인했습니다. 그 분노는 마치 활화산처럼 맹렬하고 폭발적이지만, 놀랍게도 그 분노를 따라 성도들이 스스로 보복하거나 원수를 갚는 장면은 성경 어디에도 등장하지 않습니다. 오히려 그 모든 심판은 오직 하나님께서만 행하십니다.

요한계시록 19장 15절에서는 이러한 그리스도의 모습을 강렬하게 보여줍니다.

"그의 입에서 예리한 검이 나오니 그것으로 만국을 치겠고 친히 그들을 철장으로 다스리며 또 친히 하나님 곧 전능하신 이의 맹렬한 진노의 포도주 틀을 밟겠고"(19:15).

여기서 예수 그리스도께서는 철장으로 만국을 다스리시고, 그 진노를 직접 행하시는 모습으로 나타나십니다. 무시무시한 진노의 장면이지만 중요한 것은 이 일을 하나님의 백성이 아닌 하나님 자신이 하신다는 사실입니다.

요한계시록에서 성도들은 짐승과 거짓 선지자, 그리고 짐승의 표를 받은 자들의 권세 앞에서 저항조차 하지 못하고 순교를 당합니다. 그들의 신앙은 마치 공격받는 쪽에 서 있는 것처럼 보입니다. 하지만 바로 그런 자리를 하나님은 기억하십니다. 우리가 직접 싸우지 않아도, 하나님께서 나를 대신하여 싸우십니다. 요한계시록의 심판 장면들은 이 사실을 수차례 강조합니다. 심판의 주체는 인간이 아니라 하나님이십니다. 문제는 하나님의 심판이 언제나 우리 생각보다 더디게 보인다는 점입니다. 억울하게 피흘린 성도들의 절규가 하나님께 올라가지만, 즉각적인 보복이 뒤따르지 않습니다(6:10-11). 성도들은 지쳐서 외칩니다.

하지만 우리는 알아야 합니다. 원수 갚음은 우리의 손에 있는 것이 아니라 하나님의 때에, 하나님의 방법으로 이루어진다는 진리입니다. 이 진리를 인정할 때 우리는 신앙의 가장 중요한 전환점을 맞이합니다. 그것은 바로 내 인생의 주인이 '나'가 아니라 '하나님'이라는 자각입니다.

사실 인간은 자기 삶의 주인으로 살고 싶어 합니다. 내가 주인인 것이 자연스럽고, 내 손으로 문제를 해결하고 싶어하는 본능이 우리 안에 있습니다. 그러나 하나님은 우리 삶의 참된 주인이십니다. 하나님이 주인이라고 하면 불공평하고 억울하게 느껴질 수 있지만, 그것은 오해입니다. 하나님은 우리를 인격적으로 대하시며, 로봇처럼 다루지 않으시는 인격적 주인이십니다.

그래서 우리 마음의 빈 자리 하나를 내어 드리는 것입니다. 내가 앉아 있고 싶은 내 마음의 중심의 자리입니다. 하지만 나보다 더 존귀한 분이 옆에 계실 때 기꺼이 의자를 내어 드리는 것처럼 내 주인 된 자리를 나보다 나를 더 사랑하시는 그분께 내어드리는 것입니다.

인간이 아무리 능력이 있어도, 혼자 힘으로는 감당할 수 없는 삶의 여정이 있습니다. 우리가 주인 되려 할 때 인생은 한계에 부딪히지만 하나님이 주인 되실 때 인생은 목적지에 도달합니다.

결국 우리는 이 진리를 받아들여야 합니다. 설령 내가 하나님을 주인으로 인정하지 않는다 해도, 하나님은 이미 우리 인생의 주인이십니다. 우리가 하나님의 은혜로 오늘을 살아가고 있다는 이 사실은 그분의 주권 아래 있다는 증거입니다. 그렇기에 원수 갚음도, 심판도, 구원도, 모두 그분께 맡기며 살아가는 것이 참된 신앙인의 모습입니다.

나가는 글

사람들이 화투판을 마무리할 때 선택하는 방법은 대체로 세 가지입니다. 첫째는 상대를 완전히 쓰리고, 피박, 광박까지 걸어 한 방에 무너뜨리는 방식, 둘째는 서로 비기기로 합의하는 것, 그리고 셋째는 도저히 게임이 되지 않겠다 싶을 때 판 자체를 엎어버리는 '파토'입니다. 우리는 종종 요한계시록에 나타난 인·나팔·대접 심판을 세 번째 방식, 즉 하나님께서 참다못해 판을 뒤엎는 '파토'의 장면으로 상상하곤 합니다.

요한계시록에서 하나님의 분노는 마치 활화산처럼 뜨겁게 타오릅니다. 그래서 우리는 인·나팔·대접 심판을 읽을 때 본능적으로 최후 심판, 세계 대전쟁, 지구 멸망 시나리오를 떠올리게 됩니다. 불과 유황이 쏟아지고, 별이 떨어지며, 강과 바다가 피로 변하는 말씀은 인간의 상상력으로는 감당할 수 없는 종말의 이미지를 그려냅니다. 그러나 요한계시록이 말하는 심판의 본질은 지구적 파괴나 말살에 있지 않습니다. 이 심판의 방향성과 대상, 목적은 분명합니다. 무엇보다 공의와 자비의 하나님을 드러내기 위한 계시 사건입니다.

요한계시록 6장, 8장, 9장, 15장, 16장에 반복적으로 등장하는 심판의 목적은 진노의 표출이 아닙니다. 하나님은 성도들의 피 흘림을 기억하시고, 그 억울함에 응답하시는 공의로우신 분입니다. 우리는 기억해야 합니다.

하나님이 심판하시는 대상은 명확히 불신과 반역의 세력들이며, 성도들은 그 대상이 아니라는 점입니다. 왜 성도들은 심판의 대상에서 제외하는 걸까요? 그것은 성도들이 죄에서 해방된 존재들이기 때문입니다.

우리가 받아야 할 모든 심판과 저주, 형벌과 죽음을 예수 그리스도께서 십자가에서 이미 대신 받으셨기 때문입니다.

그러므로 인·나팔·대접 심판은 그리스도인들에게 공포의 시나리오가 아니라, 하나님의 공의가 실현되고, 성도들이 의롭게 구별되며, 궁극적으로 하나님의 승리가 드러나는 사건을 묵시적으로 표현한 것으로 이해됩니다. 그 은혜를 믿는 자들은 요한계시록을 읽으며 다음과 같은 찬양을 고백하게 됩니다.

"이 일 후에 내가 들으니 하늘에 허다한 무리의 큰 음성 같은 것이 있어 이르되 할렐루야 구원과 영광과 능력이 우리 하나님께 있도다"(19:1).

11. 하나님의 인침 받은 자 십사만사천(7장, 14장)

2020년 10월 14일, 수원지방법원 앞에서 보기 드문 장면이 펼쳐졌습니다. 갑작스럽게 달리기 대회가 열린 듯한 광경 속에서 약 50여 명이 동시에 뛰기 시작했습니다. 어떤 이는 달리다 넘어져 크게 다치기도 했습니다. 대체 법원 앞에서 무슨 일이 벌어진 것일까요? 이날은 신천지 이만희 교주와 관련된 형사 재판이 열리던 날이었습니다. 재판 방청을 희망하는 사람들이 몰리자, 법원은 선착순 17명에게만 방청권을 배부하겠다고 공지했습니다. 이 소식이 전해지자, 신천지 측은 말 그대로 '전투력 만렙' 신도들을 동원해 달리기 선착순 경쟁에 투입했습니다. 달리기 조, 새치기조, 가미가제조(다른 사람이 1등하면 붙잡고 넘어지는 조), 이들이 전력질주하는 모습은 보는 이들로 하여금 '좀비 같다'는 말이 절로 나오게 만들었습니다.

요한계시록에 독특한 숫자가 나옵니다. 성경을 통틀어 7장과 14

장에만 등장하는 십사만 사천입니다. 이 숫자를 마치 방청권을 따내기 위한 선착순 달리기와 유사한 구원의 조건으로 삼는 이단들이 적지 않습니다. 신천지가 대표적입니 다. 흔히들 시한부 종말론은 '언제'라는 시간에 종말을 거는 것이라면, 신천지의 종말론은 '몇 명'이라는 숫자에 종말을 겁니다. 바로 십사만 사천 명이라는 조건이 그것입니다. 요한계시록 7장과 14장에 등장하는 이 숫자를 신천지는 구원의 실질적 상한선이자 조건으로 해석합니다. 이 숫자 안에 들기 위해 신도들은 치열한 내부 경쟁에 내몰립니다. 전도 실적, 수료 시험, 충성도, 복종도 등으로 줄 세우고 이를 통해 구원 여부가 결정된다고 믿게 합니다.

"진리가 너희를 자유케 하리라"(요 8:32)고 말하면서도 실제로는 정죄와 욕설, 억압, 감시, 끊임없는 경쟁이 일상화된 구조입니다. 그래서 신도들은 마치 투사처럼 행동하고, 종말의 문턱에서 구원의 숫자에 들기 위해 모든 것을 걸게 됩니다. 그렇다면 신천지가 말하는 이 조건부 종말론, 그리고 십사만 사천이라는 숫자는 성경에서 과연 어떻게 말하고 있는 것일까요? 정말 이 숫자에 들어가야만 구원을 받고 숫자에서 탈락하면 구원받지 못하거나 낮은 등급의 구원을 받는 걸까요? 아니면 다른 의미가 있는 것일까요? 이제 우리는 요한계시록 7장과 14장 본문으로 가서 하나님의 인침을 받은 십사만 사천의 진정한 의미를 살펴보아야 할 때입니다.

첫째, 십사만 사천의 인 치는 사역은 세상 누구도 막을 수 없는 하나님의 사역입니다

우리는 인 심판의 장에서 여호와의 진노의 날로 대변되는 '해가 검은 털로 짠 상복같이 검어지고 달은 온통 피같이 된다'(6:12)는 표현을 봤습니다. 해가 검은 상복 같다는 것은 여호와의 날의 징계와 심판의 엄혹함을 상징합니다. 그리고 심판을 당하는 사람들이 굴과 바위 틈에 숨어서 "그 어린 양의 진노에서 우리를 가리라 그들의 진노의 큰 날이 이르렀으니 누가 능히 서리요 하더라"(6:16-17)며 아무도 어린 양의 진노 앞에 설 수 없을 것이라고 두려워하는 모습을 봅니다. 그런데 7장에선 어린 양의 진노의 날에 마치 당당히 설 수 있는 사람들이 있다는 소식을 전하는 듯 분위기가 반전됩니다.

상상해 보십시오. 검은 구름에 폭풍우가 휘몰아치던 밤이 지나갑니다. 드디어 바람이 멎고 해 돋는 데로부터 하나님의 인을 가진 천사가 올라옵니다. 해 돋는 것을 막을 사람이 있을까요? 아무도 없다는 점에서 이 천사의 인치는 행위는 이 세상 그 누구도 막을 수가 없다는 것을 암시합니다. 예수 그리스도의 얼굴도 사실 해가 힘있게 비취는 것 같더라(1:16)고 설명한 바 있습니다. 이 천사가 다른 누구도 아닌 어린 양이신 예수 그리스도의 사역을 감당하는 존재임을 의미합니다. 그 천사가 올라오기 전에는 땅의 네 모퉁이의 천사들이 사방의 바람을 붙잡아 바람도 불지 못하게 합니다.

그 천사가 올라와 외칩니다. "우리가 우리 하나님의 종들의 이마에 인치기까지 땅이나 바다나 나무들을 해하지 말라 하더라"(7:3). 이 천사의 인치는 사역은 이 세상의 그 어떤 방해도 받지 않는다는 의미입니다. 사망이나 생명이나 천사들이나 권세자들이나 현재 일이나 장래 일이나 능력이나 높음이나 깊음이나 다른 어떤 피조물도 방해할 수 없고 방해도 받지 않는 하나님의 고유한 사역이기 때문입니다. 인치는 것이 하나님께 속했으니 우리는 혹시나 십사만 사천에 들지 못할까, 또는 십사만 사천에 들었다가 중도에 탈락할까봐 염려하지 않으셔도 됩니다.

인치는 사역은 우리가 시작한 것이 아니라 하나님이 하신 일입니다. 성경에서 말씀하길 "너희 속에 착한 일을 시작하신 이가 그리스도 예수의 날까지 이루실 줄을 우리가 확신하노라"(빌 1:6)고 합니다. 우리가 자녀를 키워도, 성적이 좋으면 내 자녀가 되고 갑자기 성적이 떨어지면 남의 자식이 되고 그런 게 아니잖습니까. 십사만 사천에 들어가는 인치는 사역도 하나님께 속한 것이고 하나님이 시작하셨으니 그리스도 예수의 날까지 그분께서 성실히 이루어 가실 줄 믿습니다.

그런 점에서 성도들의 신앙의 수준을 가늠하며, 인을 받거나, 못 받았다고 하거나, 또는 기도해 봤더니 당신은 '영적으로 몇 단계'라고 하는 등 성도들의 신앙의 단계를 나누고 등급을 정해주는 사람들을 주의해야 합니다. 하나님의 인을 맞고 안 맞고, 신앙의 등급이 어느 정도이고는 하나님만 정확히 아십니다. 심지어 신천지는 성경

시험을 쳐서 90점을 넘어야 하나님의 인을 맞는다고 전 신천지교 인을 상대로 테스트를 한 적도 있습니다. 그러나 성경은 분명히 말합니다.

"그 안에서 너희도 진리의 말씀 곧 너희의 구원의 복음을 듣고 그 안에서 또한 믿어 약속의 성령으로 인치심을 받았으니 이는 우리 기업의 보증이 되사 그 얻으신 것을 속량하시고 그의 영광을 찬송하게 하려 하심이라"(엡 1:13-14).

인침을 받는 것은 하나님의 사역이고 사람이 할 일은 구원의 복음을 듣고 믿는 것입니다. 그 믿음을 갖는 것 또한 하나님의 귀한 은혜요 선물입니다. 그렇기에 그 인침은 흔들리지 않으며, 영원히 보증되는 은혜의 사역입니다. 그것을 줄세우기, 선착순으로 들어가면 살고, 못 들어가면 죽는 오징어게임 같은 살벌한 숫자로 만들어서는 안됩니다.

둘째, 십사만 사천은 구원받을 충만한 숫자입니다

앞서 살펴본 것처럼, 십사만 사천의 인을 치는 사역은 오직 하나님만이 아시고 하시는 고유한 일입니다. 그렇다면, 그 인침을 받은 십사만 사천은 누구일까요? 이들도 마찬가지로 반드시 그리스도 안에서 해석해야 합니다. 요한계시록 7장에서는 십사만 사천을 계수하는 장면이 나옵니다. 그리고 14장에서는 그들이 어떤 사람들인지 그 특징을 더 구체적으로 설명하지요.

먼저, 이 계수법부터 잠깐 짚고 넘어가겠습니다. 7장에서는 이스라엘의 12지파 가운데, 한 지파당 1만 2천 명씩을 뽑아 십사만 사천을 채웁니다. 그래서 어떤 사람들은 이 말씀을 문자적으로 받아들입니다. "현재 이스라엘의 실제 12지파에서, 십사만 사천 명이 나올 것이다"라는 주장입니다. 하지만 이것은 상징적 표현과 묵시 문학 장르로 기록된 요한계시록을 잘못 해석한 것입니다. 만약 이 말씀을 문자적으로만 본다면 심각한 문제가 생깁니다.

첫째, 여자들은 십사만 사천에 포함될 수 없습니다(14:4). 둘째, 반드시 각 지파에서 12,000명씩 정확하게 나와야 합니다(7:5-8). 셋째, 이마에 어린 양의 이름과 아버지의 이름이 실제로 새겨져 있어야 합니다(14:1). 넷째, 총 인원은 절대로 144,000명을 넘을 수 없습니다(7:4). 그렇다면, 이런 문제가 생깁니다. 만약 어느 지파에서 이미 12,000명이 찼는데 누군가 자녀를 낳았다면? 그 자녀는 자동으로 제외된다는 말이 됩니다. 여러분, 이런 잔혹한 개념을 우리 그리스도인들이 받아들여서는 안 됩니다.

그렇다면, 성경에서 십사만 사천은 어떻게 상징적인 숫자로 만들어질까요? 성경은 숫자를 만들 때 '더하기'를 씁니다. 하늘의 수 3과 땅의 수 4를 더하면 7이 됩니다. 계시록에 7이 얼마나 많이 나옵니까? 일곱 교회, 일곱 금촛대, 일곱 별, 일곱 영, 일곱 인, 일곱 천사, 일곱 나팔, 일곱 대접, 일곱 머리, 일곱 산, 일곱 왕… 7은 완전함을 뜻합니다.

또 '곱하기'도 합니다. 3과 4를 곱하면 12가 됩니다. 이것 역시 완전, 전체를 의미합니다. 성경에 12가 참 많이 나옵니다. 이스라엘 12지파, 예수님의 12사도, 새 예루살렘성의 길이와 넓이와 높이 12,000 스다디온, 각 지파의 12,000명 등입니다.

12라는 숫자를 서로 더하면 24가 됩니다. 완전수 12가 두 번 더해졌으니, 완전 위에 완전을 얹은 수입니다. 24장로(계 4:4)가 대표적인 예입니다.

12와 12를 더하기만 하는 것이 아닙니다. 곱하면 144가 됩니다. 완전수 12를 곱한 것이니, 그 의미는 '충만함'과 '완전함'을 한층 더 강조한 수입니다. 그렇다면 144라는 숫자는 어디에 나올까요? 요한계시록 21장 16절과 17절에 나옵니다. "144규빗", 바로 새 예루살렘 성곽의 치수입니다. 개역성경은 '144규빗' 그대로 번역했습니다. 그런데 의역 성경, 즉 '역동적 대응 번역'을 하는 성경들은 이것을 실제 미터로 환산해서 적기도 합니다. 1규빗이 약 45-46cm라고 하면, 144규빗은 대략 65미터 정도 됩니다. 그래서 현대인의 성경에는 '65미터'라고 표시한 경우도 있습니다. 하지만, 144라는 숫자의 상징적 의미를 아는 번역자들은 이 숫자를 바꾸지 않습니다. 심지어 완전히 의역체로 쓰인 유진 피터슨의 『메시지』조차도 '144'라는 숫자를 그대로 유지합니다. 성경에서 이 숫자에 부여된 신성함과 영적 의미를 놓치지 않은 번역입니다.

요한이 살던 시대는 '공성전'이 빈번하던 시기였습니다. 성곽 두께가 65미터라면, 그 성은 절대 무너뜨릴 수 없는 견고함을 상징합니다. 이 원리를 십사만 사천에도 똑같이 적용할 수 있습니다. 혹시 누군가 "성경에서 '천'이 많다는 의미로 쓰인 적이 있느냐?" 묻는다면, 대답은 "예"입니다. 성경에는 '천천이요, 만만이요' 하는 표현이 등장합니다. 따라서 완전수 12의 제곱인 144에, 많다는 의미의 1천을 곱한 수, 그것이 바로 십사만 사천입니다. 셀 수 없을 만큼 충만한, 구원받은 하나님의 백성을 상징하는 완전한 수입니다.

실제로 요한계시록 14장 3절은 이렇게 말씀합니다. "땅에서 속량함을 받은 십사만 사천 밖에는 능히 이 노래를 배울 자가 없더라." 이어지는 4절과 5절은 그들의 정체성을 이렇게 설명합니다. "여자와 더불어 더럽히지 아니하고 순결한 자"(14:4), 이것은 성적인 의미를 넘어 영적인 순결을 뜻합니다. 곧, 우상숭배에 미혹되지 않고 오직 그리스도만 따르는 자들입니다.

또 "어린 양이 어디로 인도하든지 따라가는 자"(14:4), 그리스도의 인도를 끝까지 신실하게 따르는 무리입니다. 그리고 "그 입에 거짓말이 없고 흠이 없는 자들"(14:5), 여기서 '거짓말'은 단순히 정직하지 않다는 정도가 아닙니다. 하나님 외의 다른 존재를 경배하게 만드는, 영적 거짓이 없다는 의미입니다. 요한계시록 13장 4절은 그 거짓 경배의 대표적인 장면을 보여줍니다.

"용이 짐승에게 권세를 주므로 용에게 경배하며 짐승에게 경배하여 이르되 누가 이 짐승과 같으냐 누가 능히 이와 더불어 싸우리요 하더라."

이것이 세상에서 가장 큰 거짓말입니다. 여기서 '누가 이 짐승과 같으냐'는 표현은 하나님을 향한 찬양의 언어를 조롱하고 모방한 '패러디(parody)'입니다. 출애굽기 15장 11절은 이렇게 노래합니다.

"여호와여 신 중에 주와 같은 자 누구니이까?"

시편 113편 5절에서도 묻습니다.

"여호와 우리 하나님과 같은 이가 누구리요"

그런데 요한계시록 13장 4절에서 이 찬양의 고백을 하나님이 아닌 짐승에게 쓰는 겁니다. 하나님을 흉내 내는 적그리스도적 세력이 신성모독적인 표현을 하고 있는 것입니다. 이처럼 가증한 거짓말 앞에서 십사만 사천은 오직 그리스도만이 경배받으실 유일한 분임을 고백합니다. 그들은 세상의 거짓 권세 앞에 무릎 꿇지 않는 자들입니다. 하나님의 구속을 입은 자들이며, 어린 양의 인도를 받는 자들입니다. 그리고 진리에 속한, 정결한 신앙 공동체입니다.

그러므로 신천지와 같은 단체가 이 숫자를 실제 인원으로 고정하고 그리스도와 무관한 방식으로 해석하며 '딱 맞는 숫자' 십사만 사천명을 인위적으로 채운다 한들, 그리스도와는 아무런 관계가 없는 숫자가 됩니다.

반복하지만 십사만 사천이라는 숫자는 하나님의 백성을 상징하는 '충만한 수'입니다. 그리고 실제로는 아무도 셀 수 없는 큰 무리가 될 것이라고 증언합니다. 요한계시록 7장 9-10절은 이렇게 말씀합니다.

"이 일 후에 내가 보니 각 나라와 족속과 백성과 방언에서 아무도 능히 셀 수 없는 큰 무리가 나와 흰 옷을 입고 손에 종려 가지를 들고 보좌 앞과 어린 양 앞에 서서 큰 소리로 외쳐 이르되 구원하심이 보좌에 앉으신 우리 하나님과 어린 양에게 있도다 하니."

예수님께서 '생명으로 인도하는 문은 좁고 협착하여 찾는 이가 적다'고 하셨습니다. 그러나 이것으로 끝나는 게 아닙니다. 사도 요한은 성령님께서 이끄시는 환상 가운데 복음이 세계적으로 확산되고, 구원받는 자의 숫자가 한계 없이 충만하게 채워지는 위대하고 장엄한 광경을 목격합니다.

그러니 "나는 과연 십사만 사천에 들어갈 수 있을까?" 하고 염려할 필요가 없습니다. 어떻게 확신할 수 있을까요? 십자가와 부활의 예수 그리스도를 믿고, 그분을 나의 구주로 고백하며, 세례(또는 침례)를 받고, 지역 교회에 속해 성례에 참여하며, 계명을 지키고 경건한 삶을 살아가려 노력하는 자들, 이들은 하나님의 인침을 받은 자들입니다. 그리고 그 마음 깊이 그리스도를 진심으로 믿는 믿음이 있다면, 바로 이들이 충만한 수로 표현된 십사만 사천에 속한 하나님의 백성입니다. 그들은 어린 양과 함께 시온 산에 서 있습니다(14:1). 또한, 보좌 앞과 네 생물과 장로들 앞에서 '새 노래'를 부릅니다(14:3). 여기서 말하는 '새 노래'는 시간적으로 새로 만든 곡이 아닙니다. 그리스도 안에서 새로운 피조물이 된 자들이 부르는 구원의 노래입니다. 성경에서 '새 것'은 시간보다 존재의 변화를 가리킵니다. 바울도 고린도후서 5장 17절에서 이렇게 말했습니다.

"그런즉 누구든지 그리스도 안에 있으면 새로운 피조물이라 이전 것은 지나갔으니 보라 새 것이 되었도다."

결국, 십사만 사천이 부르는 '새 노래'는 구원받은 자들의 노래입니다. 예수 그리스도의 피로 속량된 자들이 부르는 찬양입니다. 이 찬양을 진심을 다해 부를 수 있고 고백하는 사람이 십사만사천입니다.

셋째, 십사만 사천을 통해 우리는 하나님의 자비와 공평을 배웁니다

요한계시록 7장과 14장에 등장하는 십사만 사천이란 숫자에는 구원의 충만함은 물론 하나님의 자비와 공평하심이 고스란히 담겨 있습니다. 천사가 하나님의 종들에게 인을 치는 장면에서, 이스라엘의 각 지파에서 똑같이 일만 이천 명씩 뽑는 장면을 우리는 봅니다(7:3-4).

그런데 여기서 우리가 한 가지 질문을 던지게 됩니다. 이스라엘 각 지파가 정말로 하나님의 인을 받을 정도로 경건하고 순결한 조상들로 이루어졌던가요? 그래서 그 덕을 쌓아서 하나님의 인을 받았을까요? 구약을 보면 그렇지 않다는 것을 곧바로 알 수 있습니다. 예를 들어, 장자인 르우벤은 아버지의 첩과 동침하는 부끄러운 죄를 범합니다(창세기 35:22). 시므온과 레위는 세겜 사람을 기만하고 그 도시의 남자들을 학살한 바 있습니다(창세기 34:25). 유다는 며느리 다말과 동침합니다(창세기 38:15-16). 납달리, 아셀, 단 등 대부분의 지파들도 가나안 땅을 정복한 이후 이방 민족과 타협하고 우상숭배에 빠졌습니다. 사사기를 보면 이러한 타락이 반복적으로 등장합니다. 베냐민 지파는 더욱 끔찍합니다. 레위인의 첩을 밤새 강간하고 죽이는 끔찍한 사건으로 인해 다른 지파들과 전쟁을 벌인 비극의 중심에 섰던 지파입니다(사사기 19-20장).

이렇게 보면 이스라엘 각 지파는 도덕적으로 매우 심각한 죄악들을 가지고 있었던 자손들입니다. 그런데도 하나님께서는 이스라엘 각 지파에서 차별 없이 인을 치십니다. 베냐민 지파도, 르우벤 지파도, 다말과의 사건을 겪은 유다 지파도 일만 이천입니다. 누가 더 악했다고 배제하지 않으시고, 누가 더 선했다고 더하지도 않으셨습니다. 하나님은 후회함도 주저함도 없이 자비로우시고 공평하게 선택하신 것입니다.

이를 오늘날 우리 상황에 비유하자면, 강원도 성도 일만 이천, 경상도 성도 일만 이천, 전라도 성도 일만 이천, 서울 성도 일만 이천으로 각 지역에서 똑같이 사람을 뽑은 셈입니다. 실제 인구 비율을 따져보면 이 숫자가 공평해 보이지 않을 수도 있지만, 성경은 하나님의 차별 없는 공평성을 우리에게 전달하고자 의도한 것입니다. 이 공평함이 바로 하나님의 은혜입니다.

조상들의 죄악이 아무리 크고 깊었다 하더라도, 하나님은 자신의 기쁘신 뜻대로 구원을 베풀어 주십니다. 이렇듯 십사만 사천은 그 은혜의 총합이자, 차별 없는 선택의 상징입니다. 이것이 바로 우리가 십사만 사천이라는 숫자에서 바라보아야 할 하나님의 깊은 마음입니다.

나가는 글

제가 교회에서 레크리에이션을 할 때 가장 싫어했던 게임이 하나 있습니다. '짝짓기 게임'입니다. 20-30명이 원을 돌며 놀다가 사회자가 "다섯 명!" 하고 외치면 그 숫자에 맞춰 사람들과 짝을 이뤄야 합니다. 그걸 이루지 못한 사람은 탈락하여 벌칙을 받아야 했습니다. 느리고, 눈치도 없고, 무엇보다 인기조차 없었던 저는 이 게임에서 늘 탈락하곤 했습니다. 그리고 벌칙을 감수해야 했습니다. 지금 생각하면 별 것도 아닌데, 그 때는 왜 그렇게 창피했는지 모르겠습니다. 그래서 저는 이 게임만 하면 스트레스가 극심했습니다.

그런데 사람들이 십사만 사천을 마치 이 '짝짓기 게임'처럼 생각하는 경우가 있습니다. 하나님이 "십사만 사천!" 하고 외치는 겁니다. 그러면 사람들은 그 안에 들기 위해 생존경쟁을 벌여야 한다고 오해하는 것입니다. 만일 이 숫자가 구원자의 실제 수라면 얼마나 잔혹한 게임이 되겠습니까? 그러나 요한계시록이 우리에게 알려주는 십사만 사천은 그런 의미의 숫자가 결코 아닙니다.

첫째, 우리는 십사만 사천이 사람의 쟁취나 공로로 획득되는 자리가 아니라, 누구도 막을 수 없는 하나님의 고유한 사역임을 확인했습니다. 그분께서 해 돋는 데로부터 천사를 보내 인을 치도록 하신 그 행위는 어떤 재난이나 어떤 인간의 조건도 방해할 수 없는 하나님의 주권적 선택입니다(7:1-3). 성도는 이 인치심 안에 있는 자로서 흔들리지 않는 확신을 갖고 살아야 합니다.

둘째, 십사만 사천은 제한된 숫자로서 특정 인물을 가리키는 것이 아니라, 하나님의 구속 아래 구원받은 자들의 충만하고 완전한 수를 상징한다는 점을 함께 나눴습니다. 이들은 어린 양이 어디로 인도하든지 따르고(14:4), 그분 앞에서 새 노래를 부르며(14:3), 거짓이 없고 흠 없는 자들입니다(14:5). 이 숫자는 문자적 계수가 아니라 하나님의 구원이 얼마나 완전하고 충만하게 확장되는지를 보여주는 상징적 묘사입니다. 결국 이는 우리 모두를 격려하고 안심시키는 숫자이지 불안하게 하는 배제의 숫자가 아닙니다.

셋째, 이 완전한 구원 안에는 하나님의 자비와 공평이 뿌리내리고 있다는 진리를 배웠습니다. 구약의 이스라엘 지파들-죄 많고 부족했던 족장들의 후손들이라도-하나님은 그들을 동일한 숫자로 부르셨습니다. 르우벤, 유다, 베냐민 등 모든 지파가 동일하게 일만 이천 명. 자격과 조건이 아니라 하나님의 긍휼로만 주어진 은혜입니다.

우리 조상이 어떠했는지가 우리가 인을 받는 조건이 아닙니다. 어떤 조상은 르우벤 같았을 것이고, 또 어떤 조상은 유다처럼 불결했을 수도 있습니다. 그러나 그런 우리를 하나님께서 기쁘신 뜻 가운데 예정하시고 하나님의 자녀로 삼으셨습니다. 그것이 복음이며, 그것이 은혜입니다.

그러니 우리는 찬양하지 않을 수 없습니다. 그것이 바로 '새 노래'입니다(14:3). 이 새 노래는 나를 포함한 모든 구원받은 성도들이 함께 부를 노래입니다. 하나님의 주권과 자비, 그리고 공평함에 감격하여 오직 하나님과 어린 양께 경배하는 노래입니다. 기억하십시오. 십사만 사천은 탈락의 게임이 아닙니다. 그것은 하나님이 시작하셨고 하나님이 끝까지 은혜로 이루실 것입니다(빌 1:6). 하나님의 자비 안에 부르심 받은 우리는 더 이상 숫자에 얽매이지 않고, 확신 가운데 자유와 감사로 살아가는 존재입니다. 이 위대한 하나님의 인침을 확신하며 "구원하심이 보좌에 앉으신 우리 하나님과 어린 양에게 있도다"(7:10)라며 기쁨과 소망으로 찬양하는 성도들이 되시기를 축복합니다.

12. 입에 단 복음, 세상에 쓴 사명(10장)

여는 글

'팬심'이라는 말이 있습니다. 어떤 사람을 열렬히 지지하는 마음을 뜻하지요. 요즘은 팬들의 영향력이 무서울 정도입니다. 그중에서도 가장 뜨겁게 누군가를 지지하는 이를 흔히 '찐팬'이라고 부릅니다. 저 역시 롯데 자이언츠의 원년 팬입니다. '봄데'라는 별명이 붙을 만큼 봄에만 반짝하는 팀이지만 누군가 롯데 팬이라는 말만 들어도 동질감을 느낍니다. 팬심은 혈연도, 지연도, 나이도 뛰어넘게 합니다.

『팬인가 제자인가』라는 책도 있습니다. 사실 진정한 팬의 헌신은 제자도의 헌신에 버금가 보일 정도로 뜨겁습니다. 아이돌 스타를 향한 팬들을 생각해 보십시오. 그들은 기꺼이 시간을 내고, 마음을 쏟고, 원치 않는 것은 절제하며, 스타가 기뻐하는 일을 자원합니다. 모욕당할 때는 함께 분노하고, 기쁨이 있을 때는 함께 기뻐합니다. 시간과 물질, 삶의 에너지, 그 어떤 것도 아끼지 않습니다. 다른 사람에게 그 아이돌이 얼마나 대단한지를 지치지 않고 증언합니다.

그러나 팬심에는 한계가 있습니다. 아무리 헌신적이라 해도 그 대상이 결국 사람이라는 점에서 영원한 가치를 보장하지 못합니다. 반면 제자도는 인간이 아닌 예수 그리스도께 드려지는 헌신이기에 그 삶은 세상을 변화시키는 힘을 갖습니다. 만약 우리가 그리스도를 향해 단순한 '팬심'을 넘어 제자의 길로 들어선다면, 역사는 반드시 달라질 것입니다.

요한계시록은 바로 이런 충실한 제자들의 이야기를 여러 모양으로 보여줍니다. 네 생물, 이십사 장로, 흰옷 입은 큰 무리, 두 증인, 신부, 십사만 사천 등이 그렇습니다. 반대로 그리스도의 대적자들도 있습니다. 니골라당, 이세벨, 짐승, 용, 음녀, 거짓선지자, 바벨론 등이 그들입니다. 요한계시록은 예수 그리스도의 초림부터 재림까지, 구속사의 전 과정 속에서 이 두 부류가 맞서 싸우는 모습을 보여줍니다.

특히 흉측하고 포악한 짐승이 본격적으로 등장하기 전, 요한계시록 10장은 하나님의 백성과 함께하시는 강력한 존재를 보여줍니다. 훗날 20장에서 용을 결박하는 미가엘처럼 강력한 존재, 10장에서는 "힘센 다른 천사"가 등장합니다. 이는 마치 하나님께서 "힘센 천사가 너희와 함께하니 담대하라" 말씀하시는 것처럼 들립니다. 동시에 이 천사는 복음의 위대함과 장엄함을 선포합니다.

그리고 그 복음은 달콤함만이 아닙니다. 입에는 꿀같이 달지만, 배에는 쓰게 되는 복음, 곧 제자의 길은 기쁨과 고난이 함께하는 길입니다. 오늘은 바로 이 힘센 천사와 더불어 '복음의 단맛과 쓴맛'을 살펴보겠습니다.

첫째, 힘센 다른 천사 - 하나님의 대행자

요한계시록 10장에는 "힘센 다른 천사"가 등장합니다. 이는 팬심을 넘어 제자의 길을 걷는 성도들에게 복음의 단맛과 쓴맛을 감당할 힘과 담대함이 어디서 오는지 보여줍니다. 성경은 이 천사의 장엄한 모습을 묘사합니다. "구름을 입고 하늘에서 내려오는데 그 머리 위에 무지개가 있고 그 얼굴은 해 같고 그 발은 불기둥 같"(10:1)다고 합니다. 먼저 '구름'은 하나님의 임재와 영광의 상징입니다. 출애굽기에서 이스라엘을 인도하던 구름 기둥(출 13:21), 성막에 임한 여호와의 영광(출 40:34), 그리고 주님이 구름을 타고 오실 것이라는 말씀(마 24:30)까지, 구름은 하나님의 영화로움을 드러냅니다. '무지개'는 창세기 9장 13절에서처럼 하나님의 언약의 표징입니다. '얼굴이 해 같다'는 표현은 요한계시록 1장 16절에서 예수님의 영광을 묘사할 때 사용됐습니다.

또한 이 천사는 얼마나 장대한지 오른발은 바다에, 왼발은 땅에 두고 서 있습니다(10:2). 그의 손에는 펴 놓인 작은 두루마리가 들려 있습니다. 이는 요한계시록 5장에서 일곱 인으로 봉인되었던 두루마리와 연결됩니다. 오직 어린 양 예수 그리스도께서만 그 인을 떼실 자격이 있으셨고(5:7-9), 이제 펼쳐진 두루마리가 사도 요한에게 "갖다 먹으라"(10:9)며 전달됩니다. 그 과정을 정리하면 이렇습니다.

보좌에 앉으신 이의 오른손에 들린 두루마리(5:1) → 누가 그 인을 뗄 수 있겠느냐는 힘센 천사의 외침(5:2) → 어린 양이 두루마리를 취하여 인봉을 떼심(5:7-9) → 펴 놓인 작은 두루마리를 든 힘센 다른 천사(10:2) → 요한이 그것을 갖다 먹어버림(10:9) → 많은 백성과 나라와 방언과 임금에게 다시 예언(10:11). 생각나는 과정이 있지 않습니까? 계시록 1:1에서 말씀한 하나님 → 예수 그리스도 → 천사 → 요한으로 이어지는 계시 전달의 구조와도 닮아 있습니다.

따라서 힘센 다른 천사는 하나님의 임재와 언약, 그리스도의 영광을 지니며 복음을 충성스럽게 요한에게 전달하는 대행자인 것입니다. 오늘날 우리도 복음을 전합니다. 전하는 우리는 연약하고 초라합니다. 세상은 이 복음을 하찮게 여기기도 합니다. 그러나 우리가 전하는 복음은 결코 연약한 것이 아니라 하나님의 권세를 대행하는 힘센 천사가 동행하십니다. 그래서 복음은 죽음을 앞둔 사람들에게도 소망을 주는 권세가 됩니다.

저는 2018년, 폐암 말기로 투병하시던 장인 어른의 마지막 순간을 기억합니다. 돌아가시기 전 거의 말씀도 못하시고 눈도 뜨기 어려울 만큼 힘드셨지만, 복음을 전하는 순간 힘겹게 '아멘'이라고 고백하시고 이틀 후 하나님의 부르심을 받아 평안히 임종하셨습니다.

그렇습니다. 우리가 복음을 들고 나갈 때 눈에는 보이지 않지만 우리 곁에는 하나님의 권세와 위엄을 대행하는 힘센 다른 천사가 함께합니다. 우리는 작고 부족하지만 복음을 들고 가는 우리의 뒤에는 온 세상을 밟고 서 계신 하나님의 대행자가 든든히 받쳐주고 있음을 믿으시기 바랍니다. 그러므로 세상 모두를 굴복시키는 죽음의 권세 앞에서도 성도들은 평안히 삶을 마무리할 힘을 얻게 되는 것입니다.

둘째, 힘센 다른 천사 - 하나님의 경배자

앞서 살펴본 힘센 다른 천사는 하나님의 뜻을 대행하는 사역자로만 머물지 않았습니다. 그는 동시에 하나님께 전심으로 경배하는 예배자로 서 있습니다. 곧, 복음을 전하고 두루마리를 펼치는 그의 사명은 결국 하나님을 향한 경외와 예배로 완성됩니다. 천사는 서서 외칩니다.

"세세토록 살아 계신 이 곧 하늘과 그 가운데에 있는 물건이며 땅과 그 가운데에 있는 물건이며 바다와 그 가운데에 있는 물건을 창조하신 이를 가리켜 맹세하여 이르되 지체하지 아니하리니"(10:6).

이 맹세는 천사의 존재 기반과 신앙 고백을 드러냅니다. 그가 누구의 사자이며, 누구의 권위를 위임받았는지를 분명히 보여줍니다. 천사는 "세세토록 살아 계신 이"(10:6)라 말하는데 이는 요한계시록 전체에서 반복적으로 사용되는 하나님에 대한 경배 공식입니다.

네 생물(4:9), 이십사 장로(4:10), 그리고 모든 피조물(5:13)이 동일한 방식으로 하나님께 찬양을 올립니다. "세세토록"은 시간의 개념을 초월하는 하나님의 존재성을 뜻하며 "살아 계신 이"는 그분이 죽은 신이 아니라 지금도 통치하시고 역사하시는 분임을 선포합니다. 장엄한 천사는 그 모든 권세를 지닌 하나님께 자신을 낮추어 맹세하며 오직 하나님만을 높입니다. 이것이 참된 예배자의 자세입니다.

여기서 우리가 깊이 주의해야 할 점이 있습니다. 때로 사람들은 하나님의 사역자를 하나님처럼 높이려는 유혹에 빠집니다. 하나님의 말씀으로 우리를 이끄는 목회자, 찬양을 인도하는 사역자를 너무 높이는 마음입니다. 그뿐 아니라 사역자 자신도 모르게 하나님의 일을 하다가 어느새 자신이 하나님의 자리에 서고 싶은 유혹에 빠질 때도 있습니다. 그럴 때 힘센 다른 천사를 생각하면 좋겠습니다. 그는 바다와 땅을 밟는 장대한 모습, 광명한 외형으로 사람들의 찬사와 경배를 받을 정도의 모습임에도 불구하고 세세토록 살아 계신 하나님께만 경배합니다. 이 장면은 우리의 경배의 대상이 오직 하나님 한 분이어야 함을 분명히 보여줍니다. 사도 요한도 잠깐의 실수를 하기도 했으니(19:10, 22:8) 특별히 성도들은 예배와 경배가 결코 사람이나 다른 어떤 것을 향하지 않도록 늘 조심해야 합니다.

이제 우리와 힘센 다른 천사와의 접점이 보이기 시작합니다. 천사는 장엄하고 멀리 있는 존재처럼 보이지만 그가 한 가장 본질적인 일은 우리가 매일의 삶 속에서도 경험하며 해낼 수 있는 일입니다.

바로 하나님을 예배하고 찬양하는 것입니다. 우리의 존재가 연약해 보여도 구원받은 자로서 매일 하나님을 경배하고 복음을 전한다면 우리는 천사가 한 본질적 사역과 같은 일을 하고 있는 셈입니다.

히브리서 1장 14절은 이렇게 말합니다.

"모든 천사들은 섬기는 영으로서 구원받을 상속자들을 위하여 섬기라고 보내심이 아니냐."

천사는 하나님의 뜻을 수행하는 사역자이지만 그들의 목적은 구원받은 성도들을 섬기는 데 있습니다. 이것은 성도가 얼마나 귀한 존재인가를 보여줍니다. 하나님은 천사를 자녀라 부르신 적이 없지만 우리를 향해 자녀라 부르십니다. 그러므로 하나님은 천사의 예배도 존귀하게 받으시지만 자녀된 성도의 예배를 특별히 기뻐하십니다.

그러니 우리가 주일 예배뿐 아니라 일상의 삶 속에서 하나님을 높이고 찬양할 때, 그 예배는 작아 보일지라도 결코 작은 것이 아닙니다. 우리의 예배 속에 하나님의 권능과 임재가 함께하시며, 하나님의 사자를 보내셔서 우리를 굳게 붙드십니다. 이것이 성도의 예배가 가진 놀라운 권세입니다.

셋째, 힘센 다른 천사 - 하나님의 사명의 선포자

요한계시록 10장 7절에서 천사는 이렇게 선언합니다.

"일곱째 천사가 소리 내는 날 그의 나팔을 불려고 할 때에 하나님이 그의 종 선지자들에게 전하신 복음과 같이 하나님의 그 비밀이 이루어지리라 하더라."

이 말씀은 하나님의 구속 사역이 반드시 이루어지고 지체됨 없이 완성될 것이라는 선언입니다. 여기서 중요한 표현이 있습니다. 바로 "하나님의 비밀이 이루어지리라"입니다.

많은 이단과 사이비들은 이 '비밀'이라는 단어를 왜곡하기를 좋아합니다. 진리를 감추고 사람들을 통제하는 수단으로 삼기도 하고, 어떤 단체는 가족에게도 알리지 말라며 '비밀 성경공부'를 시킵니다. 그 비밀을 알아야만 구원받는다는 식의 밀교주의를 내세우기도 합니다. 심지어 신천지와 같은 이단은 성경 본문을 잘못 해석하여 '일곱째 나팔의 비밀'을 알아야 한다고 주장합니다.

그러나 성경 본문은 일곱째 나팔의 비밀이라고 적혀 있지 않고 '하나님의 비밀'이라고 돼 있습니다. 성경 본문을 착각하고 있는 것입니다. 이 하나님의 비밀은 감추라는 것이 아니라 드러나야 할 진리입니다. 왜냐하면 하나님께서는 이 복음을 사도 요한에게 먹이시며(10:9), "많은 백성과 나라와 방언과 임금에게 다시 예언하여야 하리라"(10:11)고 말씀하시기 때문입니다. 비밀은 묻어두는 것이 아니라 선포되어야 할 사명입니다. 그렇다면 '하나님의 비밀'은 무엇입니까? 사도 바울은 '하나님의 비밀인 그리스도'라고 설명합니다.

"이는 그들로 마음에 위안을 받고 사랑 안에서 연합하여 확실한 이해의 모든 풍성함과 하나님의 비밀인 그리스도를 깨닫게 하려 함이니"(골 2:2).

요한계시록 11장의 두 증인은 죽기까지 복음을 증거하고(11:7), 12장에서는 철장으로 만국을 다스릴 아이가 등장합니다(12:5). 그리고 용은 여자의 남은 자손, 곧 하나님의 계명을 지키며 예수의 증거를 가진 자들과 싸웁니다(12:17). 그러나 그 싸움은 끝내 패배로 끝나지 않습니다. 짐승과 그의 우상을 이기고 벗어난 자들이 유리 바닷가에 서서 찬양하는 장면이 등장하고(15:2), 어린 양과 함께 있는 자들이 반드시 이긴다고 선언되며(17:14), 마침내 이기는 자가 하나님의 아들로서 새 하늘과 새 땅의 기업을 얻는다고 약속하십니다(21:7). 이 흐름을 종합하면 '하나님의 비밀'이란 세세토록 살아 계신 하나님의 구속 경륜, 예수 그리스도의 복음, 그리고 그 복음을 붙든 자들의 최종적 승리입니다. 비록 이 땅에서는 핍박받고 힘없고 미련해 보일지라도 하나님의 능력과 어린 양이신 그리스도 때문에 결국 승리하게 될 구속 계획이 곧 '비밀'입니다.

하나님의 비밀은 이상한 교리를 숨겨놓은 암호가 아니라 예수 그리스도 안에서 이미 드러난 하나님의 구속사 전체이며 이제는 모든 민족에게 전파되어야 할 복음입니다. 그리스도인은 약해 보이지만 결국은 세세토록 왕노릇할 존재들입니다. 이것이 비밀이라는 것입니다.

이 비밀의 복음은 입에서는 꿀같이 달다고 했습니다(10:10). 우리는 복음을 처음 접할 때 기쁨과 감격을 경험합니다. 그리스도의 사랑과 은혜에 눈물 흘리고, 구원의 확신에 가슴이 벅차오릅니다. 그러나 그 복음을 품고 세상 속으로 나아가는 순간, 쓴맛이 시작됩니다. 배에서는 쓰다고 했습니다. 사도 요한은 그 쓴맛을 감당하는 명령을 받습니다. "다시 예언하여야 하리라"(10:11).

이제는 일곱 교회에만 말하는 것이 아니라 모든 민족과 열방과 권세자들 앞에서 복음을 선포하라는 명령입니다. 이는 곧, 변화산 위의 감격에서 내려와 귀신 들린 아들과 씨름하는 산 아래의 현실로 나아가는 일입니다(눅 9:28-37). 우리도 '여기가 좋사오니'라며 말씀의 달콤함 안에 머물고 싶지만 복음을 가진 자는 반드시 귀신에 사로잡혀 고통당하는 치열한 현장으로 나아가야 하는 사명자입니다.

오늘날도 마찬가지입니다. 교회 안에서 말씀을 묵상하고 예배드릴 때는 감격이 있지만 그 말씀을 들고 세상 속으로 나아가는 일에는 조롱과 오해, 심지어 핍박이 따릅니다. 때로 은혜받은 자라는 것을 숨기고 살아가고 싶을 때도 있습니다. 그럼에도 불구하고, 우리는 '다시 예언하여야 합니다.' 복음은 나만 간직하는 은혜가 아니라, 온 세상을 향해 흘러가야 할 하나님의 구원의 통로이기 때문입니다.

나가는 글

이외수 씨의 '글쓰기의 공중부양'이란 책에 보면 하천을 거슬러 올라가는 연어처럼 생명력있는 글쓰기를 어떻게 할 수 있는지 방법이 나옵니다. 그 중에 가장 먼저 등장하는 게 '오감'을 활용하라는 것입니다. 예를 들면 "인생, 참 힘들어!" 이런 표현이 아니라 "인생, 진짜 쓰디 쓰다!"라고 하라는 것이죠. 그런데 요한계시록에 보면 오감을 자극하는 표현이 다수 등장합니다. 대표적으로 몇 가지만 예를 들면 천사가 구름을 입었다(시각, 10:1), "일곱 우레가 그 소리로 응답하더라"(청각, 10:3), "내 입에서는 꿀같이(미각, 10:9)달았으나 네 배에서는 쓰게(미각) 되리라"(10:9-10) 등입니다.

마치 우리 인생과도 같지 않습니까? 그리스도인들이 인생에서 단맛 쓴맛을 다 보듯이 하나님의 말씀도 때로 달고 때로 쓰다고 합니다. 요한계시록 10장에서 보여주는 하나님의 말씀, 즉 복음은 단순히 감미롭기만 한 것이 아니라 고통과 희생이 따릅니다. 두루마리를 먹었을 때 입에서는 꿀같이 달았지만 배에서는 쓰게 되었다는 표현은 하나님의 말씀을 받아들일 때의 기쁨과 감격뿐 아니라 그 말씀을 삶으로 실천하고 세상에 전해야 할 때 겪는 고난과 갈등을 상징합니다. 우리에게 주어진 복음은 그저 우리만을 위한 것이 아닙니다. 변화산에서 "여기가 좋사오니"라며 그 자리에 머물고자 했던 제자들처럼 우리도 종종 복음의 단맛에 머물고 싶어합니다. 그러나 산 아래에는 여전히 고통받는 이들과 치열한 싸움 속에서 도움을 갈망하는 사람들이 있습니다. 복음은 우리를 변화산의 기쁨에 머물게 하지 않고 치열한 세상 속으로 다시 보냅니다.

사도 요한이 받은 사명처럼 우리 역시 복음을 받아들이는 것으로 끝나는 것이 아니라 그것을 다시 예언해야 할 책임이 있습니다. 하나님께서 이 땅의 모든 백성, 나라, 방언, 그리고 왕들까지 포함하여 온 세상에 복음을 전하라고 하신 이유는 하나님의 비밀, 즉 구원의 계획이 모든 사람들에게 전파되기를 원하시기 때문입니다.

복음을 들고 세상으로 나아가는 길은 때로 고통스럽고 쓴맛을 동반할 것입니다. 그러나 우리는 믿습니다. 힘센 천사가 오른발로 바다를 왼발로 땅을 딛고 하나님의 권위와 영광을 선포했던 것처럼, 우리 뒤에는 하나님의 위엄과 권능이 함께하십니다. 짐승과 용 같은 대적이 아무리 강력해 보이더라도 그들은 결국 하나님 앞에 무릎 꿇을 것입니다. 하나님의 말씀의 단맛과 쓴맛을 모두 경험하며 복음을 전파하는 삶에 참여하는 것은 곧 하나님의 나라를 세우는 영광스러운 여정입니다. 이 여정 속에서 우리가 세상에서 작고 연약한 존재처럼 보일지라도 하나님의 손에 붙들린 복음은 전 우주적 권세를 가진 천사가 함께하는 강력한 메시지임을 잊지 맙시다. 그 복음을 들고 나아갈 때 우리 뒤에는 우리와 함께 하나님을 찬양하는 바다와 땅을 밟고 서 있는 힘센 다른 천사가 든든한 뒷배경이 돼 줄 것입니다. 할렐루야!

13. 두 증인의 사명과 교회의 승리, 그리고 한 때 두때 반때(11장)

여는 글

신천지에서 탈퇴한 두 사람이 있었습니다. 한명은 한국인, 또다른 한명은 탈북자였습니다. 탈북자는 키가 작고 왜소했다고 합니다. 둘이 신천지에서 탈퇴한 뒤 '두 명'이니 자신들이 요한계시록 11장에서 말씀한 두 증인이라며 신천지 단체 앞에서 시위를 했습니다. 그러다가 두 증인이라던 두 사람 사이에 다툼, 아니 일방적 폭행이 일어납니다. 한국인이 덩치가 크고 힘이 셌어요. 그래서 탈북민을 때리고 학대했다는 겁니다. 폭력을 견디지 못하고 작은 사람이 도망갑니다. 두 증인이 깨졌네요. 어떻게 됐을까요. 탈북민이 키가 작다고 했잖아요. 그 사람이 이렇게 말하더랍니다. "요한계시록 12장의 여자가 해산하여 낳은 '아이'라는 구절이 있잖냐. 내가 그 '아이'다"라구요.

요한계시록은 이처럼 수많은 사람들이 자신들의 입맛에 오용, 왜

곡, 조작해온 역사를 갖고 있습니다. 사실 신천지의 이만희 교주도 1977년에는 재창조교회에서 백만봉을 '영부 하나님'으로 믿고 따르던 사람입니다. 그러다가 홍종효라는 사람과 1980년 함께 탈퇴했는데 자기들이 요한계시록 11장의 두 증인이라고 했습니다. 이 얼마나 어처구니 없는 해석입니까. 요한계시록의 참 주인공은 십자가에서 우리를 위해 죽으신 어린 양 예수 그리스도입니다. 이분을 중심으로 하지 않고 이분을 발견하지 못하고 미래에 나타날 새로운 구원자, 그리스도와 무관한 재림주, 정감록이나 동학이나 증산도에서 말하는 후천개벽의 정도령 같은 사상으로 요한계시록을 생각하는 사람이 적지 않은데 백해무익합니다.

요한계시록은 철저하게 복음을 말하며 교회를 위해 계시한 말씀입니다. 계시록은 애초부터 하나님께서 '교회'에 편지를 전달하라고 계시한 것입니다(1:4). 그리고 성령에 감동되어 나팔소리 같은 음성을 들었는데 네 보는 것을 '일곱 교회'에 보내라고 하셨습니다(1:11). 결정적으로 계 22:16에 "나 예수는 교회들을 위하여 내 사자를 보내어 이것들을 너희에게 증언하게 하였노라"고 말씀하셨습니다. 요한계시록은 교회를 위해 쓴 계시인 겁니다. 그러니 요한계시록에는 하나님의 백성 공동체들에게 구원과 교회와 예배가 얼마나 소중한지 알려주는 내용이 다수 등장합니다. 이걸 마음에 새기고 요한계시록의 바다에 뛰어 들어야 합니다. 이 개념을 갖지 않고 요한계시록을 보는 것은 마치 수영을 배우지 않은 사람이 안전 장비도

갖추지 않고 깊은 바다에 뛰어드는 것처럼 위험합니다. 그러니 인간들이 자기 마음대로 요한계시록의 주요 단어와 개념을 자기 자신에게 적용하는 교만한 행동을 하는 거 아니겠습니까.

구원, 복음, 교회, 예배가 요한계시록 메시지의 본질이라는 핵심을 붙잡고 11장을 살펴봐야 합니다. 11장은 세 가지 큰 그림을 보여줍니다. 하나님의 백성 공동체를 향한 보호와 고난이라는 이중적 현실(11:1-2), 두 증인의 사명과 순교 그리고 부활(11:3-12), 마침내 하늘에서 울려 퍼지는 선언—"세상 나라가 우리 주와 그의 그리스도의 나라가 되어 그가 세세토록 왕 노릇 하시리로다"(11:15). 이제 그 첫 그림을 살펴보겠습니다.

첫째, 고난 중에도 우리를 기억하시며 보호하시는 하나님

11:1-2에는 지팡이 같은 갈대로 측량하는 곳과 측량하지 말고 그대로 두는 두 영역이 나옵니다. 지팡이 같은 갈대는 물건이나 건물 같은 것을 재는 도구로서 '길고 곧은 장대'를 가리킵니다. 측량을 하는 목적에는 보호와 파괴의 두가지 의미가 있습니다. 그런데 이미 성전 바깥은 내어주었다고 하셨으니 그 나머지, 하나님의 성전과 제단과 그 안에서 경배하는 자들은 보호하겠다는 의미가 담겨 있는 것이죠.

성전바깥마당을 이방인에게 주었다는 것은 요한의 시대에 매우 익숙한 표현일 수 있습니다. 성전은 이미 로마제국에 함락됐습니다.

기원전 168년경에는 셀레우코스 제국의 안티오코스 에피파네스 4세가 예루살렘을 정복·약탈한 바 있습니다.

"백사십삼년에 이집트를 쳐부수고 돌아가면서, 안티오코스는 강력한 군대를 이끌고 이스라엘과 예루살렘으로 올라갔다. 그는 거드럭거리며 성소에 들어가 금 제단, 등잔과 그것에 딸린 모든 기물, 제사상과 잔, 대접과 금향로, 휘장과 관을 내오고, 성전 정면에 씌워져 있던 금장식을 모두 벗겨 냈다. 또 은과 금, 값진 기물들과 깊숙이 간직되어 있던 보물들을 찾아냈다. 그는 마구 살육을 저지르고 오만불손한 말을 한 다음, 그 모든 것을 가지고 자기 나라로 돌아갔다"(마카베오기상 1:20-24. 가톨릭성경기준)

그는 예루살렘으로 들어가 단 사흘만에 어른, 아이, 여자 등 8만 명을 죽였다고 합니다. 성전 제단에 돼지 피를 뿌린 것은 유명한 일화입니다.

이처럼 요한계시록 11장 1절-2절은 이방 세력에 처절하게 짓밟히는 영역과 그렇지 않은 영역이 공존한다는 이미지가 담겨 있습니다.

우리는 그리스도의 은총을 충만히 받으며 꽃길을 걷는 거 같지만 때로 알 수 없는 고난에 직면합니다. 이 양면성은 우리의 사는 동안 끊이지 않습니다. 하나님의 참된 공동체 또한 마찬가지입니다. 이 땅에 있는 동안 하나님의 참된 공동체도 하나님의 보호하심과 동시에 세상으로부터의 박해를 받습니다. 이 기간은 하나님의 참된 공동체적 관점에서는 초림부터 재림까지의 기간이며 신자 개인에게는 그리스도를 믿고 거듭난 이후부터 그가 종말, 즉 하나님의 부르심을 받기까지의 전 기간이라 할 수 있습니다. 그동안 우리는 하나님의 보호하심은 물론 이방 세력이 짓밟는 듯한 고난을 함께 겪게 될 것입니다.

그 기간이 마흔 두달이라고 합니다. 계시록은 이 기간을 아주 다양한 상황에서 표현합니다. 이방인이 짓밟는 기간(11:2), 두 증인이 예언하는 기간(11:3). 철장으로 만국을 다스릴 아이를 낳은 여자가 양육받는 기간(12:6), 여자가 큰 독수리의 두 날개를 받아 뱀의 낯을 피하는 기간(12:14), 신성모독하는 짐승이 권세를 받는 기간(13:5)이 모두 같은 기간입니다.

이 시대의 성도된 우리는 마음을 단단히 해야 합니다. 마흔두 달의 여정을 살아가는 자로서, 하나님의 보호 아래 있으면서도 세상의 대적 속에 있는 존재라는 이중 현실을 바르게 인식해야 합니다. 고난 속에서도 하나님이 나를 아신다는 확신을 가지고, 보호받는 자로서 담대하게 살아가야 합니다. 그리고 짓밟힘의 순간에도, 우리는 무너지는 것이 아니라 정결해지는 중임을, 버려진 것이 아니라 양육받는 중임을 믿어야 합니다. 오늘도 하나님은 당신의 백성을 측량하고 계십니다.

둘째, 끝까지 증언하도록 권세를 주시고 인도하시는 하나님

마흔두 달 동안 성전 바깥마당이 이방인에게 짓밟히는 현실 속에서도 하나님께서 친히 보내신 두 증인이 등장합니다(11:3-12). 이들은 1,260일 동안 굵은 베옷을 입고 예언하는 사명을 맡습니다. 이는 곧 하나님의 백성이 고난 중에도 말씀을 붙들고 복음을 증언해야 함을 상징적으로 보여주는 장면입니다.

이 두 증인은 상징적으로 볼 때, 모든 시대를 통틀어 복음을 증거하며 살아가는 하나님의 백성, 곧 교회를 상징하는 존재들입니다. 사도 요한이 계시록을 기록할 당시 자신 역시 복음을 증언하다가 밧모섬에 유배되어 있었습니다(1:9). 그리고 그 역시도 하나님의 말씀과 예수 그리스도의 증거 때문에 고난을 겪고 있었기에 이 두 증인의 모습은 자신의 현실과도 겹쳐졌을 것입니다.

그런데 이 증인이 한 사람이 아니라 '두 명'으로 등장합니다. 이는 증언의 확실성과 신뢰성을 강조하는 구약적 원칙에 근거한 것입니다. 민수기 35장 30절과 신명기 19장 15절은 모두 두 사람 이상의 증언이 있어야 죄를 유효한 것으로 봅니다.

예수님께서도 제자들을 '둘씩 둘씩' 짝지어 보내시며 복음을 증언하게 하셨습니다(막 6:7).

"열두 제자를 부르사 둘씩 둘씩 보내시며 더러운 귀신을 제어하는 권능을 주시고"

그러므로 요한계시록의 두 증인은 실제로 특정 인물을 가리킨다기보다 증언의 공적 성격과 신적 정당성을 상징적으로 보여주는 단어로 이해해야 합니다.

이들은 "굵은 베옷"을 입고 활동합니다(11:3). 이는 구약에서 회개와 애통의 상징으로 사용되던 복장입니다. 예수님께서도 두로와 시돈의 이방인들이 벳새다에서 행한 권능을 보았더라면 벌써 베옷을 입고 회개했을 것이라고 하셨습니다(마 11:21).

두 증인은 미래에 나타날 두명의 예언자가 아니라 하나님의 심판을 선포하며 회개를 촉구하는 선지자적 사명을 가진 교회 공동체를 의미합니다. 그들은 말씀을 선포할 뿐 아니라 하늘을 닫아 비가 오지 못하게 하고 물을 피로 바꾸며 입에서 불이 나와 대적을 삼키는 권능도 가졌습니다(11:5-6). 이를 화염방사기로 오해해 진짜 입에서 불이 나온다 생각하면 안됩니다. 두 증인이 구약의 선지자 전통을 계승한 존재들임을 보여주는 동시에, 복음 증거의 영적 권위를 상징하는 표현인 것입니다.

그러나 그 권능에도 불구하고, 그들은 결국 무저갱으로부터 올라오는 짐승에게 죽임을 당하게 됩니다(11:7).

이는 증언이 무력하다는 뜻이 아닙니다. 오히려 하나님께서 정하신 '증언의 때'가 끝났기 때문에 죽임을 당한 것입니다. 이 표현은 중요한 신학적 메시지를 품고 있습니다.

"증언을 마칠 때"까지, 하나님은 자신의 백성을 반드시 보호하시며, 그 어떤 세상의 권세도 그들을 해치지 못하도록 지키십니다. 그리고 그들이 죽음을 맞는 순간조차도 패배가 아닌 사명을 마친 완성의 순간으로 받아주십니다. 이것은 오늘날 성도들에게 큰 위로를 줍니다. 우리가 이 땅에서 살아 있는 이유는 증언할 사명이 남아 있기 때문입니다. 고난 중에 있더라도 생명이 연장되는 이유는 아직 복음을 전해야 할 대상이 남아 있고 하나님께서 우리를 통해 이루실 일이 남아 있기 때문입니다.

오늘 우리는 두 증인처럼 '굵은 베옷을 입은 자'로 이 세상에 서야 합니다. 환난 속에서도, 세상으로부터의 조롱과 배척 속에서도 우리는 회개를 모르는 사람들이 회개에 이르도록 증언하는 삶을 살도록 부름 받았습니다. 오늘 내 삶이 힘들고 이해할 수 없는 일이 있다 하더라도 오늘, 아직 호흡이 남아 있는 이유는 내 사명이 아직 끝나지 않았기 때문입니다. 내가 살아 있다는 것은 여전히 누군가에게 증언자로서 살아야 할 이유가 있다는 증거입니다. 그리고 그 복음은 말뿐 아니라 삶으로, 인내로, 회개의 태도로 드러나야 합니다. 두 증인처럼, 우리의 존재가 하나님의 말씀을 증언하는 삶이 되기를 축복합니다.

셋째, 죽음을 넘어 부활과 통치로 이끄시는 하나님

요한계시록 11장의 마지막은 한 편의 웅장한 드라마처럼 절정에 이릅니다. 복음을 증언하던 두 증인이 짐승에게 죽임을 당하고, 그들의 시신이 '영적으로 소돔과 애굽이라 일컬어지는 큰 성'(11:8), 즉 세속과 죄악으로 가득한 세상 한복판에 방치됩니다. 세상은 그들의 죽음을 기뻐하고 즐거워하며 서로 선물을 주고받기까지 합니다(11:10). 이는 하나님을 증언하는 자들을 향한 세상의 적대감이 얼마나 깊은지를 보여줍니다.

그러나 이 절망은 오래가지 않습니다. 하나님의 권능이 결정적 반전을 일으킵니다.

"하나님께로부터 생기가 그들 속에 들어가매 그들이 발로 일어서니 구경하는 자들이 크게 두려워하더라"(11:11).

죽은 줄 알았던 두 증인이 다시 살아나고, 하늘로부터 들려오는 음성이 그들을 부릅니다. "이리로 올라오라"(11:12)는 그 명령과 함께, 두 증인은 구름을 타고 하늘로 올라갑니다. 인간의 눈에는 패배처럼 보였던 죽음이 사실은 승리였음을 선포합니다.

그 직후 큰 지진이 일어나고 칠천 명이 죽습니다(11:13). 여기서 '7천'은 문자적인 수라기보다 하나님의 완전하고 철저한 심판의 상징적 표현입니다. 그런데 이 지진은 파괴의 도구만이 아닙니다. 이 심판을 통해 남은 자들이 하나님께 영광을 돌립니다. 이는 요한계시록 전반에서 매우 드문 장면입니다. 앞선 인·나팔·대접 심판에서는 사람들이 끝내 회개하지 않고 마음을 굳게 했지만(9:20-21, 16:9),

두 증인의 순교를 통해서는 오히려 회개와 경외가 일어납니다.

우리는 이 말씀을 통해 죽음조차 하나님의 계획 안에 있는 도구임을 기억해야 합니다. 세상은 증인의 죽음을 기뻐할지라도 하나님은 그 죽음을 통해 부활을 일으키시고 나라를 세우십니다(11:15). 하나님은 죽음을 끝으로 보지 않으십니다. 그것을 영광의 문으로 바꾸십니다. 오늘 우리의 삶에도 동일한 진리가 적용됩니다. 세상은 때로 우리의 신앙을 조롱하고, 우리의 사명을 무력하게 보이게 만들지만, 우리는 하나님이 생기가 불어 넣어진 증인들입니다. 순교까지도 감당하는 충성은 결코 헛되지 않으며, 그 증언이야말로 하나님의 나라를 세우는 가장 강력한 도구입니다. 고난 중에도 무너지지 마십시오. 하나님은 반드시 기억하시고, 죽음을 넘어 부활로 이끄십니다. 우리의 눈앞에 보이는 승리보다, 하나님이 이루시는 최종적인 통치를 소망합시다. 우리가 세상 가운데 겪는 고난과 손해는 잠시입니다. 그러나 그리스도와 함께 왕 노릇하는 영광은 영원할 것입니다(22:5). 그러니 오늘도 믿음으로 증언하십시오. 죽음을 이기신 하나님이 우리의 사명도 우리의 부르심도 결코 헛되게 두지 않으실 것입니다.

나가는 글

요한계시록 11장은 모든 시대를 살아가는 교회와 성도들에게 주어진 살아 있는 말씀입니다. 하나님은 두 증인을 통해 오늘 우리의 정체성과 사명을 다시금 선명히 보여주십니다. 세상은 증언자들의 죽음을 조롱하지만 하나님은 그들을 부활시키시고 승천케 하십니다. 이는 죽음을 이긴 복음의 힘, 그리고 하나님의 통치는 결코 실패하지 않는다는 선언입니다. 두 증인은 그저 특별한 두 사람을 가리키는 것이 아니라 시대를 막론하고 복음을 증거하며 고난 가운데 살아가는 모든 하나님의 사람들, 곧 교회를 상징합니다. 그들의 굵은 베옷은 회개의 메시지를 대변합니다. 무엇보다 그들의 죽음은 끝이 아니라, 하나님께서 친히 생기를 불어넣으시는 일하심을 보여주는 시작이 됩니다. 이것이 바로 우리 삶의 서사이자, 교회의 본질입니다. 짓밟혀도 살아나고, 침묵당해도 외치며, 죽임당해도 부활하는 공동체. 이 세상이 감당할 수 없는 존재, 그것이 교회입니다.

그리고 마침내 일곱째 나팔이 울리며 하늘로부터 이 선포가 터져 나옵니다.

"세상 나라가 우리 주와 그의 그리스도의 나라가 되어 그가 세세토록 왕 노릇하시리로다"(11:15).

이 말씀은 이미 시작된 하나님의 통치를 선포하는 복음의 중심 선언입니다. 고난 속에서도 교회를 통해 이루어지고 있는 하나님의 나라, 지금도 우리의 예배와 순종 가운데 드러나고 있는 그분의 통치, 그것이 이 말씀 안에 담긴 현재적 의미입니다. 요한계시록 11장은 말합니다. 두 증인의 삶처럼, 우리도 이 땅에서 복음을 따라 죽고, 하나님을 따라 살아나며, 그의 통치에 참여하는 증인된 삶을 살아가자구요. 그리고 그날이 이를 때까지, "이리로 올라오라"는 우리를 부르시는 목소리가 들릴 때까지, 내게 주어진 사명의 길을 포기하지 않고 끝까지 살아가시기를 축복합니다.

14. 영적 전투에서 승리하는 교회(12장)

여는 글

초등학생 시절이었던 거 같습니다. 처음 맞는 체육 시간, 선생님은 학생들의 줄부터 세우려 했습니다. 선생님이 "줄 서라!"고 외치자 아이들은 허둥지둥 댔지 어쩔 줄 몰라했습니다. 그럴 때 선생님은 방법이 있었습니다. 누군가 한 명을 지목해서 손을 들고 "기준!"이라고 외치라 했습니다. 처음 하는 행동이라 어린이들이 기준이 뭔지 알겠습니까? 쭈볏쭈볏 했지만 결국 선생님의 말을 듣고 하라는 대로 '기준'이라고 어떤 아이가 목소리를 높였습니다. 그러자 그 아이를 중심으로 모든 반 아이들이 다시 정렬했습니다. 줄을 세울 때 가장 중요한 것은 '기준점'을 제대로 잡는 일이라는 걸 초등학교 체육시간에 처음 경험했던 거 같습니다. 기준점이 분명하면 아무리 혼란스러운 상황에서도 질서가 생깁니다.

그렇다면, 요한계시록에서 우리의 '기준점'은 무엇이어야 할까요? 많은 성도들이 이렇게 말합니다. "구약은 오실 메시아, 신약은 오신 메시아, 계시록은 다시 오실 메시아를 증거하는 책이다." 모두가 그렇게 말하니 그런가 보다 생각하게 되고 모두가 그렇게 믿게 됩니다. 그러나 정말 그것이 요한계시록의 핵심일까요?

저는 요한계시록의 진짜 기준은 세 가지라고 봅니다. 첫째, 영원토록 찬양받으실 창조주 하나님이십니다(4:11). 둘째, 우리를 피로 사신 구속자 예수 그리스도이십니다(1:5). 셋째, 그 하나님과 예수 그리스도를 붙들고 성령의 음성을 따라 주님 오실 때까지 전진해 가는 교회 공동체입니다(2장-3장; 17:14).

이 기준이 선명하지 않으면 요한계시록은 언제든 혼란의 책이 됩니다. 아버지를 잘 알지도 못하면서 아버지의 오심만 기다리는 기다림은 어쩌면 비현실적일 수 있습니다. 그래서 요한계시록은 우리에게 먼저 '하나님을 바로 알라'고 외칩니다. 창조주 하나님, 피 흘리신 어린 양 예수, 교회와 함께하시는 성령 하나님—이 삼위 하나님의 존엄한 임재가 요한계시록의 핵심입니다.

이 기준을 바로 세우지 못하면 결국 '재림'과 '재림 현상'에만 몰두하게 되고, 엉뚱한 사람을 '재림 주'로 따르며 미혹되는 일들이 벌어집니다. 지진, 전쟁, 전염병, 기근, 천재지변이 일어날 때마다 "말세가 왔다"며 공포를 부추기고 불안을 조장하는 거짓된 세력이 되는 것입니다. 요한계시록은 그런 두려움을 심기 위해 기록된 책이 아닙니다. 오히려 지금도 함께하시는 하나님 안에서 승리하는 교회를 향해 주신 약속의 말씀입니다.

요한계시록 12장은 바로 이 교회 공동체에 시비를 거는 '붉은 용', 즉 사탄이 처음으로 등장하는 장입니다. 앞서 살펴본 1장에서 11장까지는 교회의 사명, 하나님의 통치, 어린 양의 구속, 성도들의 충성과 승리가 주요 내용이었습니다. 그런데 이제 12장에서 비로소 교회를 공격하는 실체가 붉은 용의 모습으로 나타납니다.

이제 우리는 이 12장에서 하나님의 백성과 사탄 사이에 벌어지는 영적 전투의 실체를 마주하게 됩니다. 그리고 그 치열한 싸움 속에서도 하나님은 어떻게 당신의 백성을 보호하고 승리로 이끄시는지를 분명히 보게 됩니다.

첫째, 고난 가운데에서도 보호하시며 양육하시는 하나님

붉은 용이 처음 정체를 드러낸 12장에 먼저 등장하는 인물이 있습니다. 한 여자입니다. 얼마나 영화로운지 해를 옷 입었다고 합니다. 발 아래는 달이 있고 머리에는 열두별의 관을 썼다고 합니다(12:1). 해달별을 한꺼번에 끼고 있는 여성이니 얼마나 영화로운 존재입니까? 그런데 그 여성이 공포에 질려 버릴 상황이 벌어집니다. 해산하려고 했는데 큰 붉은 용이 여자가 낳을 아이를 삼키려고 대기 중입니다(12:4). 낳자마자 붉은 용이 삼켜버리는 줄 알았는데 여자가 낳은 아이를 하나님 앞과 그 보좌 앞으로 안전하게 올려갑니다. 붉은 용이 남은 여자라도 삼킬까 해서 봤더니 여자는 광야로 도망가 1260일 동안 하나님께서 예비하신 곳에서 양육을 받더라는 겁니다.

큰 붉은 용이 얼마나 권세가 막강한지 머리가 일곱이요 뿔은 열이요 머리에 일곱 왕관을 썼다고 합니다(12:3). 머리가 일곱이요 머리마다 왕관을 일곱 개를 썼다는 것은 하나님과 비슷해 보일 만큼 권세가 강력하다는 거 아니겠습니까? 그래봤자 아이도, 여자도 모두 놓치는 신세가 '큰 붉은 용'입니다.

여기서 붉은 용은 알겠는데, 해를 옷 입은 여자는 누구이고 아이는 누구일까요? 단어 하나하나에 매이면 요한계시록의 산에서 길을 잃는다고 말씀드렸습니다. 이 내용은 결국 구약부터 새언약인 신약까지 면면히 이어져 내려오는 하나님의 백성의 공동체와 예수 그리스도의 탄생의 이야기를 우주적 변형을 통해 풀어간 묵시입니다. 즉 하나님의 거대한 구속사와 그 가운데 구원얻은 공동체를 여자로, 그 가운데 탄생하신 예수 그리스도를 아이로 판타지 장르처럼 그린 거라는 의미입니다. 그래서 심상으로 이해하셔야지 해를 입은 여자, 여자가 낳은 아이, 붉은 용 등 문자가 가리키는 존재가 누구이냐, 너무 깊게 매이면 쉽게 해결이 안됩니다.

하나님의 백성의 공동체를 끊임없이 큰 붉은 용이 삼키기 위해 호시탐탐 노리나, 결국은 닭쫓던 개처럼 끝내는 실패하고 하나님의 백성의 공동체는 전능하신 하나님의 보호 속에 안전하게 양육받는다는 판타지적 표현이라는 것입니다.

그렇지 않습니까? 하나님의 백성들은 하나님 앞에서 영화로운 존재이지만 끊임없이 사탄의 공격을 받아왔고 사탄은 심지어 그 여자가 낳은 '철장 권세 잡은 예수 그리스도', '하나님의 보좌로 올라간 그분'을 집어 삼키려고까지 했으나 결국은 실패하고 이제 남은 여자를 괴롭히려는 것입니다. 끝없이 하나님의 백성 공동체를 괴롭히고 핍박하고 하나님과의 관계를 방해하는 세력, 그 가운데도 하나님은 여자로 상징된 당신의 공동체를 선택하시고 보호하시고 양육하십니다. 양육은 아이가 받아야 하는데 계시록에서는 오히려 여자가 받습니다. 마치 산후 조리하듯. 도망가야 할 정도로 위태롭지만 그렇다고 안전하지 않은 것도 아닙니다. 하나님이 외면하신 게 아니기 때문입니다. 하나님께서 "예비하신 곳이 있었다"(6)고 말씀합니다.

이처럼 광야는 여자로 은유된 교회 공동체를 하나님이 보호하시는 동시에 연단하고 훈련하는 장소입니다. 동시에 사탄이 호시탐탐 노리는 장소이기도 합니다.

우리에게도 광야가 있습니다. 그곳은 하나님도 안 계시고 내가 낳은 아이도 사라진 장소 같습니다. 하나님이 없으니 의지할 존재도 보이지 않는 듯합니다. 아이가 없으니 내 인생의 사랑의 최고의 결실도 없고 사랑을 나눌 대상도 없는 살 희망조차 없어진 듯한 곳이 광야입니다. 그곳에서 여자로 표현된 교회 공동체는 고독하게 양육받는 것입니다. 그러나 성경은 분명히 말씀합니다. 하나님이 "예비하신 곳"(12:6)이 광야라구요. 광야를 예비해 두셨다면 어떻다는 의미입니까? 분명히 하나님은 물댄동산 같은 장소도 준비해 두셨을 거라는 점입니다. 그래서 광야는 끝이 아닙니다. 그곳에 있을 때는 모르지만 그곳을 지나가서 되돌아보면 그 자리는 하나님이 이미 예비하신 자리였으며 우리를 양육하고 회복시키시는 은혜의 공간이라는 점을 말입니다.

둘째, 어린 양의 피로 승리를 이루시는 하나님

아이는 보좌로 올라갔습니다. 여자는 안전하게 양육처로 피신을 시킵니다. 보호해야 할 대상을 피신시켰으니 이제 본격적으로 전쟁을 시작해야 하는 겁니다. 그런데 이 전쟁의 무대는 우리가 예상하는 이 땅이 아니라 하늘입니다.

"하늘에 전쟁이 있으니 미가엘과 그의 사자들이 용과 더불어 싸울새 용과 그의 사자들도 싸우나 이기지 못하여 다시 하늘에서 그들이 있을 곳을 얻지 못한지라"(12:7-8).

천사장 미가엘과 하나님의 군대가 큰 붉은 용, 곧 사탄과 그 무리들과 싸우는 장면입니다. 그런데 그 결과는 명백합니다. 사탄은 하늘에서 쫓겨납니다. 그가 하늘에서 거할 수 없게 되었다는 말은 하나님의 면전에서 밤낮 참소하던 사탄의 권세가 철저히 무너졌다는 의미입니다. 이어지는 말씀은 이렇게 선언합니다.

"큰 음성이 있어 이르되 이제 우리 하나님의 구원과 능력과 나라와 또 그의 그리스도의 권세가 나타났으니 우리 형제들을 참소하던 자 곧 우리 하나님 앞에서 밤낮 참소하던 자가 쫓겨났고"(12:10).

성도의 죄악을 고발하며 참소하던 자는 쫓겨났습니다. 하나님의 승리에 성도들은 어떻게 동참할 수 있을까요?

"또 우리 형제들이 어린 양의 피와 자기들의 증언하는 말씀으로써 그를 이겼으니 그들은 죽기까지 자기들의 생명을 아끼지 아니하였도다"(12:11).

이 구절은 영적 전쟁의 승리 비결을 가장 명확히 보여줍니다. 승리는 어린 양의 피와 증언하는 말씀, 그리고 자기 생명을 아끼지 않는 헌신에 있습니다. 그리스도의 보혈은 죄를 사하는 기능을 넘어서 사탄의 고소를 무력화시키는 능력입니다. 그리스도의 피로 우리는 "의롭다 함"을 얻게 되고, "더 이상 고소당할 수 없는" 존재가 됩니다.

"누가 능히 하나님께서 택하신 자들을 고발하리요 의롭다 하신 이는 하나님이시니 누가 정죄하리요 죽으실 뿐 아니라 다시 살아나신 이는 그리스도 예수시니 그는 하나님 우편에 계신 자요 우리를 위하여 간구하시는 자시니라"(롬 8:33-34).

그 어떤 참소도 십자가에서 흘리신 그 피를 넘지 못합니다.

혹시 밤마다 이유 모를 두려움과 눌림으로 괴로워하고 계십니까? 반복되는 죄책감, 악한 생각, 감정의 소용돌이 속에서 지치셨습니까? 그렇다면 침묵하지 마십시오. 선포하십시오. "예수 그리스도의 보혈로 나는 이미 승리했다! 나는 하나님의 자녀다!!"

이 선언은 자기최면이 아닙니다. 보좌 앞에서 효력을 가지는 실재적 진리입니다. 나의 무능함이 아니라 예수의 피가 나를 덮고 있고, 나의 공로나 실수가 아닌 하나님의 은혜가 나를 붙들고 있기 때문입니다. 아직 우리의 싸움은 끝나지 않았지만 결과는 이미 정해져 있습니다. 우리는 이긴 싸움을 하고 있는 것입니다. 어떤 공격이 몰려와도 그리스도의 피는 부족함이 없고 하나님의 백성을 향한 그분의 사랑은 변하지 않습니다.

셋째, 사탄의 박해 가운데 우리를 지키시는 하나님

사탄은 남자를 낳은 여자를 마지막까지 괴롭힙니다.

"용이 자기가 땅으로 내쫓긴 것을 보고 남자를 낳은 여자를 박해하는지라"(12:13).

그러나 시도만 할 뿐 결코 성공하지 못합니다. 때로는 하늘의 큰 독수리의 날개가 두 손에 들려집니다.

"그 여자가 큰 독수리의 두 날개를 받아 광야 자기 곳으로 날아가 거기서 그 뱀의 낯을 피하여 한 때와 두 때와 반 때를 양육 받으매"(12:14).

'독수리가 도와 주는 게 아니라 독수리의 날개를 받아 날아서 피신한다는 것'입니다. ἐδόθησαν(에도데산)이라는 헬라어는 행동의 주체가 아니라 객체가 강조되는 수동태로서 '받았다', '허락됐다'는 의미입니다. 사탄이 당장 잡아먹을 듯 다가오는데 갑자기 내 두 팔에 거대한 독수리의 두 날개를 받아서 사탄의 공격을 피해 날아간다는 의미입니다. 이렇게 하나님께서 지키신다는 것입니다. 그렇게 간 광야는 피신만의 장소가 아니라, 하나님의 보호와 훈련이 함께 이루어지는 장소입니다. 이스라엘 백성이 출애굽 이후 광야에서 훈련받았던 것처럼, 하나님의 백성은 광야에서 믿음과 순종을 배우게 됩니다.

한때 두때 반때는 종말론에서 늘 사이비들이 실제 날짜를 의미하는 3년 반의 기간으로 해석해서 문제가 됐던 구절입니다. 삼년 반이 의미있는 기간으로 이스라엘 백성들에게 처음 인식됐던 때는 마카비 혁명 때였습니다. 알렉산더의 권력을 계승한 셀로우코스 왕조의 안티오코스 에피파네스가 예루살렘 성전에 돼지 피를 뿌리고 제우스 상을 세우는 등 능욕을 합니다. 이에 반항해서 일어난 것이 기원전 167년의 마카비 혁명입니다. 그러다가 삼년 반 정도가 지난 기원전 164년 마카비가 예루살렘 성전을 탈환하고 성전을 정화하며 성전을 봉헌하는 기념 절기가 하누카입니다.

그 삼년 반의 시간은 요한계시록에서 다양한 의미로 사용됩니다. 여자가 양육받는 때이기도 하고, 짐승이 박해를 하는가 하면 두 증인이 하나님의 말씀을 증언하는 때입니다. 즉 두 증인, 교회 공동체, 짐승, 붉은 용이 함께 공존하면서 서로 치열하게 영적 전투를 하는 때입니다. 그러나 승리는 늘 여자에게 돌아갑니다. 독수리의 날개를 받아서 날아가기도 하고 심지어 사탄이 여자를 삼키기 위해 물을 강같이 토하지만 땅까지 나서서 여자를 돕습니다. 땅은 하늘과 대비되는 장소로서 요한계시록에서 부정적 이미지로 사용됩니다. 그러나 12장에 이르면 땅조차 여자를 돕습니다(12:15-17).

본문의 마지막은 용이 여자의 남은 자손을 공격하려는 모습으로 끝납니다. 남은 자손은 하나님의 계명을 지키며 예수의 증거를 가진 자들을 의미합니다. 이는 하나님의 백성이 여전히 사탄의 공격 대상이 될 것임을 보여줍니다. 그러나 사탄의 최후는 이미 결정되었습니다. 사탄이 서 있는 곳이 어디일까요? '바다 모래' 위라고 합니다(12:17). 우리는 바다 모래 위가 얼마나 위태로운지 예수 그리스도의 비유 속에서 확인한 바 있습니다.

"나의 이 말을 듣고 행하지 아니하는 자는 그 집을 모래 위에 지은 어리석은 사람 같으리니 비가 내리고 창수가 나고 바람이 불어 그 집에 부딪치매 무너져 그 무너짐이 심하니라"(마 7:26-27).

모래 위에 집을 지으면 무너짐이 심합니다. 용의 모습은 흉측하고 사납지만 그들이 발을 디딘 장소는 매우 위태로운 곳입니다. 그러나 우리는 예수 그리스도의 반석 위에 집을 지은 믿음의 사람들입니다. 이미 사탄의 패배는 확정된 것을 상징적으로 보여주는 말씀입니다.

나가는 글

요한계시록 12장은 하나님의 공동체와 사탄의 대립 속에서 하나님의 섭리와 보호하심을 보여주는 강력한 메시지를 담고 있습니다.

첫째, 고난 가운데에서도 보호하시며 양육하시는 하나님을 보았습니다. 여자는 붉은 용에게 쫓기지만 하나님은 "예비하신 곳"(12:6)에서 1260일 동안 그녀를 양육하십니다. 이는 고난의 한복판에서도 성도를 결코 방치하지 않으시고, 친히 돌보시는 하나님의 신실하심을 보여줍니다.

창조주 하나님, 구원자 예수 그리스도, 그리고 성령의 인도하심 속에 교회로 상징된 여자는 늘 보호와 양육뿐 아니라 붉은 용의 공격을 함께 받습니다. 그러나 결코 그 공격에 상해를 입지 않습니다. 때로 독수리의 날개 같은 게 달리고 땅이 입을 벌리고 사탄의 악한 권세에서 피할 길을 열어 줍니다. 이 말씀을 통해 우리는 광야 같은 세상에서도 반드시 피할 길을 열어주시는 하나님을 신뢰하게 됩니다.

둘째, 피 흘리신 그리스도와 말씀을 통해 승리하게 하시는 하나님을 보았습니다(12:11). 영적 전투에서의 승리는 우리의 힘이 아니라, 예수의 보혈과 복음의 진리를 붙들 때 얻을 수 있습니다. 이것을 의지하고 있다면 우리는 이미 이긴 자입니다.

셋째, 끊임없는 박해 속에서도 끝까지 우리를 지키시는 하나님을 보았습니다. 독수리의 날개가 허락되고(12:14), 심지어 '땅'조차도 여자를 도와 사탄의 물을 삼켜 버립니다(12:16). 하나님은 필요하면 피조물까지 동원하여 우리를 지키십니다. 심지어 사탄이 하나님의 백성을 대적하기 위해 선 장소를 바다 모래 위라고 하면서 결코 그의 공격이 성공하지 못할 것임을 보여 주며 성도들에게 용기와 힘을 북돋아 주시는 것이 12장 말씀입니다.

우리의 삶은 언제 어떻게 다가올지 모를 어려움에 직면한 인생 같습니다. 산 하나를 넘으면 또 산이 나오는, 산너머 산 같은 인생입니다. 이런 성도도 계셨습니다. 사업을 하면서 투자금을 약속 받아서 기계를 사놓았는데 2020년 갑작스레 코로나가 터지는 바람에 투자를 받지 못하고 기계 값만 떠안게 된 성도였습니다. 집에 차압 딱지가 붙는 광야 같은 막막한 현장에 있었는데 기적적으로 대기업의 투자를 다시 받게 돼 위기를 모면하게 된 겁니다.

또 이런 성도도 계셨습니다. 교도소에서 수형자들을 관리하다가 매일 왠지 모를 음산하고 알지 못할 영적 공격의 현장에서 정신적 어려움을 겪었다고 합니다. 사망의 음침한 골짜기 같은 공간과 시간을 보내면서 살아가는 성도였습니다. 목회자들이 모두다 알지 못하는 삶의 현장에서 성도들은 사탄의 공격과 삶의 쓴맛을 보면서 살아갑니다.

이 모든 것을 이길 힘은 단지 미래에 오실 재림의 주님에게서만 오는 것이 아닙니다. 그 무엇보다도 지금뿐 아니라 영원토록 우리와 함께 하시겠다고 약속한 그분이 광야에서, 사망의 음침한 골짜기 한복판에서 피할 길을 내시고, 끝까지 책임지시며, 우리를 존귀한 하나님의 자녀로 살도록 인도하심을 기억하시기 바랍니다. 재림은 미래에 역사적으로 장엄하게 펼쳐질 것이지만 지금 현재 성도들의 삶 속에서 우리와 지금 함께하시는 그리스도를 통해 먼저 체험될 것입니다. 이 말씀이 성도 여러분의 마음을 붙들고, 광야같은 세상에서 다시금 주님을 의지하며 담대한 걸음을 내딛게 하기를 축복합니다. 아멘.

제3부

복음이 이끄는
영원한 나라

15. 적그리스도(13장)

여는 글

"성도들이 휴거한 후 이 땅에 7년 대환난이 펼쳐집니다. 이때 계시록에 나오는 열뿔이 의미하는 유럽연합, EU가 모여 10개국이 형성되고 여기서 세계평화를 주장하며 유럽을 통합하는 지도자가 한 명 나옵니다. 그가 7년 대환난 시기 세계적 지도자로 떠오를 적그리스도입니다. 그는 처음에는 평화를 가장해 이스라엘과 화친을 맺지만 전 3년반을 지내고 갑자기 돌변해서 이스라엘의 제사를 폐하고 자신을 가리켜 참된 왕이자 하나님이라고 주장하며 본색을 드러냅니다. 여기서 이스라엘과 적그리스도와의 연대는 깨집니다. 적그리스도는 이스라엘을 극도로 핍박하며 죽이고 그 중에 14만 4천 명의 유대인들이 그리스도를 믿고 적그리스도에 저항하며 순교하게 됩니다."

이 시나리오를 들어본 적 있으신가요? 그리고 이 시나리오를 요한계시록의 참된 메시지로 받아들이고 있으신가요? 그렇다면 지금 1992년 시한부 종말론을 주장한 이장림식 적그리스도론을 갖고 있는 것입니다.

신학과 교리에도 반성이 필요합니다. 즉 예수님이 '아들도 모른다'고 하신 것을 '우리는 안다'라고 부득부득, 그것도 성경을 들이대고 우기면서 하나님을 업신여긴 사건이 사이비 시한부 종말론이었습니다. 이 사건은 한국사회에 큰 물의를 빚었습니다. 그렇다면 그 사건만 볼 게 아니라 그것을 가능하게 했던 요한계시록 해석법도 있지 않았겠어요? 여전히 시한부 종말을 가능하게 했던 신학적 요소가 있다면 그 잔재를 걷어내며 반성하고 성찰해야 합니다. 그리고 바른 계시록 해석이 무엇인지 고민해야 합니다. 그런데 종말, 계시록만 들어가면 여전히 성도들은 시한부 종말을 가능하게 했던 SF적 계시록 해석에 집착하고 그것만이 진리라고 생각하는 경우가 많습니다. 즉 그리스도의 공중재림 - 휴거, 7년 대환난(전삼년반, 후삼년반)과 적그리스도와 짐승의 표, 아마겟돈 전쟁과 그리스도의 지상재림, 천년왕국, 곡과 마곡의 전쟁과 백보좌 심판, 새 하늘 새 땅이라는 연대기적 도식에 빠져 헤어나오지 못하는 겁니다. 적그리스도가 지상 재림 직전에 지상의 패권을 장악할 왕처럼 그려지는 시나리오를 갖고 있다보니 세계평화를 주장하고 통합을 주장하는 절대적 지도력이 생기면 우선 적그리스도가 아닌가 의심하는 사람들도 있습니다. 그리고 그 배후에 어떤 세력이 있는지 상상하는 음모론에 빠져 요한계시록의 어린 양은 쳐다볼 생각조차 하지 않고 프리메이슨, 일루미나티, 666짐승의 표 베리칩, 아마겟돈 전쟁, 7년 대환난 등에 집착하게 되는 겁니다. 오늘 적그리스도가 누구인지, 요한계시록의 저자인 사도 요한의 사고 속에서 정리하면서 우리의 신학이 시한부 종말론에 입각한 것이었다면 수정하는 기회가 되시기를 바랍니다.

첫째, 많은 적그리스도

우리의 구원자 예수 그리스도는 몇분일까요? 너무도 당연합니다. 십자가에 못 박히신 그리스도 딱 한분입니다. 그분이 십자가에 못 박힌 시점을 기억하는 게 중요합니다. 구원자는 2천년 전에 십자가에 못박히신 그리스도입니다. 그 시점을 명확히 해야 시대가 지났으니 구원자가 바뀌어야 한다거나 그리스도께서 영으로 재림했다는 거짓 주장에 속지 않습니다. 그렇다면 적그리스도는 몇 명일까요? 그리스도가 한분인 것처럼 그리스도를 모방하는 적그리스도도 하나라고 생각하는 분들이 많습니다. 그런데 성경은 그렇게 말씀하지 않습니다. 하나님은 '마지막 때, 많은 적그리스도가 일어난다'고 말씀합니다. 이것을 기억해야 합니다.

그런데 왜 계시록에 단 한마디도 등장하지 않는 적그리스도를 우리가 파악해야 할까요? 이는 요한계시록을 통해 많은 사람들이 계시록 13장 11절의 '어린 양처럼 두 뿔이 있고 용처럼 말하더라'는 말씀에서 '용'을 적그리스도로 해석하기 때문입니다. 그가 짐승의 표를 받게 하는 절대 권력자 적그리스도라는 겁니다. 그래서 부득이 요한계시록에 나오지 않는 단어임에도 적그리스도가 누구인지를 정확하게 알아보자는 것입니다.

> "아이들아 지금은 마지막 때라 적그리스도가 오리라는 말을 너희가 들은 것과 같이 지금도 많은 적그리스도가 일어났으니 그러므로 우리가 마지막 때인 줄 아노라"(요1서 2:18).

적그리스도는 단수가 아니라 복수입니다. 예수, 우리의 구원자이신 그분은 딱 한분이지만 적그리스도는 그렇지 않습니다. '많다'고 합니다. 역사 속에 얼마나 많은 적그리스도, 거짓 그리스도가 나왔는지 요세푸스는 메시아를 사칭하는 수많은 사람들이 자신이 하나님의 말씀을 들었다면서 많은 무리를 속였다고 기록합니다. 하나님께서 로마의 권세로부터 구출하시겠다는 기적의 증거를 보여주겠다면서 사람들을 사막으로 이끌고 갔다고 합니다. 그러나 예수님은 이미 제자들에게 경고하셨습니다.

> "많은 사람이 내 이름으로 와서 이르되 나는 그리스도라 하여 많은 사람을 미혹하리라"(마 24:5).

많은 사람들이 그리스도의 이름을 사칭해서 '내가 그리스도다'라고 한다는 것입니다. 이처럼 역사적으로 성경적으로 그리스도를 사칭하는 가짜 그리스도, 적그리스도가 꾸준히 끊임없이 나올 것이라고 말씀했습니다. 따라서 역사의 마지막에 '짠' 하고 적그리스도 1인이 나타난다는 말씀은 없다는 것을 유념해야 합니다.

둘째, 아버지와 아들을 부인하는 적그리스도

성경에선 적그리스도가 어떤 존재인지를 정확히 드러냈습니다.

"거짓말하는 자가 누구냐 예수께서 그리스도이심을 부인하는 자가 아니냐 아버지와 아들을 부인하는 그가 적그리스도니 아들을 부인하는 자에게는 또한 아버지가 없으되 아들을 시인하는 자에게는 아버지도 있느니라"(요 1서 2:22-23).

여기서 그리스도이심을 부인하는 자는 단순히 예수를 그리스도로 받아들이지 않는, 불신자를 의미하지 않습니다.

"너희를 미혹케 하는 자들에 관하여 내가 이것을 너희에게 썼노라"(요 1서 2:26).

즉 이들은 그리스도를 부인하며 성도를 미혹하는 자들을 의미합니다. 본질적으로 적그리스도는 세계평화를 주장하는 정치 지도자,

세계를 통합하고 장악하려는 세력에서 나오는 독재자나 절대 권력
자를 의미하는 게 아니라 성도를 미혹해서 결국은 아들이신 예수를
부인하도록 만드는 자들입니다. 이것이 적그리스도의 실체입니다.

"이로써 너희가 하나님의 영을 알지니 곧 예수 그리스도께서 육체로 오
신 것을 시인하는 영마다 하나님께 속한 것이요 예수를 시인하지 아니
하는 영마다 하나님께 속한 것이 아니니 이것이 곧 적그리스도의 영이
니라 오리라 한 말을 너희가 들었거니와 지금 벌써 세상에 있느니라"(요
1서 4:2-3).

요한은 적그리스도가 이미 세상에 있고 그들의 특징을 '예수 그리
스도께서 육체로 오신 것을 시인하지 아니하는 영'이라고 합니다.

"미혹하는 자가 세상에 많이 나왔나니 이는 예수 그리스도께서 육체로
오심을 부인하는 자라 이런 자가 미혹하는 자요 적그리스도니 너희는
스스로 삼가 우리가 일한 것을 잃지 말고 오직 온전한 상을 받으라"(요
2서 1장 7-8).

요한계시록을 기록한 사도 요한은 예수께서 육체로 오심을 부인
하는 자가 미혹하는 자요 적그리스도라는 것을 강조합니다. 왜 육체
로 오심을 부인하는 자라고 했을까요? 이는 초대교회 영지주의 사

상을 이해하셔야 합니다. 영지주의가 기독교안에서 분명한 사상체계로 등장한 것은 2세기였습니다. 하지만 영지주의의 역사적 근원은 더 먼 과거로 거슬러 올라가야 합니다. 그리스의 철학자 플라톤은 '육체는 영혼의 감옥이다'라고 생각했습니다. 참된 세계는 물질세계가 아닌 '이데아'의 세계라고 생각했습니다. 이데아 사상은 기독교에 영향을 주어 참된 본향은 하늘에 있다는, 더 나은 천국을 소망하는 신앙인이 되도록 한 긍정적 측면이 있습니다.

그런데 이를 너무 과격하게 생각한 이들은 구원을, '물질세계에 구속되어 있는 영혼의 해방'으로 봤습니다. 물질 세계는 해방돼야 할 악이자 가장 저급한 단계였기에 이들은 영원한 진리이신 하나님께서 인간의 육체를 입었다는 '성육신' 교리를 받아들일 수 없었던 것이죠. 이 가치관을 바탕으로 예수 그리스도께서 육체로 오신 것을 부인하려는 주장들이 나타나기 시작했는데 이를 가현설(Docetic Christology)이라고 합니다. 그들이 적그리스도라는 겁니다. 우리의 죄를 십자가에서 대신 사해 주기 위해서 하나님은 반드시 육신을 입고 오셔야 했습니다. 인간의 죄를 인간처럼 보이는 존재가 대속할 수는 없다는 점에서 가현설은 그리스도의 대속의 은혜를 훼손하는 교리였던 겁니다.

다시한번 정리하지만 적그리스도는 아버지와 아들을 부인하는, 특히 육체로 오신 것을 부인하는 미혹하는 자들을 의미합니다. 오늘날 자신을 하나님, 재림주라고 주장하는 사이비 교주들이 사실은 재림주가 아니라 예수 그리스도의 영원성과 구원의 유일성을 부정하는 적그리스도인 것입니다.

셋째, 그리스도를 흉내내는 적그리스도

요한계시록 13장에선 '적그리스도'라는 단어는 나오지 않고 '짐승'으로 표현된 자가 나오긴 합니다. 그는 바다에서 나온 짐승이라고도 합니다. 그가 용의 권세를 받는다고 합니다. 그의 특징이 곧 그리스도를 모방했다는 점에서 '적그리스도'로 표현되기도 합니다.

1) 적그리스도는 그리스도를 흉내냅니다

"그의 머리 하나가 상하여 죽게 된 것 같더니 그 죽게 되었던 상처가 나으매 온 땅이 놀랍게 여겨 짐승을 따르고"(13:3).

짐승이 '죽게 된 거 같다가 상처가 나으매' 온 땅이 놀랍게 여겨 '짐승을 따릅니다.' 짐승은 그리스도의 죽으심과 부활을 흉내냅니다. 그리스도가 죽으시고 다시 살아나셨다고 증거하면 온 세상이 조롱합니다. 그런데 적그리스도가 그리스도를 흉내내니까 세상이 놀랍니다.

2) 하나님이 아닌 용과 짐승을 경배하게 합니다

"용이 짐승에게 권세를 주므로 용에게 경배하며 짐승에게 경배하여 이르되 누가 이 짐승과 같으냐 누가 능히 이와 더불어 싸우리요 하더라"(13:4).

용과 짐승이 하는 일은 딱 한가지입니다. 하나님께 돌려야 할 영광을 가로채는 것입니다. 그분께 경배해야 할 성도들마저 미혹해 용과 짐승을 경배하게 합니다. 짐승의 역할을 이해한 성도들은 다짐해야 합니다. 끝까지 우리 경배의 대상이 하나님임을 말입니다. 그런데 적그리스도는 끝까지 그 경배의 대상을 바꿔서 자신을, 짐승을 경배하고 섬기게 교란책을 씁니다. 요한계시록 13장 4절은 그런 거짓 경배의 대표적인 예를 보여줍니다.

여기서 '누가 이 짐승과 같으냐?'는 표현은 하나님을 향한 찬양의 언어를 조롱하거나 모방한 '패러디(parody)'라고 말씀드렸습니다. 출애굽기 15:11에서 "여호와여 신 중에 주와 같은 자 누구니이까?", 시편 113:5에서 "여호와 우리 하나님과 같은 이가 누구리요"라고 말씀하는데 요한계시록 13:4은 하나님을 흉내 내는 짐승(적그리스도적 세력)이 그 말씀을 흉내내서 하나님이 아닌 짐승에게 적용하는 말씀입니다. 역시 사탄은 거짓의 아비입니다.

3) 그의 본질은 신성모독에 있습니다

"또 짐승이 과장되고 신성 모독을 말하는 입을 받고 또 마흔두 달 동안 일할 권세를 받으니라"(13:5).

마흔두달 동안 두 증인이 일했고 같은 기간에 여자가 광야에서 양육받는 것과 동시에 짐승이 활동합니다. 짐승은 늘 언제나, 하나님과 그분의 백성을 공격합니다. 자신이 신이라 하거나, 예수의 영을 받았다며 재림주라고 하거나, 이 모든 것이 짐승의 신성모독에 해당하는 행위입니다. 오늘날 자칭 하나님이 된 이단 세력들이 대표적입니다.

4) 하나님과 하늘에 사는 자들을 비방하고 성도들과 싸워 이기게 됩니다

적그리스도, 짐승은 하나님을 비방하고 성도들과 싸워 때로는 이깁니다. 그러나 성도들을 이기지만 결국 짐승을 경배하는 자들은 하나님의 백성이 아니라 '어린 양의 생명책에 창세 이후로 이름이 기록되지 못하고 이 땅에 사는 자들'로 제한됩니다(13:6-8).

적그리스도의 하는 일은 이처럼 하나님을 경배하는 것에 대한 심각한 저항과 반항과 방해가 본질입니다. 그런데 EU통합 후 세계평화를 가장하다가 유대인들을 핍박하고 스스로 신이라고 하는 미래의 절대권력자를 특정하는 모습은 요한계시록은 물론 성경에 전혀 등장하지 않습니다.

요한계시록 13장은 적그리스도의 본질이 무엇인지를 분명히 보여줬습니다. 짐승은 '죽게 된 것 같다가 나은' 모습으로 그리스도의 죽음과 부활을 흉내내고(13:3), 이를 통해 온 세상을 미혹합니다. 경외와 경배의 방향을 자신에게로 틀어놓으려는 전략입니다. "온 땅이 놀랍게 여겨 짐승을 따르고"(13:3), "용과 짐승에게 경배하며 이르되 누가 이 짐승과 같으냐"(13:4)고 외치는 장면은, 이 땅의 권세가 어떻게 하나님의 자리를 탈취하려 하는지를 적나라하게 보여줍니다.

그러나 이러한 적그리스도는 단일한 인물이 아닙니다. 성경은 "지금도 많은 적그리스도가 일어났으니"(요일 2:18)라고 말합니다. 결국 적그리스도는 시대를 초월하여 반복적으로 출현하는 '그리스도를 대적하는 모든 세력'을 의미합니다. 예수께서도 "많은 사람이 내 이름으로 와서 이르되 나는 그리스도라 하여 많은 사람을 미혹케 하리라"(마 24:5) 하셨습니다. 적그리스도는 단수가 아니라 복수이며, 하나님의 백성을 미혹하고 그분을 향한 경배를 빼앗는 모든 거짓 권세를 총칭하는 개념입니다.

이 점에서 오늘날 일부 종말론 해석, 특히 세대주의에 기반한 SF적 적그리스도론, 곧 "EU가 10개국으로 통합되고, 그 가운데서 세계적 지도자가 등장해 이스라엘과 평화협정을 맺고, 7년 후 배신하고 자신이 신이라 선포한다"는 식의 시나리오는 성경 본문의 맥락과도, 요한계시록의 중심 메시지와도 거리가 멉니다. 이런 시나리오는 근본적으로 성경이 말하는 '어린 양 중심의 구속사'가 아니라, 세속 역사와 정치권력 중심의 상상에 불과합니다. 요한계시록은 인간 역사의 정치적 예언서가 아니라, 예수 그리스도를 통해 이루어진 하나님의 구속을 예배적 언어로 풀어낸 묵시입니다. 성도는 세상의 정치적 지도자나 음모론적 세력에 시선을 빼앗겨서는 안 됩니다. 짐승의 실체를 분별하려면, '누가 적그리스도인가'를 찾기보다 '나는 지금 누구를 경배하고 있는가'를 스스로 물어야 합니다. 그 경배를 빼앗아가는 실체, 존재, 권력이 적그리스도입니다.

짐승은 "마흔두 달 동안"(13:5) 활동하며, 하나님을 모독하고 성도들과 싸워 이기기도 합니다(13:6-7). 그러나 하나님은 이미 결론을 주셨습니다. 그 짐승에게 경배하는 자들은 "죽임을 당한 어린 양의 생명책에 창세 이후로 이름이 기록되지 못한 자들"(13:8)입니다. 바꿔 말해 하나님께 속한 성도는 결코 짐승에게 경배하지 않습니다. 오히려 끝까지 어린 양의 피와 자기들의 증언하는 말씀으로 싸우며 승리합니다(12:11).

적그리스도를 이기는 길은 하나입니다. 예수 그리스도의 십자가와 부활을 붙들고, 하나님을 예배하는 자로 끝까지 살아가는 것입니다.

나가는 글

정리하겠습니다. 적그리스도는 하나가 아닙니다. 많은 적그리스도가 세상에 나왔다고 하셨습니다. 적그리스도의 하는 일은 자신이 예수, 그리스도라면서 많은 사람을 미혹하는 것입니다. 우리 나라에 재림주만 50여 명이라고 합니다. 제가 재림주라는 사람을 취재한 적이 있습니다. 자신이 당당하게 재림주라고 하더군요. 그래서 더 이상 질문하지 않고 다른 사람 이름을 이야기하면서 "그 사람도 자신을 재림주라고 합니다"라고 말해줬습니다. 그랬더니 벌컥 화를 내면서 "당장 데려와! 내가 진짜 재림주다!"라면서 당장이라도 맞서 싸울 태도를 보이더군요. 그리스도의 모습과는 전혀 무관한 인간들이 어떻게든 재림주의 자리를 차지해 사람들로부터 추앙과 경배를 받으려는 욕심을 봤습니다. 그들에게 성경은 그리스도를 증거하는 도구가 아니라 자신을 그리스도로 만들어 내기 위한 도구일 뿐입니다.

적그리스도는 육체로 오심을 부인하는 자입니다. 사도 요한 당시는 가현설 이단을 지목한 말씀입니다. 이 방법을 요즘 이단들은 이렇게 바꿔서 말합니다. 2천년 전에 예수님이 육체로 오신 것처럼 지금도 그리스도는 육체를 입고 오신다고 말하는 방식입니다. 그리고는 육체로 오신 것을 부인하는 자는 적그리스도라고 하면서 지금 21세기에 육체로 살고 있는 교주를 재림주로 믿지 않으면 적그리스도의 영이라고 말하는 것입니다. 서두에 말씀드렸습니다. 그리스도는 딱 한분, 십자가에서 죽으시고 부활하신 세세토록 살아계신 예수님 한분이라구요. 세세토록 살아계시기 때문에 재림할 때 또다른 사람의 몸을 입고 오실 필요가 없이 모든 사람들이 알도록 심판하시는 권세자로 오신다는 것을 기억해야 합니다.

적그리스도가 어떤 존재인지를 잘 정리해 놓으면 역설적으로 신앙의 기준을 그 누구도 아닌 그리스도께로 집중할 수 있게 됩니다. 특히 요한계시록을 읽고 공부하면 할수록 그것을 더욱 견고하게 세워가시게 될 줄 믿습니다.

16. 모세의 노래, 어린 양의 노래(15장)

여는 글

영상을 유튜브에 올릴 때 사람들은 '썸네일(thumbnail)'을 함께 만듭니다. 사전적 의미는 '엄지손톱'인데요. 어떤 영상의 특성을 미리 보여주기 위해 엄지손톱만큼 작게 축소해서 만든 그림이나 사진을 가리키는 말로 사용됩니다. 요한계시록 15장은 마치 그런 썸네일 같습니다. 16장에 본격적으로 등장하는 일곱 대접 심판의 예고만이 아니라 요한계시록 전반에 흐르는 하나님의 심판의 핵심을 압축해서 보여주는 장면같기 때문입니다.

"일곱 천사가 일곱 재앙을 가졌으니 곧 마지막 재앙이라 하나님의 진노가 이것으로 마치리로다"(15:1).

이 마지막 재앙이 얼마나 엄중한지, "일곱 천사의 일곱 재앙이 마치기까지는 성전에 능히 들어갈 자가 없다"(15:8)고 선언합니다. 하나님 앞에 누구도 접근할 수 없을 만큼 거룩하고 두려운 진노가 곧 쏟아질 준비가 되어 있다는 것입니다. 그런데 이 무게감 있는 심판 선언 가운데서 뜻밖에도 전혀 다른 장면이 펼쳐집니다. 유리 바닷가에 서서 거문고를 든 자들이 하나님을 찬양하고 있는 것입니다. 죽음을 무릅쓰고 짐승과의 싸움에서 이긴 성도들이 지금 이 엄중한 재앙의 배경 속에서 노래를 부르고 있는 것입니다(15:2-4).

이 놀라운 대조는 요한계시록 15장이 '심판의 장'이 아니라, '성도의 위치'를 묻고 확인하는 본문임을 보여줍니다.

과연 우리는 어디에 서 있어야 할까요? 하나님의 진노가 쏟아지는 그날, 성도는 어떤 위치에 있어야 할지 계시록 15장을 통해 우리의 영적 좌표를 다시 확인하면 좋겠습니다.

첫째, 하나님의 마지막 심판과 재앙

요한계시록 15장은 마지막 대접 심판을 앞둔 장입니다. 성경은 이렇게 시작합니다:

"또 하늘에 크고 이상한 다른 이적을 보매 일곱 천사가 일곱 재앙을 가졌으니 곧 마지막 재앙이라 하나님의 진노가 이것으로 마치리로다"(15:1).

여기서 '마치리로다'는 하나님의 심판이 일곱 재앙을 통해 완성의 단계에 이른다는 선언입니다. 인간과 같은 감정적 분노가 아니라, 하나님 나라의 거룩과 정의를 방해한 악에 대한 공의가 이 재앙을 통해 그쳐진다는 의미입니다. 하나님께서는 진노의 도구로 일곱 천사를 사용하십니다. 그리고 그들에게 그 진노의 상징인 '대접'을 맡기십니다. 7절을 보십시오.

"네 생물 중의 하나가 영원토록 살아 계신 하나님의 진노를 가득히 담은 금 대접 일곱을 그 일곱 천사들에게 주니"(15:7).

여기서 '금 대접'은 구약 성막의 제사에서 사용되던 거룩한 기구를 떠오르게 합니다. 하나님의 마지막 심판이 결코 감정에 근거한 것이 아니라 성소 안의 가장 거룩한 자리에서 흘러나온 공의의 심판이라는 것을 보여주는 듯합니다. 그리고 마지막으로, 이 심판이 하나님의 거룩에 기초했음을 보여주는 말씀이 이어집니다.

"하나님의 영광과 능력으로 말미암아 성전에 연기가 가득차매 일곱 천사의 일곱 재앙이 마치기까지는 성전에 능히 들어갈 자가 없더라"(15:8).

하나님의 영광과 능력과 위엄이 임하는 성전에 능히 들어갈 자는 없습니다. 하나님의 거룩이 진노와 함께 터져 나올 때, 그 누구도 그 앞에 감히 설 수 없습니다. 이것은 출애굽기 40장에서 하나님의 영광이 성막에 충만하여 모세조차 들어가지 못한 장면을 떠올리게 합니다.

"구름이 회막에 덮이고 여호와의 영광이 성막에 충만하매 모세가 회막에 들어갈 수 없었으니 이는 구름이 회막 위에 덮이고 여호와의 영광이 성막에 충만함이었으며"(출 40:34–35).

그러나 요한계시록 15장이 선포하는 이 마지막 재앙은 무섭고 두려운 경고로만 머무르지 않습니다. 이것은 하나님의 오래 참고 기다리심 끝에서 마침내 하나님의 뜻이 공의로 마무리되는 순간입니다. 악이 판치고, 거짓이 뒤덮고, 성도들이 억울하게 죽어가던 그 시대에 하나님께서 이제는 그 악과 거짓과 성도들을 향한 폭력을 끝내시겠다는 것입니다. 하나님의 심판과 진노의 선언 앞에 그렇다면 우리는 어떤 자리에 서 있어야 하는지를 요한계시록은 지속해서 강조합니다.

하나님의 진노가 준비되는 그 자리에서 우리는 여전히 그리스도의 보혈 아래 서 있어야 합니다. 심판받는 대상이 아니라 그 심판의 때, 구속받은 백성으로서 찬양할 수 있는 자들이 되어야 합니다.

우리가 하나님의 마지막 심판을 앞에 두고 찬양할 수 있는 것은 하나님의 심판이 무서운 파멸과 파괴가 아니라, 공의의 회복이며 구속의 완성이기 때문입니다. 어린 양의 피 아래 있는 자들은 그 심판의 날조차 하나님의 거룩을 찬양하는 날로 맞이할 수 있습니다.

둘째, 아무도 들어갈 수 없는 증거 장막의 성전

요한계시록 15장은 마지막 심판이 임박한 시점에서 하늘의 성전이 열리는 장면을 우리에게 보여줍니다. 이는 구약에서처럼 하나님의 임재가 충만하게 임하실 때, 성소가 거룩으로 가득 차 사람의 접근이 차단되는 장면과 유사한 구조입니다.

성경은 이렇게 말합니다.

"또 이 일 후에 내가 보니 하늘에 증거 장막의 성전이 열리며"(15:5).

'증거 장막의 성전'은 출애굽기의 성막, 곧 언약궤가 안치된 지성소, 하나님의 임재의 상징이던 장소를 가리킵니다. 다시 말해, 하나님의 거룩한 뜻과 언약이 보관된 증거의 중심, 바로 거기에서 마지막 심판의 천사들이 나옵니다. 이는 무엇을 말할까요?

하나님의 심판은 충동적이지 않습니다. 그분의 언약, 곧 복음을 거부한 자들에 대한 공의로운 심판이며, 하나님의 말씀에 입각한 정의의 실행이라는 것입니다.

계속해서 6절을 보시면 "일곱 재앙을 가진 일곱 천사가 성전에서 나와 맑고 빛난 세마포 옷을 입고 가슴에 금띠를 띠고 나오더라"(15:6)고 말씀합니다. 이 천사들의 모습은 대제사장의 복장과 흡사합니다. 그러나 이들은 속죄와 화목의 사명을 수행하러 나온 제사장이 아니라 하나님의 심판을 집행하러 나오는 거룩한 천사들입니다. 이 장면은 우리에게 구속사의 긴장감을 다시 한 번 환기시킵니다. 이어지는 8절 말씀은 이러한 거룩한 분위기의 절정을 보여줍니다. 계시록 15장 8절에서 '성전에 능히 들어갈 자가 없다'는 말씀은 무엇보다도 하나님의 거룩함이 충만히 임하신 상태임을 선포합니다.

출애굽기 40장에서 모세조차 하나님의 임재가 충만히 임한 회막에 들어갈 수 없었던 것처럼, 계 15장 일곱 대접 심판, 하나님의 진노, 마지막 심판의 장에선 아무도 성전에 접근할 수 없습니다.

그런데 저는 이 장면에서 위에서부터 갈라진 성막 휘장이 떠올랐습니다. 아무도 들어갈 수 없고, 능히 들어갈 자가 없는 그곳. 그런데 그곳을 들어갈 수 있도록 해주신 유일한 분이 계십니다. 네, 그렇습니다. 어린 양이신 예수 그리스도입니다.

구약 시대 성전은 지성소와 성소를 구분하는 휘장이 있었습니다. 지성소는 하나님의 임재를 상징하는 곳으로, 대제사장만이 1년에 한 번 속죄일에 들어갈 수 있었습니다. 그런데 예수 그리스도께서 십자가에서 운명하실 때, 성전의 휘장이 위에서부터 아래로 찢어졌습니다.

“예수께서 큰 소리를 지르시고 숨지시니라 이에 성소 휘장이 위로부터 아래까지 찢어져 둘이 되니라”(막 15:37-38).

이는 하나님께서 친히 이 사건을 행하셨음을 의미하며, 더 이상 인간의 행위나 노력으로가 아닌 그리스도의 보배로운 피로서만 하나님께 나아갈 수 있음을 보여줍니다. 그래서 성경은 예수 그리스도의 십자가의 죽으심으로 지성소로 담대히 나아갈 존재들이 있다는 점을 분명히 말씀해 줍니다.

“그러므로 우리는 긍휼하심을 받고 때를 따라 돕는 은혜를 얻기 위하여 은혜의 보좌 앞에 담대히 나아갈 것이니라”(히 4:16).

십자가의 은총을 받고, 긍휼하심을 받은 자들이 은혜의 보좌 앞까지 나아간다는 말씀입니다. 지성소를 지나, 하나님의 보좌까지 간다는 것입니다. 이 말씀이 진실일까요? 정말 하나님의 보좌까지 갈 수 있을까요? 네 그렇습니다.

제가 남자 아이 두 명을 입양한 목사님을 인터뷰한 적이 있습니다. 그분에게는 이미 딸이 둘 있었는데 두 명을 더 입양을 하신 겁니다. 그런데 인터뷰를 하던 중 입양한 아들이 인터뷰하는 방으로 들어오더니 목사님 무릎에 털썩 앉는 것이었습니다. 속으로 ‘아, 이 아이들은 입양을 한 자녀들이 아니라 친 자녀처럼 아버지에게 다가오는구나'라고 생각했습니다. 아들이니 아버지의 무릎 위에 털썩 앉는 것입니다. 만일 아들이 '세상에서 제일 무서워하는 사람은 아빠'였다면 무릎에 못 앉았을 겁니다. 그러나 아들이 '세상에서 제일 고맙고 좋은 사람은 아빠'라고 생각한다면 무릎에 털썩 앉는게 가능할 겁니다. 성경은 하나님의 보좌가 '은혜의 보좌'라고 합니다. 그래서 하나님의 자녀가 된 성도들은 그분의 보좌에, 그분의 무릎 위에 털썩 앉는 사람이 되는 겁니다.

계 15장은 긴장감이 최고조에 달한 시점, 일곱 천사가 마지막 재앙을 쏟아붓고 하나님의 진노의 피날레를 장식하는 그 시점에 놀랍게도 이 무거운 심판의 문턱에서 찬양하는 자들이 있음을 보여줍니다. 바로 은혜를 입은 사람들의 모습입니다.

셋째, 하나님의 거문고를 켜며 노래하는 이긴 자들

일곱 대접 심판과 진노의 와중에 유리 바닷가에 서서 거문고를 타며 하나님을 찬양하는 무리들이 등장합니다.

"또 내가 보니 불이 섞인 유리 바다 같은 것이 있고 짐승과 그의 우상과 그의 이름의 수를 이기고 벗어난 자들이 유리 바다 가에 서서 하나님의 거문고를 가지고 하나님의 종 모세의 노래, 어린 양의 노래를 불러 이르되 주 하나님 곧 전능하신 이시여 하시는 일이 크고 놀라우시도다 만국의 왕이시여 주의 길이 의롭고 참되시도다"(15:2-3).

하늘 성전이 열렸지만, 하나님의 진노의 거룩함 앞에 아무도 들어갈 수 없는 그 자리. 그러나 바로 그 유리 바닷가에는 이긴 자들이 서 있습니다. 그들은 짐승과 그의 우상과 그의 이름의 수를 이기고 벗어난 자들이며, 지금 하나님의 거문고를 손에 들고 있습니다.

그리고 하나님의 종 모세의 노래, 어린 양의 노래를 부릅니다. 이는 구약시대, 신약 시대 등 두 가지 시대를 나열한 것이 아닙니다. 또는 율법과 복음의 언약을 구분해서 설명한 것도 아닙니다. 모세의 노래와 어린 양의 노래로 구분했지만 결국은 공통점을 가진 한가지 노래 입니다. 어떤 공통점 일까요? 모세의 노래는 출애굽 사건 직후, 홍해를 건넌 이스라엘 백성들이 하나님의 위대한 구원을 찬양한 노래입니다(출애굽기 15장). 뭐를 찬양했다고요? 구원입니다. 어린 양의 노래는 십자가를 통해 죄에서 해방된 새 출애굽의 백성들이 영원한 승리를 얻고 부르는 완성된 구속의 노래입니다. 출애굽이 홍해를 가르고 애굽을 무너뜨린 하나님의 구원이었다면, 요한계시록 15장은 세상의 짐승과 우상의 권세를 꺾고 완성하신 예수 그리스도의 승리를 노래하며 하나님의 구속을 찬양하는 장면입니다. 그리고 이 노래는 위대하신 하나님에 대한 경외와 감탄, 찬송과 고백이 어우러진 성도의 고백으로 이어집니다.

"오직 주만 거룩하시니이다 주의 의로우신 일이 나타났으매 만국이 와서 주께 경배하리이다"(4).

이 말씀이 선포되는 순간, 우리는 알게 됩니다. 하나님의 마지막 심판은 성도를 넘어뜨리는 심판이 아니라 성도들의 승리를 선포하며 예배의 자리로 이끄는 심판이라는 것입니다. 진노의 시작에 찬양이 있습니다. 심판의 끝에 노래가 있습니다. 성도는 어디에 있어야 합니까? 바로 이 유리 바닷가, 혼돈과 불안의 바다가 아니라 안정과 평안의 유리 바다에서 하나님의 거문고를 손에 들고 구속의 노래를 부르는 그 자리에 있어야 합니다. 그렇기에 요한계시록 15장은 두려움의 장이 아니라 소망의 장입니다. 하나님의 심판이 몰려오고 있는 세상 속에서도 우리는 주님의 피로 이기고, 보좌 앞에서 거룩한 노래로 주님을 찬양할 수 있습니다.

나가는 글

요한계시록 15장은 하나님의 마지막 진노가 곧 쏟아질 것이라는 엄숙한 시보로 시작됩니다. 하나님의 재앙을 담은 일곱 대접은 인류의 죄악에 대한 최종적 심판이며 그 거룩하심 앞에선 아무도 감히 성전에 들어갈 수 없습니다. 성전은 하나님의 임재와 진노가 가득한 장소가 되며 그 누구도 그 앞에 설 자가 없습니다. 그런데 그런 무서운 심판의 한복판에, 이상하게도 거문고를 들고 하나님을 찬양하는 자들이 있습니다. 그들은 짐승을 이긴 자들, 고난과 핍박 속에서도 믿음을 지킨 자들이며 유일하게 하늘 성전에서 찬양하는 자들입니다.

이들은 '모세의 노래와 어린 양의 노래'를 부릅니다. 모세의 노래는 출애굽의 승리를, 어린 양의 노래는 십자가를 통한 새출애굽, 궁극적인 구속을 노래합니다. 이 두 노래는 서로 다른 것이 아니라 하나님의 구속을 찬양한다는 점에서 동일한 노래입니다. 애굽에서의 해방이 그렇듯, 죄와 사망의 권세에서의 구원도 오직 하나님의 능력으로만 가능한 일입니다. 그리고 이 노래는 과거에 사라져 간 노래가 아닙니다. 이것은 오늘날 성도들이 하나님 앞에서 부르는 새노래입니다. 새노래는 최신곡이나 새롭게 발표된 곡을 의미하지 않습니다. 21세기에 새롭게 탄생한 사람이 부르는 노래여서 새노래가 아닙니다. 새노래는 그리스도 안에서 새로운 피조물이 된 성도들이 그분과의 살아 있는 관계 속에서 고백하는 것입니다.

우리가 하나님을 "아버지"라 부를 때, 그 한마디에 하나님의 가슴이 떨립니다. 마치 자녀가 처음 '엄마', '아빠'라고 부를 때 부모의 마음이 뭉클해지듯, 하나님도 그 관계성에서 나오는 성도들의 찬양을 기쁘게 받으십니다. 이것이 새노래입니다.

요즘 의사들과 심리학자들은 종종 이렇게 말합니다. "우리 삶의 많은 문제는 운동을 통해 나아질 수 있다." 맞는 말입니다. 몸을 움직이면 심장이 뛰고, 혈액이 돌고, 뇌에 새로운 에너지가 생성되며 생각이 정리됩니다.

성도들도 운동해야 합니다. 그러나 성도들에게는 더 깊은 치유의 길이 있습니다. 그것은 그리스도를 향한 찬양과 예배입니다. 지치고 눌릴 때, 믿음의 사람들은 찬양을 통해 마음의 중심을 다시 세웁니다. 찬양은 진노와 재앙에 대한 두려움을 넘어서게 하고 예배는 혼란과 불안을 넘어 하나님의 통치 아래로 들어가 질서와 안정을 찾게 만듭니다.

언젠가, 제가 출석하는 교회에서 예배를 드리고 나오는데 아내가 그러더군요. "예배 전에 너무 고민하는 문제가 있었는데, 예배를 드리고 나와서 생각이 정리됐어요. 목사님께서 설교를 통해 꼭 그 고민하는 문제를 짚어주신 게 아닌데, 예배에 집중하다보니 저절로 정리가 됐네요."

그렇습니다. 일곱 대접 심판과 진노의 마지막 대접 가운데도 하나님의 거문고를 켜는 성도들이 괜히 등장하는 게 아닙니다. 그 하나님의 거문고, 찬양과 예배를 드리며 새노래를 부를 때 대환난을 이겨갈 새 힘을 얻기 때문입니다.

17. 아마겟돈 전쟁(16장)

여는 글

한 목사님이 겪은 일입니다. 어느 날 이른 새벽, 갑작스러운 전화 벨 소리에 잠에서 깨어났습니다. 새벽 시간에 걸려오는 전화는 일반적으로 가벼운 일이 아니어서 목사님들은 대개 긴장을 합니다. 발신자는 교회 권사님이었습니다. 그는 조심스레 전화기를 들었습니다. 걱정스런 마음으로 "여보세요?"라고 했는데 놀랍게도 상대방은 아무 말 없이 전화를 '뚝'하고 끊었습니다. 이상하게 여긴 목사님은 곧바로 다시 전화를 걸었지만, 권사님은 받지 않았습니다. 괜한 불안감이 마음을 스치고 지나갔지만, 큰일은 아니겠거니 하고 다시 잠자리에 들었습니다. 주일이 되었습니다. 권사님을 만난 목사님은 그날 새벽의 일을 조심스레 물었습니다. 그러자 권사님은 머쓱한 듯 웃으며 말했습니다.

"그날 새벽, 하늘이 쪼개질 듯 번개가 치고 세상이 무너질 것 같은 천둥소리가 들렸어요. 순간 정말 주님이 오시는 줄 알았다구요. 휴거가 일어나고 나만 남아 아마겟돈 전쟁을 겪게 될까 봐 너무 무서웠어요. 너무 두려워서 목사님께 전화를 드렸는데 전화를 받으시더라고요. 그래서 '아, 아직 휴거가 안됐고 아마겟돈 전쟁도 일어나지 않았구나' 생각돼서 안심하고 전화를 끊었네요."

이 권사님의 고백에는 우리 시대 성도들이 가지고 있는 종말에 대한 두려움이 그대로 담겨 있습니다. 요한계시록이 무섭게 느껴지는 이유는 심판의 이미지 때문만이 아닙니다. 휴거(사실 휴거는 성경적인 개념은 아니어서 이 설교에서는 휴거를 논하지 않습니다)되지 못할 수도 있다는 두려움, 남겨진 자가 겪게 될 7년 대환난, 그리고 최후의 전쟁으로 불리는 '아마겟돈 전쟁' 때문입니다. 요한계시록 16장 16절은 이렇게 말합니다.

"세 영이 히브리어로 아마겟돈이라 하는 곳으로 왕들을 모으더라."

이 한 구절에 나오는 '아마겟돈'이라는 단어에 강력한 종말의 이미지가 덧씌워졌습니다. 아마겟돈 전쟁은 제3차 세계대전이다, 핵전쟁이다, 소행성 충돌이다 등 지구 멸망 시나리오로 만들어졌고 수없이 확대 재생산되며 세기말의 공포로 기억돼 왔습니다.

그렇습니다. 영화, 만화, 소설 속 아마겟돈은 대다수 인류 최후의 날을 의미합니다. 그러나 그 속에 등장하는 파괴와 멸망의 이미지는 성경이 말하는 아마겟돈과는 다른, 대중문화가 만들어낸 종말 신화에 가깝습니다. 그렇다면 교회 성도들이 알고 있는 아마겟돈은 성경적입니까? 아니면 대중적입니까?

이처럼 우리의 머릿속에 각인된 신앙 개념이 민속적 상상력에서 비롯된 것이라면 우리는 이를 '민속 신앙'이라 부를 수 있습니다. 반면, 신자의 신앙은 계시 신앙이어야 합니다. 즉, 성경이 말하는 대로 믿고 따르는 신앙입니다. 성경은 '아마겟돈 전쟁'에 대해 무엇이라 말할까요? 요한계시록 16장은 '일곱 대접 심판' 가운데 마지막 장면에서 아마겟돈이라는 이름을 언급합니다. 그러므로 아마겟돈 전쟁을 바르게 이해하기 위해서는 먼저 대접 심판이 누구를 향한 것인지, 그리고 그 심판의 맥락 속에서 '아마겟돈'이 어떤 역할을 하는지를 살펴보아야 합니다. 이제 우리는 세상이 만들어낸 아마겟돈이 아닌, 성경이 계시한 실체를 마주해야 합니다. 그 의미를 하나씩 따라가 보겠습니다.

첫째, '짐승의 표'를 받고 회개치 않은 사람을 심판하시는 하나님

하나님은 무차별적으로 제3차 세계대전을 일으키거나, 핵무기로 세상을 파괴하시는 포악한 분이 아닙니다. 요한계시록의 마지막 심판인 '대접 심판'(16장)을 보면 그분의 심판은 분명한 대상과 이유가 있습니다. 그 대상은 회개의 기회 앞에서도 끝내 돌이키지 않고 짐승을 경배하며 하나님을 대적한 자들입니다.

첫째 대접은 "짐승의 표를 받은 사람들과 그 우상에게 경배하는 자들"에게 쏟아졌습니다. 그들은 악하고 독한 종기를 얻게 됩니다.

"첫째 천사가 가서 그 대접을 땅에 쏟으매 짐승의 표를 받은 사람들과 그 우상에게 경배하는 자들에게 악하고 독한 종기가 나더라"(16:2).

셋째 대접에서는 물이 피로 변합니다. 그 이유는 명확합니다.

"그들이 성도들과 선지자들의 피를 흘렸으므로 그들에게 피를 마시게 하신 것이 합당하니이다"(16:6).

하나님은 성도들의 피를 흘린 자들에게 반드시 공의로 갚으시는 분이십니다. 넷째 대접에서 사람들은 해에 의해 태워지지만, 그 고통 중에도 하나님께 회개하거나 영광을 돌리기는커녕 오히려 하나님을 모독합니다.

"사람들이 크게 태움에 태워진지라 이 재앙들을 행하는 권세를 가지신 하나님의 이름을 비방하며 또 회개하지 아니하고 주께 영광을 돌리지 아니하더라"(16:9).

다섯째 대접에서도 상황은 동일합니다. 회개의 기회는 있지만, 사람들은 여전히 하늘의 하나님을 비방하며 회개하지 않습니다.

"아픈 것과 종기로 말미암아 하늘의 하나님을 비방하고 그들의 행위를 회개하지 아니하더라"(16:11).

이렇게 회개를 거부하고 하나님을 대적하는 자들에 대한 심판의 맥락이 계속되다가 마침내 여섯째 대접 이후 등장하는 장면이 바로 '아마겟돈'입니다.

"그들은 귀신의 영이라 이적을 행하여 온 천하 왕들에게 가서 하나님 곧 전능하신 이의 큰 날에 있을 전쟁을 위하여 그들을 모으더라…세 영이 히브리어로 아마겟돈이라 하는 곳으로 왕들을 모으더라"(16:14, 16).

아마겟돈은 구약에서도 전쟁과 죽음의 장소로 자주 등장합니다. 사사기 5장 19절, 역대하 35장 22절, 열왕기 하 9장 27절, 스가랴 12장 11절 등을 보면 므깃도는 이 방인들과 치열한 전투가 벌 어졌던 장소입니다. 히브리어 '하르'(산, 언덕)와 '므깃도'를 합성한 '하르므깃도(아마겟돈)'은 바로 그 전쟁터를 가리키며, 하나님께 반역한 세력들이 최종적으로 멸망하는 상징적 무대입니다. 아마겟돈 전쟁의 주동자는 귀신의 영이고 그들의 유혹을 따라 온 세상 임금들이 하나님의 대적자로 나섭니다. 하나님의 오래 참으심과 자비에도 끝까지 회개하지 않고, 결국 귀신의 영의 선동에 따라 스스로 심판의 자리에 나아간 것입니다. 그리고 마침내 아마겟돈에서 하나님의 최후 심판이 임합니다(16:18-19).

이 장면은 핵전쟁이나 인류 종말이라는 SF적 상상이 아니라 하나님을 거역하고 짐승을 경배한 자들에 대한 하나님의 거룩한 심판입니다. 따라서 성도들에게 아마겟돈은 두려움의 상징이 아니라 우리 하나님의 공의가 실현되는 현장입니다. 따라서 진심으로 회개한 자는 이 아마겟돈에서 멸망받아야할 이유가 없습니다.

둘째, 귀신의 영을 따르는 자들을 모아 한번에 끝내시는 하나님

여섯째 천사가 대접을 유브라데 강에 쏟자, 놀라운 장면이 전개됩니다. 요한계시록 16장은 이 사건이 '아마겟돈 전쟁'의 시작이라고 말하지만, 역시 우리가 일반적으로 상상하는 전쟁, 곧 핵폭발, 제3차 세계대전, 외계인의 침공, 믿는 자와 안 믿는 자의 치열한 전투, 소행성 충돌 등 그런 모습은 성경 어디에도 없습니다. 온 세상 왕들이 귀신의 영에 이끌려 아마겟돈에 모입니다. 그러나 전쟁은 벌어지지 않습니다. 하나님이 그들을 기다리셨다는 듯 단 한 번에 끝내는 장면만 나옵니다(16:18-20).

무력 충돌도, 전투 장면도 없습니다. 그저 하나님의 임재로 심판이 임합니다. '번개, 음성, 우렛소리, 큰 지진'은 출애굽기, 시내산 언약, 에스겔의 환상에서도 하나님의 임재를 나타낼 때 동원됐던 상징입니다. 여기서도 하나님은 단 한 번의 역사적 개입으로 끝을 내십니다. 이 장면은 전쟁이라기보다는 하나님의 주권적 심판의 집행입니다. 하나님을 대적하며 회개하지 않은 자들, 그리고 귀신의 영을 따르며 하나님의 권세를 우롱한 자들이 심판의 자리에 서는 것입니다. 따라서 아마겟돈은 대중문화에서 그리는 AI 로봇과 인류가 벌이는 전쟁, 소행성 충돌, 제 3차 세계대전 등 물리적 충돌을 뜻하는 '전쟁'이 아닙니다. 그것은 하나님의 심판이 철저하고 압도적으로, 누구도 피할 수 없게 임한다는 상징입니다. 만일 세계대전, 핵전쟁, AI로봇과 인류의 전쟁, 혹은 소행성 충돌이 아마겟돈을 의미하는 것이라면, 회개한 자와 회개하지 않은 자, 믿는 자와 믿지 않는 자의 구분 없이 모두가 희생됩니다. 따라서 그런 관점은 요한계시록에서 말씀하는 구속 역사에 어긋납니다. 아마겟돈은 하나님께서 회개치 않은 자들을 향해 집행하시는 최후의 심판이며 그 심판은 하나님의 거룩한 주권 위에 세워져 있습니다. 또한 이곳은 귀신의 영, 곧 용, 짐승, 거짓 선지자를 따라 온 천하 사람이 모이는 장소입니다. 따라서 중생의 씻음과 성령의 새롭게 하심을 입은 성도는 상속자(딛 3:5-7)의 자리로 나아가게 되기 때문에 아마겟돈의 심판과 무관합니다.

셋째, 아마겟돈에서 복된 자를 구별하시는 하나님

요한계시록 16장은 아마겟돈 전쟁이라 불리는 하나님의 최후 심판 장면을 보여줍니다. 그러나 이 심판은 무차별적인 전쟁이 아니라 하나님을 모독하고 회개하지 않은 자들을 향한 하나님의 심판이라고 말씀드렸습니다. 그런데 바로 이 엄중한 심판 장면 한가운데서 놀랍게도 복된 자들이 등장합니다. 마치 15장에서 하나님의 마지막 진노의 재앙 가운데 거문고를 들고 모세의 노래, 어린 양의 노래를 부르는 이기는 자들의 모습과도 같습니다. 16장에서 복된 자들이 누구인지 볼까요?

"보라 내가 도둑같이 오리니 누구든지 깨어 자기 옷을 지켜 벌거벗고 다니지 아니하며 자기의 부끄러움을 보이지 아니하는 자가 복이 있도다"(16:15).

하나님은 귀신의 영을 따라 아마겟돈에 모여든 자들을 심판하시지만 그 가운데 깨어 자기 옷을 지킨 자들, 즉 신앙의 정절을 끝까지 지킨 자들은 복이 있다고 선언하십니다. 그렇다면 성경이 말하는 '옷'은 무엇입니까? 요한계시록은 성도가 입어야 할 옷을 반복해서 '흰 옷'으로 묘사합니다. 이 흰 옷은 믿음과 순결, 구원의 표시입니다.

"그러나 사데에 그 옷을 더럽히지 아니한 자 몇 명이 네게 있어 흰 옷을 입고 나와 함께 다니리니 그들은 합당한 자인 연고라"(3:4).
"이기는 자는 이와 같이 흰 옷을 입을 것이요"(3:5).
"이십사 장로들이 흰 옷을 입고 머리에 금관을 쓰고 앉았더라"(4:4).
"이 일 후에 내가 보니 각 나라와 족속과 백성과 방언에서 아무도 능히 셀 수 없는 큰 무리가 나와 흰 옷을 입고 손에 종려 가지를 들고 보좌 앞과 어린 양 앞에 서서 큰 소리로 외쳐 이르되 구원하심이 보좌에 앉으신 우리 하나님과 어린 양에게 있도다 하니”(7:9-10).
“이는 큰 환난에서 나오는 자들인데 어린 양의 피에 그 옷을 씻어 희게 하였느니라”(7:14).

이 흰 옷은 곧, 믿음의 정절을 지킨 자들의 옷입니다(3:4-5). 하나님을 경배하며 구원을 선포하는 자들의 옷입니다(4:4, 7:9-10). 어린 양의 피로 죄 씻음을 받은 자들의 옷입니다(7:14). 이들이야말로 아마겟돈 전쟁 가운데서도 심판이 아니라 복을 받은 자들입니다. 이는 아마겟돈이 SF적 세계 종말의 대재앙이 아니라 영적인 심판의 장임을 다시금 확인시켜 줍니다. 아마겟돈 전쟁은 핵전쟁도, 제3차 세계대전도, 소행성 충돌도, 대재앙도 아닙니다. 회개하지 않은 자에 대한 하나님의 최후 심판이며, 그리스도로 옷 입은 자는 복을 받는 순간입니다. 아마겟돈 전쟁의 상황에서 하나님은 오늘도 말씀하십니다.

“누구든지 깨어 자기 옷을 지켜 벌거벗고 다니지 아니하며 자기의 부끄러움을 보이지 아니하는 자는 복이 있도다”(16:15).

그 복이 바로 우리의 것이 되기를 간절히 바랍니다.

나가는 글

요한계시록 16장 14절에서 아마겟돈 전쟁은 "전능하신 하나님의 큰 날에 있을 전쟁"이라고 언급됩니다. 이 전쟁은 하나님의 주권 아래 있습니다. 그리고 그분의 전능하심 안에 컨트롤 되는 전쟁이라는 것을 보여줍니다. 아마겟돈 전쟁은 지금까지 대중문화가 생산해 왔던 세계 제3차 대전이나 핵전쟁, 또는 자연재해나 소행성 충돌을 묘사한 것이 아닙니다. 대중문화의 아마겟돈 전쟁에 전능하신 하나님의 모습이 드러난 적 있나요? 없었을 겁니다. 대중적 재미와 스릴, 흥미를 위해 만들어진 문화에 전능하신 하나님의 모습을 드러낼 이유가 없습니다. 그러나 대중문화 속 아마겟돈 전쟁과 달리 요한계시록 16장은 하나님께서 짐승을 따르는 자들과 회개하지 않는 자들에 대해 마지막 심판을 내리심으로써 그분의 주권과 권능을 드러낸다는 것을 강력하게 보여줍니다. 인류가 상상하는 치열한 전투가 아닌, 하나님의 절대적인 주권 아래 귀신의 영을 따르는 온천하가 단번에 심판을 받을 뿐입니다.

따라서 아마겟돈 전쟁은 두려움의 대상이 아니라 성도들에게는 소망의 메시지입니다. 하나님께서는 어린 양의 피로 씻음을 받고 흰 옷을 입은 자들을 보호하시고 그들을 복된 자로 세우실 것을 약속하셨기 때문입니다. 우리는 아마겟돈 전쟁을 통해 하나님께서 모든 것을 주관하시며 온 세상을 심판하실 때에도 하나님의 백성을 반드시 지키신다는 확신을 가져야 합니다. 아마겟돈은 하나님께 반역하는 자들을 향한 엄중한 심판의 장면이지만 동시에 하나님의 백성에게는 승리와 구원의 순간입니다.

아마겟돈은 두려워해야 할 전쟁이 아니라 하나님의 구원 역사의 완성을 보여줍니다. 여기서 살아날 방법은 피지(피할避, 땅地 라며 남태평양의 피지를 지상낙원이라고 속여 신도들을 집단 이주 시킨 사이비도 있습니다)나 예루살렘 등 특정 지역으로 가야 하는 것이 아니라 어디에 있든 그리스도로 옷 입고 믿음의 정절을 지키며 어린 양의 피로 우리의 죄를 날마다 씻으며 살아가는 것입니다. 그게 유일한 피할 길입니다.

요한계시록 16장을 통해 우리가 바라볼 것은 하나님의 주권적인 승리와, 그분의 백성에게 허락하신 은혜와 복입니다. 이를 기억하며 두려움 대신 소망으로 충만한 삶을 살아가는 성도들이 되시길 부탁드립니다.

18. 피에 취한 자와 피에 씻긴 자(17장-18장)

여는 글

제3차 십자군 전쟁을 지휘하던 인물로 유명한 사자심왕 리차드(1157-1199)는 특별한 궁금증을 가졌습니다. 지금 이방인들에게 빼앗긴 예루살렘의 운명은 어떻게 될 것인가? 그리고 요한계시록 17장 9-10절에 나오는 난해한 본문 "지혜 있는 뜻이 여기 있으니 그 일곱 머리는 여자가 앉은 일곱 산이요 또 일곱 왕이라 다섯은 망하였고 하나는 있고 다른 하나는 아직 이르지 아니하였으나 이르면 반드시 잠시 동안 머무르리라"에서 '망한 다섯 왕', '지금 있는 왕', '앞으로 올 왕'은 과연 누구인가?라는 것이었습니다. 리차드는 그 답을 얻고자 시토회 수도사이자 '아빠스(Abbas, 영적 지도자)'라 불리던 피오레의 요아킴(1135-1202)을 찾았습니다. 요아킴은 그 시대 최고의 계시록 해석자답게 막힘없는 해석을 내놓습니다. 다섯 왕은 헤롯, 네로, 콘스탄티우스 아리아누스, 마호메트, 그리고 페르시아 왕 코스드로에 혹은 메세모투스. 지금 있는 여섯째 왕은 살라

딘(당시 예루살렘을 지배했던 이슬람 최고의 영웅)이며 마지막 일
곱 번째 왕은 로마에서 태어나 교황이 되어 세상에 드러날 인물이
라는 것이었습니다.

이처럼 요한계시록은 오랜 세월 동안 수수께끼와 같은 상징들로
인해 많은 이들의 해석 욕구를 자극해 왔습니다. 그래서 시대마다
실제 역사적 인물이나 제국을 요한계시록의 상징에 대입하려는 시
도들이 끊이지 않았습니다.

이러한 해석 방식은 오늘날에도 계속됩니다. 예를 들어 킹제임스
성경만을 유일한 하나님의 말씀이라고 주장했던 피터 럭크만은 요
한계시록 17장의 망한 다섯 왕은 니므롯(바벨론), 바로(애굽), 산헤
드립(앗수르), 다리오(바사), 알렉산더(그리스), 지금 있는 왕은 카
이사(로마황제), 앞으로 올 왕은 로마 제국 패망 뒤에 올 적그리스
도라고 해석했습니다.

과연 이러한 방식의 해석이 오늘날 성도들에게 유익할 수 있을까
요? 저는 오늘 요한계시록 17장과 18장에 나오는 수수께끼 같은 상
징들을 역사적 대입이나 예언 해석의 방향으로 풀기보다는 복음적
관점에서 접근하고자 합니다. 그리고 오늘 우리 시대에 주는 신학적
의미와 실천적 메시지를 함께 나누려 합니다.

이 지점에서 한 가지를 분명히 하고 싶습니다. 성령께서 하시는
가장 중요한 사역은 무엇일까요? 흔히 성령의 사역을 방언, 환상,
예언, 입신, 투시, 치유 등으로 생각하는 사람들이 적지 않습니다.

그러나 성경은 성령의 본질적 사역을 요한복음 15장 26절에서 이렇게 말씀합니다.

"내가 아버지께로부터 너희에게 보낼 보혜사 곧 아버지께로부터 나오시는 진리의 성령이 오실 때에 그가 나를 증언하실 것이요."

성령이 하시는 가장 중요한 일은 예수 그리스도를 증거하는 것입니다. 그렇다면 요한계시록 17장 3절에서 "곧 성령으로 나를 데리고 광야로 가니라"는 말씀대로 사도 요한이 성령의 인도를 받아서 받은 계시는 어떤 내용이어야 할까요? 결국 예수 그리스도를 증거하는 계시로 봐야 합니다. 그 관점으로 요한계시록 17장과 18장을 읽어야 합니다.

복음이란 하나님의 아들 예수 그리스도께서 우리 죄를 대신하여 십자가에서 죽으시고 부활하심으로 모든 믿는 자에게 죄사함과 영원한 생명을 주신다는 기쁨과 승리의 소식입니다. 마귀는 우리의 죄를 참소하지만 하나님은 우리를 어린 양의 피로 씻으시고 자녀 삼으십니다(1:5). 혹시 계시록이 이런 십자가와 부활의 복음과 연결된다는 말이 낯설게 들리십니까? 계시록은 그리스도의 승리와 하나님의 백성의 영광, 그리고 심판을 통해 드러나는 공의의 복음입니다. 그렇기에 오늘 저는 이 두 장(17장과 18장)을 다음 세 가지 복음적 관점으로 살펴보려 합니다.

첫째, 하나님께서 심판하시는 대상, 큰 음녀와 큰 성 바벨론

요한계시록 17장과 18장은 하나님의 공의로운 심판과 그 처절한 멸망을 선포하는 본문입니다. 이 장에서 그리스도인은 심판의 대상이 누구인지 확실하게 파악해야 합니다. 그 대상은 '많은 물 위에 앉은 큰 음녀'(17:1)이며, 동시에 '큰 성 바벨론'(18:2)입니다. 이 두 존재는 본질상 동일하며, 하나님의 대적을 상징합니다.

특히 바벨론은 한 번이 아니라 세 번에 걸쳐 무너졌다고 선포됩니다(14:8, 16:19, 18:2). 이는 세 번 연속으로 무너진다는 의미가 아니라, 반드시 하나님의 손에 의해 완전하게 무너질 것임을 강조하는 묵시문학적 표현입니다. 바벨론은 하나님의 구속사가 완성되기 위해 반드시 멸망당해야만 합니다. 그것도 완전히 일소돼야 합니다. 그게 깔끔하게 처리되고 정리되어야만 하나님의 백성이 거할 새 하늘과 새 땅, 새 예루살렘이 비로소 이 땅에 임하게 됩니다(계 21:1-2).

이 음녀와 바벨론은 멸망 이전까지 외형적으로는 매우 화려하고 강력한 세력을 자랑합니다. 그래서 그 누구도 멸망하리라고는 상상하지 못할 정도입니다. 음녀는 금잔에 가증한 음행의 포도주를 담고 자줏빛과 붉은빛 옷을 입으며 금과 보석으로 자신을 치장합니다(17:4). 그녀는 '땅의 왕들과 음행'하고, '땅에 거하는 자들로 하여금 그 음행의 포도주에 취하게' 합니다(17:2). 그녀가 탄 짐승은 하나님을 모독하는 이름들로 가득하고 일곱 머리와 열 뿔을 가졌으며 그 자체가 사탄적 권세를 상징합니다(17:3).

18장에 묘사된 바벨론 역시 땅의 상인들이 모든 물품을 거래하고 심지어 '사람의 영혼들'까지 사고파는 상업적 탐욕의 결정체로 등장합니다(18:13). 그녀는 '땅의 왕들'과 부정한 결탁을 하고, '자신만이 왕후처럼 앉았다'고 자만합니다(18:7, 9). 그러나 그 결말은 놀랍도록 빠르고 처참합니다. 음녀는 자신이 의지하던 짐승과 열 뿔에 의해 배신당하고 불살라지며(17:16) 바벨론은 '한 시간' 만에 완전히 무너지고 다시는 나타나지 못할 것입니다(18:10, 21). 기쁨과 소리, 음악과 빛이 모두 사라지게 될 것입니다(18:22-23).

이처럼 순식간에 몰락하는 바벨론의 이미지는, 서기 79년 베수비오 화산 폭발로 하루아침에 멸망한 폼페이 도시를 연상케 합니다. 로마 귀족들의 휴양지이자 상업 중심지였던 폼페이는 갑작스러운 화산 분화로 18시간 만에 3m 이상의 화산재에 파묻혔습니다. 당시 사람들은 겉보기엔 잠잠한 베수비오 화산이 이렇게 돌변하리라 전혀 예상하지 못했습니다. 분화일은 하필이면 불의 신 '불카누스'를 기념하는 축제일이었고 시민들은 축제를 즐기던 중 이상한 구름이 몰려오는 광경을 목격했습니다. 곧이어 도시는 화산쇄설류에 휩싸였고 수천 명이 고열과 유독가스에 의해 순식간에 목숨을 잃었습니다. 평화와 번영의 상징 같았던 폼페이는 말 그대로 돌이킬 수 없는 멸망을 당한 것입니다.

초대교회 당시 로마 제국의 네트워크와 정보 전달 속도를 고려할 때 이 재앙은 신의 심판을 상징하는 대표적 사건으로 당시 사람들에게 각인되었을 것입니다. 요한은 바로 그 충격적 사건을 연상시키는 표현을 통해 독자들에게 하나님의 심판의 엄중함을 전달하고자 했을 가능성이 큽니다.

무엇보다 중요한 것은 이 심판이 무차별적인 멸망이 아니라 사람들의 눈에 화려하고 강력하고 절대적으로 보이는 많은 물위에 앉은 음녀와 일곱 머리 열뿔달린 짐승을 향한 정당한 심판이라는 점입니다.

요한계시록은 하나님의 나라가 어떻게 세워지고, 그 나라가 어떻게 거룩하게 유지되는지를 보여줍니다. 그리고 그 시작은 반드시 무너져야 할 대적자 큰 음녀와 큰 성 바벨론에 대한 철저한 심판으로부터 시작합니다.

둘째, 하나님의 심판의 이유, 성도들의 피흘림과 땅을 더럽힌 죄악

요한계시록 17장과 18장은 하나님의 심판이 반드시 임해야 할 이유를 분명하게 보여 줍니다. 하나님의 진노는 공의롭고 정당하며 그 대상이 분명합니다. 하나님은 정의의 하나님이시며 그분의 심판은 이유 없이 행해지지 않습니다. 그런데도 성도들은 요한계시록을 읽었다 하면 지구 전체를 모두 불쏘시개처럼 불살라서 태워버리고 멸망하시는 하나님을 연상합니다. 그러나 계시록은 피조세계를 향한 그런 무차별적이고 무시무시하고 무자비한 심판을 그리지 않습니다.

무엇보다 가장 중요한 것은 하나님의 심판의 이유가 매우 뚜렷하다는 점입니다. 그리고 그 선과 경계도 분명합니다. 큰 음녀와 큰 성 바벨론이 심판받는 이유는 성도들의 피를 흘렸기 때문입니다. 성도들의 피 때문에 큰 음녀와 큰 성 바벨론을 심판하시겠다는 건데 성도들을 동일한 심판의 대상처럼 포함시켜서야 되겠습니까. 17장 6절을 보면 "이 여자가 성도들의 피와 예수의 증인들의 피에 취한지라"고 말씀합니다. 음녀는 하나님의 백성을 단지 핍박한 것이 아니라 피를 흘리게 하며 조롱하고 경멸했던 존재였습니다. 그리고 18장 24절에서는 "선지자들과 성도들과 및 땅 위에서 죽임을 당한 모든 자의 피가 그 성 중에서 발견되었느니라"고 말씀합니다. 즉, 바벨론은 단지 부패하고 타락한 도시가 아니라 역사 속에서 수많은 무고한 생명을 앗아간 피의 제국으로 그려지고 있는 것입니다.

또 하나의 중요한 이유는 바벨론이 땅의 왕들과 음행하고, 그들과 손잡고 온 세계를 타락시켰기 때문입니다. 17장 2절과 18장 3절은 이 사실을 분명히 드러냅니다. "땅의 임금들도 그와 더불어 음행하였고", "그 음행의 진노의 포도주로 말미암아 만국이 무너졌으며…" 바벨론은 정치 권력과 결탁하고, 자기 이익을 위해 수많은 나라를 동원하여 영적 타락과 도덕적 부패를 퍼뜨리는 중심지였습니다.

세 번째로 바벨론은 자신의 부와 권세, 명예와 사치를 절대화하며 교만에 빠졌습니다. 18장 7절을 보면, 스스로를 여왕이라고 자처하며 어떤 심판도 두려워하지 않았습니다. 하나님 없이 자기를 높이는 교만, 그것이 바로 바벨론의 또 다른 죄였습니다. 마치 창세기에서 라멕이 사람을 죽여 놓고는 하나님이 하신 말씀을 스스로 자신에게 적용하는 교만함을 보는듯합니다(창 4:24).

마지막으로, 바벨론은 상업과 복술을 통해 온 세상을 미혹했습니다. 18장 23절 말씀에 따르면, "네 복술로 말미암아 만국이 미혹되었도다"라고 합니다. 이는 거짓된 영향력을 통해 사람들의 영혼을 현혹시킨 죄를 말합니다. 요약하면, 바벨론과 음녀가 하나님의 심판을 받는 이유는 다음과 같습니다.

첫째, 성도들의 피를 흘리게 한 죄, 둘째, 땅의 왕들과 음행하며 온 나라를 타락시킨 죄, 셋째, 자기 영광과 사치를 절대화하며 교만한 죄, 넷째, 상업과 미혹을 통해 온 세상을 더럽힌 죄 때문입니다.

하나님은 이러한 죄악을 간과하지 않으십니다. 하나님의 공의는 거룩함에서 비롯되며 그 공의는 하나님의 백성을 보호하고 악을 심판하시는 방식으로 나타납니다. 이 말씀은 오늘날 우리가 사는 세상과도 깊이 연결됩니다. 그리스도를 대적하는 거대한 시스템, 하나님을 인정하지 않는 교만한 문명, 이익을 위해 진리를 왜곡하는 세속의 권력과 탐욕은 결국 하나님의 심판 아래 무너질 것임을 계시록은 분명히 선포하고 있습니다. 그리고 이 심판은 공포의 예고가 아니라 정의로우신 하나님께서 끝까지 성도들의 억울함을 풀어 주신다는 약속의 말씀이기도 합니다.

셋째, 하나님의 심판에서 제외되는 자들, 어린 양의 피에 씻긴 자들

요한계시록 17장은 계시록 전체 중에서도 가장 수수께끼 같은 상징으로 가득한 본문입니다. 일곱 머리와 열 뿔을 가진 붉은 짐승 위에 자주 빛과 붉은 옷을 입은 한 여인이 앉아 있습니다. 그녀는 손에 금잔을 들고 있으며 그 안에는 가증한 물건들과 음행의 더러운 것들이 가득합니다. 그녀의 이름은 '큰 바벨론'이며 "성도들의 피와 예수의 증인들의 피에 취한 자"(17:6)로 묘사됩니다.

이 여인의 외형은 매우 화려합니다. 자주 빛과 붉은 옷, 금과 보석으로 치장되어 있으나 그 본질은 성도들의 피로 물든 자입니다. 그런데 요한계시록에는 이와 뚜렷하게 대조되는 또 다른 무리가 있습니다. 바로 어린 양과 함께 있는 자들입니다(17:14). 이들은 겉모습은 초라해 보일지 모르나 '어린 양의 피에 그 옷을 씻어 희게 된 자들'(7:14)과 동일한 자들입니다.

피는 붉습니다. 피에 옷을 씻으면 당연히 붉어집니다. 그러나 성경은 하나님의 백성은 그리스도의 보혈로 씻어 흰옷을 입은 존재가 되었다고 합니다. 반면, 음녀 바벨론은 성도들의 피, 곧 억압과 박해로 흘린 피에 취한 자입니다. 이렇게 해서 입은 옷이 자주빛과 붉은 빛 옷입니다. 이처럼 겉모습은 비슷해 보여도 본질은 정반대입니다. 피에 취한 자는 멸망으로, 피에 씻긴 자는 생명으로 들어갑니다.

여기서 중요한 질문이 생깁니다. '피에 취한 자들'은 과연 누구입니까? 그들은 단지 음녀 바벨론 한 사람만이 아니라 그녀가 타고 있는 짐승과 그 짐승의 권세에 함께한 자들을 포함합니다. 이는 역사 속에서 반복적으로 등장하는 세상의 권세를 상징합니다.

본문은 이렇게 말합니다.

"또 일곱 왕이라 다섯은 망하였고 하나는 있고 다른 하나는 아직 이르지 아니하였으나 이르면 반드시 잠시 동안 머무르리라"(17:10).

이 구절은 세상의 제국들, 정치 세력들, 거짓 권위들이 일시적으로 등장했다가 사라질 존재임을 분명히 합니다. 17장 8절은 이 권세를 이렇게 묘사합니다.

"전에 있었다가 지금은 없으나 장차 무저갱으로부터 올라와 멸망으로 들어갈 자."

결국 이 짐승과 함께한 자들, 그 권세에 동조하고 복종한 자들이 바로 '피에 취한 자'입니다. 이들은 세상의 화려함과 힘을 좇아가며 하나님의 백성을 핍박한 자들입니다.

그러나 성도는 이 짐승과는 전혀 다른 정체성을 가집니다. 우리는 잠시 있다 사라질 권세에 속한 자가 아니라, 영원하신 하나님께 속한 자들입니다.

세상의 권세는 "있었다가 사라지는 존재"이지만, 하나님은 "전에도 있고, 이제도 있고, 장차 오실 분"이십니다(1:8). 이 땅의 권세자들은 '한동안', '잠시 동안' 권세를 누릴 뿐입니다(17:10, 12). 그러나 하나님의 주권은 영원하며, 그 보좌는 흔들리지 않습니다. 짐승의 편에 선 자들, 피에 취한 자들은 결국 멸망할 것입니다. 그러나 어린 양과 함께 있는 자들, 그 피로 씻긴 자들은 끝내 이기게 될 것입니다. 피에 취할 것인가, 피로 씻을 것인가? 우리는 선택해야 합니다.

"그들이 어린 양과 더불어 싸우려니와 어린 양은 만주의 주시요 만왕의 왕이시므로 그들을 이기실 터이요 또 그와 함께 있는 자들 곧 부르심을 받고 택하심을 받은 진실한 자들도 이기리로다"(17:14).

이것이 하나님이 성도들에게 알려주시는 세상의 비밀입니다. 강한 것 같지만 유한하여 멸망으로 들어가고, 약한 것 같지만 무한하여 영생으로 들어가는 비밀. 그것이 무엇인지 아시나요? 그것을 아는 자는 복됩니다.

나가는 글

요한계시록 17장과 18장은 큰 음녀와 큰 성 바벨론의 멸망을 다루며 하나님의 엄중한 심판을 선포합니다. 그러나 요한계시록은 심판에서 끝나지 않습니다. 17-18장을 감싸는 15장과 19장은 찬양으로 응답하는 장면이 나옵니다. 15장에서는 마지막 재앙 앞에서조차 '하나님의 거문고'를 들고 찬양하는 이긴 자들이 등장합니다. 그들이 부르는 노래는 '모세의 노래'와 '어린 양의 노래'로, 출애굽의 구원과 십자가의 승리를 노래하는 구속사의 찬양입니다(15:2-3). 그리고 19장에 이르러서는 요한계시록 전체에서 처음으로 "할렐루야"라는 단어가 터져 나옵니다. 그것도 네 번이나 반복됩니다. 이는 하나님의 심판이 얼마나 참되고 의로운지를 보여줍니다. 우리는 이 찬양의 이유를 앞서 살펴본 세 가지 대지를 통해 되새길 수 있습니다.

첫째, 하나님의 심판의 대상은 누구입니까? 겉은 자주 빛과 붉은 빛 옷을 입고 금과 보석으로 화려하게 치장했지만, 실제로는 성도들의 피에 취한 큰 음녀 바벨론입니다. 하나님은 그 거짓되고 폭력적인 세상의 권세, 바벨론을 심판하십니다.

둘째, 하나님의 심판의 이유는 무엇입니까?

그들은 땅의 임금들과 음행하였고(17:2), 성도들을 죽였으며(18:24), 자신만을 영화롭게 하며 하나님의 영광을 도둑질하고 스스로를 신격화했습니다(18:7).

셋째, 하나님의 심판에서 제외되는 자들은 누구입니까?

바로 어린 양과 함께 있는 자들입니다(17:14). 그들은 단지 신실한 자들일 뿐 아니라, 어린 양의 피에 그 옷을 씻어 희게 된 자들입니다(7:14). 피에 취한 자는 멸망으로, 피에 씻긴 자는 생명으로 나아갑니다.

　하나님의 심판은 그리스도를 따르지 않는 자에게는 두려움이지만 그리스도의 피로 희게 된 자들에게는 구원의 완성이며 찬양이 됩니다.

　하나님의 심판의 양면성, 그것이 오늘 요한계시록이 보여주는 진리입니다. 우리는 세상의 권세가 아무리 화려하고 위협적일지라도 잠시 있다 사라질 것들임을 기억해야 합니다. 우리는 영원하신 하나님, 알파와 오메가이신 주님의 백성입니다. 그러므로 두려워하지 말고 어린 양과 함께하며 담대하게 살아가시기를 소망합니다.

19. 할렐루야, 용·짐승·거짓 선지자의 영원한 멸망(19장)

여는 글

오늘날 전 세계가 전쟁과 재난의 공포 속에 살고 있습니다. 러시아와 우크라이나, 이스라엘과 하마스 간의 전쟁이 시작되었을 때, 혹은 코로나19 팬데믹이 전 세계를 강타했을 때, 많은 이들이 이렇게 질문했습니다.

"이게 말세의 징조 아닌가요?", "요한계시록에서 말한 전쟁 심판이 시작된 건가요?"

이 질문에 대답하기에 앞서 우리는 먼저 역사를 돌아보아야 합니다. 만일 전쟁이 말세의 징조라면 초림 이후 재림까지 이미 수없이 많은 전쟁이 있었습니다. 오히려 현대보다 과거의 전쟁이 훨씬 규모도 크고 참혹했고 기간도 길었습니다. 대표적으로 100년 전쟁도 있었구요, 십자군 전쟁은 드문드문 진행됐지만 거의 200년 가까이 이어졌습니다. 또한 코로나19가 말세의 징조라면, 중세 유럽을 강타

한 '흑사병'(패스트)은 어떻게 해석해야 할까요? 12세기에 시작된 이 전염병은 17세기 후반까지 이어졌고 이로 인해 유럽 인구의 3분의 1이 사망했습니다. 생존자들 가운데 일부는 남미로 건너가 현지인들과 접촉하면서, 면역 없는 원주민들이 대량으로 사망하게 되는 2차 전염 재앙까지 일어났습니다.

이처럼 전쟁과 전염병은 인류 역사에서 늘 반복되어 왔는데 현재 일어나는 천재지변, 전염병, 국가간의 전쟁을 성경에서 말씀한 종말 심판과 직접 연결하는 것은 무리가 있습니다. 게다가 그런 재난은 성도와 불신자를 구별하지 않고 동일하게 찾아옵니다. 그렇기에 짐승의 표를 받은 자들과 그를 경배하는 자들에게 내리는 요한계시록의 심판을 오늘날의 전쟁, 기근, 전염병과 동일시 하는 해석은 성경이 말하려는 본래 의도와 다릅니다.

그렇다면 요한계시록에 나타나는 세 가지 심판(인·나팔·대접)은 어떤 의미를 지니고 있을까요? 이 심판들은 단순한 재난 예언이 아닙니다. 하나님께서 용과 짐승, 거짓 선지자, 그리고 그들을 따르는 자들 – 곧 짐승의 표를 받은 자들 – 에게 내리시는 영적 심판의 삼중주입니다. 이 심판들이 왜 임하는지, 그 배경과 이유는 성경에 분명히 언급되어 있습니다.

"땅에 거하는 자들을 심판하여 우리 피를 갚아 주지 아니하시기를 어느 때까지 하시려 하나이까 하니"(6:10).

"또 다른 천사가 와서 제단 곁에 서서 금 향로를 가지고 많은 향을 받았으니 이는 모든 성도의 기도와 합하여 보좌 앞 금 제단에 드리고자 함이라 향연이 성도의 기도와 함께 천사의 손으로부터 하나님 앞으로 올라가는지라"(8:3-4).

"그들이 성도들과 선지자들의 피를 흘렸으므로 그들에게 피를 마시게 하신 것이 합당하니이다"(16:6).

이처럼 인·나팔·대접 심판은 성도들의 신원의 기도가 하나님께 도달할 것이며 그에 대한 응답으로 하나님께서 성도들의 피를 갚 아 주시겠다는 의미를 담고 있습니다. 결국 하나님께서 악을 소멸하고 처리할 것이니 어떤 고난 속에서도 신앙을 포기하지 말고 어린 양께 끝까지 붙어 있으라는 것이 인· 나팔·대접 심판이 보여주고자 하는 참 의미입니다.

또한 요한계시록에서 반복적으로 등장하는 심판의 대상은 항상 동일합니다. 용, 짐승, 거짓 선지자, 그리고 그들에게 경배하는 자들입니다. 19장도 마찬가지입니다. 그리스도와 그분을 따르는 자들이 궁극적으로 승리하는 반면, 짐승과 거짓 선지자는 유황불이 붙는 불못에 던져집니다.

"짐승이 잡히고 그 앞에서 표적을 행하던 거짓 선지자도 함께 잡혔으니 이는 짐승의 표를 받고 그의 우상에게 경배하던 자들을 표적으로 미혹하던 자라 이 둘이 산 채로 유황 불 붙는 못에 던져지고"(19:20).

그렇다면 질문이 생깁니다. 왜 요한계시록은 똑같은 대상의 멸망을 계속해서 반복해서 말할까요?

이 반복은 시간 순서의 재현이 아니라, "진실로 반드시 그들은 멸망한다"는 강조를 위한 수사적 기법입니다. 하나님은 죄악의 권세가 결코 끝까지 갈 수 없음을, 그 심판은 확실하고 결정적이라는 사실을 반복적으로 보여주고 계십니다.

그런데 바로 그 심판의 한복판에서 성도들은 "할렐루야!"를 외치고 있습니다. 왜일까요? 그 심판을 통해 하나님의 정의가 실현되었고 구원이 완성되기 때문입니다. 이제 엄혹한 심판이 그려지는 요한계시록의 종말론적 분위기에서 왜 할렐루야가 터져 나왔는지 그 이유를 구체적으로 살펴보겠습니다.

첫째, 의롭고 참되게 심판하시는 하나님

큰 성 바벨론 패망의 가장 상징적 표현은 '노래가 사라진다'는 것입니다. "또 거문고 타는 자와 풍류하는 자와 퉁소 부는 자와 나팔 부는 자들의 소리가 결코 다시 네 안에서 들리지 아니하고"(18:22)라고 말씀하지요. 이와 달리 그리스도인들에게는 노래가 계속됩니다. 15장에서 하나님의 거문고를 갖고 모세의 노래, 어린 양의 노래를 부르는 자들이 등장(15:2-3)하는가 하면 요한계시록 전체에서 처음으로 할렐루야가 등장합니다. 바로 19장 1절-6절입니다. 그동안 막아놨던 댐이 터지듯 19장에서만 4번 할렐루야가 반복됩니다. 그렇게 찬양하는 이유가 있습니다.

그 첫 번째 이유는 구원과 영광과 능력이 하나님께 있기 때문입니다. 요한계시록 19장 1절은 이렇게 시작합니다.

"이 일 후에 내가 들으니 하늘에 허다한 무리의 큰 음성 같은 것이 있어 이르되 할렐루야 구원과 영광과 능력이 우리 하나님께 있도다."

요한계시록 전반에 걸쳐 성도들은 끊임없는 환난과 핍박을 겪었습니다. 용과 짐승, 거짓 선지자의 세력 아래에서 고통을 당하고 심지어 순교에 이르기까지 했습니다. 요한계시록 13장 7절은 성도들이 짐승에게 짓밟히는 장면을 보여줍니다. 또 요한계시록 6장 9-10절은 순교자들의 한탄을 기록합니다. 그러나 하나님께서는 이 모든 고난을 외면하지 않으십니다.

사도 요한이 이 계시를 기록하던 당시 많은 이들은 로마 황제가 전능자의 자리를 차지하고 있다고 여겼습니다. 그러나 성도들은 고백합니다. 구원과 능력과 영광은 황제에게 있는 것이 아니라 오직 하나님께 있다고 말입니다. 그렇기에 "할렐루야"라고 찬양할 수 있는 것입니다. 이 하나님은 자기 아들을 아끼지 아니하시고 우리 모두를 위해 내어주신 사랑의 하나님이십니다. 요한계시록에서도 하나님은 여전히 사랑이십니다. 종종 사람들은 예수님께서 초림하실 때는 구원주로 오시지만 재림하실 때는 심판주로 오신다고 말씀하십니다. 그러나 이것은 절반만 맞는 말입니다. 초림하신 예수님은 바리새인과 서기관처럼 그를 믿지 않는 자들에게는 이미 심판주셨습니다. 그들이 예수 그리스도를 거절했기 때문에 이미 심판받은 것입니다. 반면 예수님은 자기 백성, 곧 그를 믿는 자들에게는 초림 때도 구원자이셨고 재림하실 때도 마찬가지입니다. 예수님은 자기 백성에게는 영원한 구원자이십니다. 요한계시록 5장 9절은 이렇게 말씀합니다.

"그들이 새 노래를 불러 이르되 두루마리를 가지시고 그 인봉을 떼기에 합당하시도다 일찍이 죽임을 당하사 각 족속과 방언과 백성과 나라 가운데에서 사람들을 피로 사서 하나님께 드리시고."

그분이 피로 자기 백성을 사신 구원자이심을 밝힙니다. 그러므로 심판주이신 예수님께서 심판하시는 대상은 성도들이 아니라 용과 짐승, 거짓 선지자, 그리고 그들을 따르며 짐승의 표를 받은 자들입니다. 그러므로 요한계시록의 심판 말씀을 성도에게 향한 것으로 적용해 성도들을 두려움과 공포에 빠지게 하는 요한계시록 해석은 이제 강단에서 사라져야 합니다. 우리는 하나님의 심판이 진행될 때 '할렐루야'라고 외칠 수 있는 성도들입니다. 성도들이 할렐루야를 외친 또 다른 이유는 하나님의 심판은 참되고 의로우시기 때문입니다. 요한계시록 19장 2절은 이렇게 말합니다.

"그의 심판은 참되고 의로운지라 음행으로 땅을 더럽게 한 큰 음녀를 심판하사 자기 종들의 피를 그 음녀의 손에 갚으셨도다."

또한 전능하신 하나님께서 마침내 통치하시기 때문입니다.

"또 내가 들으니 허다한 무리의 음성과도 같고 많은 물소리와도 같고 큰 우렛소리와도 같은 소리로 이르되 할렐루야 주 우리 하나님 곧 전능하신 이가 통치하시도다"(19:6).

의롭고 참되신 하나님의 심판, 그리고 전능하신 하나님의 통치, 그것이 하나님께 찬양과 영광을 돌릴 수밖에 없는 이유입니다.

제가 이런 질문을 받은 적이 있습니다. 지적 장애인 자녀를 둔 부모의 걱정스런 목소리였습니다. 그들은 "예수님을 구원자로 고백하지 못하는 우리 아이는 어떻게 구원 받을 수 있나요?"라고 궁금해했습니다. 제가 말씀 드렸습니다. 염려 마십시오! 하나님의 구원은 참되고 의로우십니다. 심판과 구원은 하나님의 몫입니다. 중증 발달 장애인 중 말 자체, 표현 자체가 불가능한 사람들도 있습니다. 그들은 장애 때문에 우리가 생각하는 수준의 신앙고백을 입술로 하지 못합니다. 그들은 그들 차원의 신앙고백과 신앙이 있을 것이라고 저는 믿습니다. 하나님께서는 그들에게도 분명히 구원을 베풀어 주실 분이라고 말씀드렸습니다. 하나님의 구원과 심판은 절대적으로 하나님의 몫이고 그의 구원과 심판은 절대적으로 의롭고 참될 것입니다. 지금 세상을 보면 우리의 입에선 할렐루야가 나오지 않을 수도 있습니다. 하지만 그분의 참된 심판을 목격하게 되는 날 우리는 그 누구도 입에서 '할렐루야'를 외치지 않을 수 없게 될 것입니다.

둘째, 혼인잔치에 필요한 옳은 행실 곧 세마포 옷을 허락하시는 하나님

19장 7절에서 10절은 하늘에서 들려오는 찬양 소리와 어린 양의 혼인 잔치를 선포하는 장면입니다. 성도들이 준비된 신부로 나타나며 그들의 빛나는 세마포 옷은 성도의 의로운 행실을 나타냅니다. 또한, 천사는 요한에게 하나님을 경배하라고 권면하며 예언의 영이 예수의 증거임을 강조합니다. 즉 예언의 영, 성령님의 최대 관심사는 예수를 증거하는 데 있다는 의미입니다. 우리의 즐거움과 기쁨은 '혼인잔치'로 상징됩니다.

"우리가 즐거워하고 크게 기뻐하며 그에게 영광을 돌리세 어린 양의 혼인 기약이 이르렀고 그의 아내가 자신을 준비하였으므로"(19:7).

혼인잔치를 가려면 가장 좋은 옷을 입고 가는 게 예의입니다. 그런데 하나님이 고귀하게 보시는 의복이 있습니다. 빛나고 깨끗한 세마포 옷, 그것은 곧 성도들의 옳은 행실로 정의합니다.

"그에게 빛나고 깨끗한 세마포 옷을 입도록 허락하셨으니 이 세마포 옷은 성도들의 옳은 행실이로다 하더라"(19:8).

그런데 이상한 게 있습니다. 혼인잔치의 의복은 내가 정해서, 내가 가장 고급진 것으로 골라 입으면 됩니다. 그런데 성도들의 옳은 행실이라고 하면서 세마포 옷은 하나님께서 입도록 허락하셨다고 말씀합니다. 따라서 성도들의 옳은 행실은 과연 인간이 행하는 의로운 행동을 의미할지 생각해봐야 합니다. '옳은 행실'이라는 단어를 들으면 우리는 본능적으로 '하고 안하고, 바르게 살고 그르게 살고' 하는 식으로 우리의 삶으로 직결시킵니다. 물론 중요합니다. 그러나 여기서 우리가 생각해야 할 가장 옳은 행실은 우리의 행위보다 더 큰 의미가 있다고 봐야 합니다. 만일 인간의 외적 행위라고 한다면 세마포 옷은 누가 만들고 누가 스스로 입는 것일까요? 성도들이 만들고 성도들이 스스로 입었다고 해야 맞습니다. 그러나 계 19:8은 세마포 옷(깨끗한 모시옷)은 성도들이 스스로 만들어서 입은 것이라고 하지 않고 '깨끗한 모시옷을 입게 하셨다'(새번역)고 말씀합니다. 다른 번역도 마찬가지입니다. 매우 수동적입니다.

"하느님의 허락으로 빛나고 깨끗한 모시옷을 입게 되었다. 이 고운 모시옷은 성도들의 올바른 행위이다"(공동번역).

"빛나고 깨끗한 모시옷을 받아 입었으니 이 모시 옷은 성도들의 의로운 행위이다'"(현대인의 성경).

따라서 계 19:8의 옳은 행실은 다음과 같은 전제속에서 이해돼야 합니다.

1) 우리의 행실은 옳은 행실만 있는 게 아니라 그릇된 행실도 있다. 그 그릇된 행실은 그리스도의 피로 씻어 면책된다(1:5). 그리스도의 피는 곧 죄와 관련한 것이다.

2) 우리의 옳은 행실이라고 할 때 그 행실은 우리가 옳은 행위를 한 것만 하나님께서 봐 주신다는 의미이다. 면류관이 있어도 그것을 보좌 앞에 드리는 게 성도들이다(4:10). 따라서 우리의 옳은 행실을 세마포 옷이라고 말씀하셨어도 그 세마포 옷의 순결함은 그리스도께 돌려야 하며 그것을 내 옳은 행실의 내 영광으로 받아들여서는 안된다. 행위의 기준으로는 의롭다 함을 얻을 사람이 없다(갈 2:16). 진실로 행위를 기준으로 엄격하게 따진다면 세마포 옷을 입을 사람은 이 세상에 단 한 사람도 없다.

3) 용·짐승·적그리스도·거짓선지자에게 붙지 않고 우상숭배를 하지 않고 그리스도의 부르심과 택하심을 받아 그리스도께 붙어 있는

것(17:14)이 가장 옳은 행실이다. 반대로 가장 큰 죄는 그리스도를 믿지 않는 것이다(요 16:9).

따라서 계 19:8의 옳은 행실은 개별적, 개인적 선행으로 해석할 것이 아니라 진정으로 마지막까지 믿음으로 하나님께 붙어 있는 것으로서 하나님께로부터 공급받는 의로움이라 할 수 있습니다.

셋째, 용·짐승·적그리스도·거짓선지자·짐승의 표를 받은 자들을 멸망시키시는 하나님

요한계시록 19장은 할렐루야 찬양과 어린 양의 혼인 잔치에 이어, 예수 그리스도께서 승리의 왕으로 재림하시는 장엄한 장면으로 이어집니다. 본문은 백마를 타고 하늘에서 강림하시는 예수님의 모습을 보여줍니다. 그분의 이름은 "충신과 진실"이시며 "하나님의 말씀"이라 불리십니다. 예수님은 정의로 심판하시고 싸우시는 분으로 등장하십니다.

"또 내가 하늘이 열린 것을 보니 보라 백마와 그것을 탄 자가 있으니 그 이름은 충신과 진실이라 그가 공의로 심판하며 싸우더라··· 그가 피 뿌린 옷을 입었는데 그 이름은 하나님의 말씀이라 칭하더라"(19:11, 13).

이어서 "그 옷과 그 다리에 이름을 쓴 것이 있으니 만왕의 왕이요 만주의 주라 하였더라"(16절)라고 하며, 예수님의 권세와 통치가 만방에 선포됩니다. 이 장면은 세상의 모든 전쟁과 다르게 예수 그리스도께서 직접 싸우시는 '영적 전쟁'입니다. 이 전쟁은 제3차 세계대전이나 핵전쟁처럼 인간의 권력과 무기로 치러지는 것이 아닙니다.

예수님은 핵무기나 드론, 로봇병기로 싸우시는 것이 아니라, "그의 입에서 이한 검이 나오니 그것으로 만국을 치겠고 친히 그들을 철장으로 다스리며 또 친히 하나님 곧 전능하신 이의 맹렬한 진노의 포도주 틀을 밟겠고"(15절)라고 말씀합니다. 이 검은 곧 하나님의 말씀을 상징하며 철장은 왕권의 상징입니다. 이 전쟁의 대장군은 인간이 아닌 그리스도이십니다.

반대로 이 전쟁에서 패하는 적장은 누구입니까? 바로 짐승, 거짓 선지자, 그리고 짐승의 표를 받고 우상에게 경배한 자들입니다(20절). 심판의 결과는 명확하게 선언됩니다. 이 전쟁에 참여한 자들 중 왕들, 장군들, 힘센 자들, 모든 자유인과 종들, 작은 자와 큰 자들 모두가 그 앞에 쓰러집니다. "또 내가 보매 그 짐승과 땅의 임금들과 그들의 군대들이 모여 그 말 탄 자와 그의 군대와 더불어 전쟁을 일으키다가"(19절), 결국 모두 멸망당합니다. 이는 단순한 국가 간의 전쟁이 아니라, 하나님의 아들 예수 그리스도와 그를 대적하는 자들과의 최후 대결이며 이 전쟁의 본질은 영적 대결입니다.

많은 사람들은 요한계시록의 전쟁을 제3차 세계대전이나 핵전쟁으로 이해하려 하지만 그것은 본문이 의도하는 바가 아닙니다. 이 전쟁은 세상의 전쟁처럼 자국의 이익을 위해 벌어지는 것이 아닙니다. 하나님의 영광과 공의, 그리고 그분의 나라를 위해 벌어지는 전쟁이며 그 중심에는 예수 그리스도가 계십니다. 따라서 중동에서 현재 벌어지는 전쟁에서 특정 국가를 그리스도의 편과 짐승의 편으로 나누는 오판을 해서는 결코 안됩니다. 현대전은 철저히 국익을 위한 것이지 결코 그리스도를 위한 것이 아니기 때문입니다.

요한계시록 19장의 전쟁은 또한 요한계시록 16장에 등장하는 '아마겟돈 전쟁'과 동일한 의미를 지닙니다.

"그들은 귀신의 영이라 이적을 행하여 온 천하 왕들에게 가서 하나님 곧 전능하신 이의 큰 날에 있을 전쟁을 위하여 그들을 모으더라"(16:14).

계시록은 이러한 전쟁 장면을 반복적으로 묘사합니다.

"용이 여자에게 분노하여 돌아가서 그 여자의 남은 자손 곧 하나님의 계명을 지키며 예수의 증거를 가진 자들과 더불어 싸우려고 바다 모래 위에 서 있더라"(12:17).
"또 내가 보매 그 짐승과 땅의 임금들과 그들의 군대들이 모여 그 말 탄 자와 그의 군대와 더불어 전쟁을 일으키다가"(19:19).
"땅의 사방 백성 곧 곡과 마곡을 미혹하고 모아 싸움을 붙이리니 그 수가 바다의 모래 같으리라"(20:8).

이러한 전쟁들은 시간의 순서를 따르는 역사적 전쟁이라기보다 결국 요한계시록의 전쟁은 사탄의 머리를 깨부수는 영적 전쟁이며, 예수 그리스도의 승리가 확정되는 순간입니다. 따라서 주님께 속한 자들은 이런 영적 전쟁 앞에서 두려움이나 공포가 아니라 '할렐루야'를 부르게 되는 것입니다. 또한 현실의 삶에서 하나님의 정의가 언젠가 반드시 이루어진다는 사실을 믿고 끝까지 주님을 붙드는 용기를 얻게 되는 것입니다.

나가는 글

요한계시록 19장은 하나님의 궁극적인 승리와 성도들의 영원한 찬양을 담고 있습니다. 그리고 이 승리는 먼 미래에 있을 추상적인 사건이 아니라 오늘을 살아가는 우리에게도 실질적인 소망이 되어야 합니다. 역사를 돌아보면 언제나 고난과 핍박은 있었습니다. 그러나 그 가운데에서도 결국 하나님의 정의와 사랑이 모든 것을 이긴다는 진리는 결코 변하지 않았습니다.

요한계시록 19장에서 '할렐루야'가 터져 나오기까지 얼마나 가혹한 시간들이 있었는지 우리는 잘 알고 있습니다. 바벨론의 타락과 멸망, 짐승과 거짓 선지자의 미혹과 핍박, 그리고 그를 따르는 자들의 죄악이 드러나는 가운데 성도들은 순교의 길을 걸어가면서 끊임없이 억눌려야 했습니다.

역사 속에서도 이와 비슷한 상황이 있었습니다. 로마 제국이 기독교를 공식적으로 공인하기 직전, 가장 잔혹한 박해를 자행한 황제는 디오클레티아누스였습니다. 그는 284년부터 305년까지 로마를 통치하며 기독교를 제거하기 위한 대대적인 탄압을 시작했습니다. 특히 303년에 발표한 일련의 칙령을 통해 교회 건물과 성서를 파괴하고 예배를 금지시키며 기독교 지도자들을 체포하라는 명령을 내렸습니다. 동방 지역을 중심으로 수많은 성도들이 고문당하고 처형되었으며, 심지어는 죽이지 않고 눈만 뽑거나 팔, 다리를 자르는 방식으로 고문을 가하는 지독한 악행까지 저질렀습니다. 그 결과 이 시기에 가장 많은 배교자들이 생겨났습니다. '새벽이 오기 전이 가장 어둡다'는 속담처럼, 디오클레티아누스의 박해 직후 곧이어 콘스탄티누스 대제가 기독교를 공인하게 된 것은 역사 속에 숨겨진 하나님의 섭리를 상징적으로 보여주는 사건이라고 할 수 있습니다.

요한계시록 19장에서도 마찬가지입니다. 할렐루야는 처음부터 울려 퍼지지 않았습니다. 오히려 모든 악이 최고조에 달하고 심판의 경고가 거듭되는 그 마지막 시점에서야 비로소 하늘에서 할렐루야가 터져 나옵니다. 이는 성도들에게 무엇을 의미하겠습니까? 하나님께서는 모든 악을 멸하시고 당신의 백성들을 반드시 구원하신다는 사실입니다. 짐승과 거짓 선지자, 용과 그를 따르는 자들의 최후는 단지 종말에만 해당되는 일이 아니라 오늘날 우리 삶 속에서도 동일하게 적용되는 약속입니다.

우리 각자의 삶 가운데에도 여전히 용과 짐승, 거짓 선지자와 같은 세력들이 우리를 공격하고 위협합니다. 고난과 시련은 계속될 수 있습니다. 때로는 침묵하시는 하나님 때문에 낙심하고 싶을 때도 있지만 성경은 말합니다. 그리스도 안에 있는 자는 끝내 이기게 된다고. 성도들의 삶은 결코 무의미한 고난이 아닙니다. 우리는 하나님의 손 안에 있으며 그분은 결코 우리를 포기하지 않으십니다. 결국 우리는 신앙 안에서 승리하게 될 줄 믿습니다. 그러므로 지금 이 순간에도 우리가 붙들어야 할 고백은 이것입니다. "할렐루야! 구원과 영광과 능력이 우리 하나님께 있도다." 이 고백이 오늘 우리의 고난을 이기는 찬양이 되기를 간절히 소망합니다.

20. 천년왕국(20장)

여는 글

성도 여러분께서는 문학 장르에서 말하는 '천년'과 역사 속에서 말하는 '천년'이 그 의미가 다르다는 사실을 잘 알고 계실 것입니다. 문학 속 '천년'은 종종 영원성을 나타내는 상징으로 사용됩니다. 예를 들어 '천년의 사랑'이라는 표현은 정확히 천 년 동안만 사랑한다는 뜻이 아닙니다. 인생이 짧고 유한하지만 만일 천 년이라는 시간이 주어진다 해도 사랑하겠다는 절절한 의지, 곧 영원한 사랑을 말합니다. 우리가 익히 부르는 복음성가 가사 중에도 이런 표현이 있습니다. "천년이 두 번 지나도 변하지 않는 건 당신을 향한 하나님의 사랑이에요." 여기서 천년이 두 번이라는, 즉 '2천년'이라는 시간은 숫자 그 자체가 중요한 게 아니라 결코 변하지 않는 하나님의 사랑을 강조하는 상징적 숫자입니다.

그 기본 개념을 갖고 요한계시록 20장에 등장하는 '천년'에 대해 함께 살펴보고자 합니다. 여기서는 계시록에서 말하는 천년의 개념을 교회 역사 속에서 어떻게 해석해 왔는지를 살펴보며 그 상징이 우리 신앙에 주는 참된 의미를 찾아가 보겠습니다. 실제로 지난 2천 년 동안 기독교 내에서는 '천년왕국설'에 대해 다양한 해석들이 존재해 왔습니다. 역사적 전천년설, 세대주의적 전천년설, 후천년설, 무천년설 등 여러 해석들이 신학자들과 목회자들 사이에서 제시되어 왔고 여전히 결론이 내려지지 않은 주제입니다. 그렇기에 어느 해석이 절대적으로 옳다고 단정 짓거나, 서로 다른 입장을 이단으로 몰아세우는 태도는 바람직하지 않습니다. 오히려 각 해석이 성경을 어떻게 바라보고 있는지를 경청하고, 그것을 통해 오늘 우리의 삶에 어떻게 적용할 수 있을지를 고민하는 것이 성숙한 태도일 것입니다.

한 가지 팁을 드리자면, 어떤 계시록 주석서를 읽든지 요한계시록 20장 4절을 보면 그 책이 천년왕국에 대해 어떤 관점을 갖고 있는지 단번에 알 수 있습니다. 성경 전체를 통틀어 '천 년 동안 왕 노릇 한다'는 표현이 유일하게 등장하는 본문이기 때문입니다. 본문은 이렇게 기록합니다.

"또 내가 보좌들을 보니 거기에 앉은 자들이 있어 심판하는 권세를 받았더라 또 내가 보니 예수를 증언함과 하나님의 말씀 때문에 목 베임을 당한 자들의 영혼들과 또 짐승과 그의 우상에게 경배하지 아니하고 그들의 이마와 손에 그의 표를 받지 아니한 자들이 살아서 그리스도와 더불어 천 년 동안 왕 노릇 하니 (그 나머지 죽은 자들은 그 천 년이 차기까지 살지 못하더라) 이는 첫째 부활이라"(20:4-5).

성경에는 '천년왕국'이라는 단어 자체가 없습니다. 다만 '천 년 동안 왕 노릇 하니'라는 말씀을 근거로, '천년왕국'이라는 용어를 사용하게 된 것입니다. 해석의 갈래는 간단히 요약하면 이렇습니다. 천년을 문자 그대로 실제 기간으로 해석해서 그리스도의 재림 후 천년왕국이 시작된다고 하면 전천년설(세대주의적, 역사적) 계열이고, 천년을 상징적 기간으로 해석해서 상징적 천년의 기간이 지나서 그리스도께서 재림한다고 하면 후천년설, 천년을 초림부터 재림까지의 기간을 상징한다고 보고 이미 성도들은 그리스도와 더불어 왕노릇하는 기간을 보낸다고 보는 견해는 무천년설입니다. 무천년설은 때로 '현천년설'이라는 말로 대신하기도 합니다.

이렇듯 서로 다른 종말론적 입장이 존재하지만, 그들이 공통적으로 지향하는 핵심은 같습니다. 바로 예수 그리스도께서 역사 가운데 실제로 재림하시고 사탄의 권세를 영원히 멸하신다는 점입니다. 또한 그리스도를 믿는 성도들은 그분과 함께 왕 노릇하며, 마침내 새 하늘과 새 땅의 도래를 맛보게 된다는 종말의 소망을 품고 있다는 점입니다. 우리는 바로 이 소망을 붙잡아야 합니다. 어떤 해석이냐보다 더 중요한 것은, 그리스도께서 반드시 다시 오시며 그날이 모든 성도에게 영광의 날이 될 것이라는 사실입니다. 그 마음을 품고 이제 요한계시록 20장이 우리에게 어떤 신앙적 교훈을 주는지를 함께 살펴보겠습니다.

첫째, 사탄마귀는 강력한 듯하지만 하나님의 권능 안에서 유한합니다

계시록 20장을 공부하다보면 성도들이 가장 많이 하는 질문이 있습니다. 왜 하나님이 용, 옛뱀, 마귀, 사탄을 잡아 일천년 동안 결박(20:2)하시면 그걸로 끝낼 일이지, 천년 동안 인봉했다가 그 후에 반드시 놓아 주시냐(20:3)는 질문입니다. 그냥 결박한 이후에 다시는 나오지 못하도록 해야 하는 것 아니냐는 질문입니다. 어김없이 나오는 질문입니다. 그런 질문이 나올 만도 합니다.

"또 내가 보매 천사가 무저갱의 열쇠와 큰 쇠사슬을 그의 손에 가지고 하늘로부터 내려와서 용을 잡으니 곧 옛 뱀이요 마귀요 사탄이라 잡아서 천 년 동안 결박하여 무저갱에 던져 넣어 잠그고 그 위에 인봉하여 천 년이 차도록 다시는 만국을 미혹하지 못하게 하였는데 그 후에는 반드시 잠깐 놓이리라"(20:1-3).

본문에서 하나님의 심판을 대행하는 천사가 등장합니다. 무저갱의 열쇠와 큰 쇠사슬을 그 손에 가지고 하늘에서 내려옵니다(20:1). 쇠사슬이 '그르릉 그르릉' 끌리는 듯 무시무시한 소리가 들리는 거 같지 않으십니까? 기쁜 소식이 하나 있습니다. 다행히도 그 천사가 나를 잡으러 오는 게 아니고 용, 옛뱀, 마귀, 사탄을 잡습니다. 무저 갱에 일천년 동안 결박하여 만국을 미혹하지 못하게 하였다가 잠깐 놓일 것이라고 합니다. 이것이 성도들이 갸우뚱하며 묻게 되는 지점입니다.

이 본문을 해석할 때 중요한 것은 요한계시록이 '묵시문학'이라는 점을 기억하는 것입니다. 우리가 자칫 무저갱이 실제 지하 어딘가에 있는 구덩이인지, 예전에 무저갱을 '블랙홀'이라고 해석한 분도 계셨습니다. 천 년이 정확한 연대인지, '결박'이 실제 쇠사슬로 묶는 것인지 등의 세부 표현에만 집중하다 보면, 오히려 본문의 중심 메시지를 놓치기 쉽습니다. 묵시문학은 전체적 심상, 상징, 그리고 신학적 의도를 통해 하나님께서 전하시고자 하는 큰 메시지를 받아들이는 것이 바람직한 태도입니다. 분명한 것은 요한계시록 20장에서 강조하려는 핵심은, 사탄이 아무리 강력해 보일지라도 하나님의 권능 아래 제한된 존재라는 사실입니다. 하나님의 절대성과 사탄의 유한함을 설명하려는 묵시적 표현이 저는 이 본문에서 가장 중요한 의미라고 봅니다. 그렇다면 왜 사탄은 무저갱에 갇혔다가 다시 풀려나고, 또 세상을 미혹하는 겁니까? 이것이 묵시적 표현이라는 겁니다.

예를 들어 보겠습니다. 예수님께서 제자들을 전도하러 보내셨을 때입니다. 제자들이 돌아와 보고하며 이렇게 말했습니다.

"주여, 주의 이름이면 귀신들도 우리에게 항복하더이다"(누가복음

10:17).

이에 예수님은 "사탄이 하늘로부터 번개 같이 떨어지는 것을 내가 보았노라"(18절)라고 답하십니다. 또한 마태복음 12장 29절에서는 귀신을 쫓아내시는 능력을 의심하는 이들에게 예수님께서 이렇게 말씀하십니다. "사람이 먼저 강한 자를 결박하지 않고서야 어떻게 그 강한 자의 집에 들어가 그 세간을 강탈하겠느냐 결박한 후에야 그 집을 강탈하리라." 이처럼 예수님의 말씀 속에서 사탄은 결박당하고 쫓겨나며 항복하는 존재로 묘사됩니다.

그런데 하늘로부터 번개같이 떨어졌다는 사탄이 여전히 역사하는 모습을 봅니다. 누가복음 22장 3절은 "열둘 중의 하나인 가룟 유다에게 사탄이 들어가니"라고 기록합니다. 즉, 결박되고 쫓겨난 사탄이 또다시 활동을 시작하는 모습이 나옵니다. 여기서 우리는 성경이 일관되게 전하는 메시지를 다시 생각하게 됩니다. 사탄은 예수 그리스도의 권세 안에서 이미 제어받고 있으며 패배한 존재입니다. 그러나 재림 전까지 그는 활동을 허락받은 존재로서 여전히 사람들을 유혹하고 시험하며 분열을 일으킵니다. 이는 결코 사탄이 전능하거나 승리할 것이라는 말이 아닙니다. 오히려 그는 철저히 하나님의 시간표와 주권 아래 제한된 존재라는 사실을 강조하는 것입니다. 요한계시록 20장 1-3절에서 묘사되는 이 장면은 사탄의 활동이 얼마나 제한적인지 우주적인 표현으로 변형했다고 보는 게 가장 정확한 해석일 듯합니다.

사탄의 활동은 때로는 강력해 보이고 실제로 성도의 삶을 힘들게 할 수도 있습니다. 그러나 결코 하나님의 권세를 넘어설 수 없습니다. 그 사탄은 영원히 묶일 운명을 가진 존재이며 지금도 하나님의 손 아래 제한된 활동만을 하고 있을 뿐입니다. 이 사실을 기억하고, 오늘도 그리스도의 권세 안에서 담대하게 사탄을 대적하며 살아가시는 성도님들이 되시기를 바랍니다.

둘째, 그리스도와 성도의 권세는 영원하지만 사탄의 권세는 잠깐입니다

요한계시록 전체에는 하나님의 권세와 통치가 얼마나 영원한지를 선언하는 구절들이 반복적으로 등장합니다. 그 선언은 시간과 역사를 초월하시는 하나님의 본질을 고백하는 고백문입니다. 1장 8절은 이렇게 시작합니다.

"주 하나님이 이르시되 나는 알파와 오메가라 이제도 있고 전에도 있었고 장차 올 자요 전능한 자라 하시더라."

4장 8절에서는 하늘 보좌를 향한 찬양이 울려 퍼집니다.

"거룩하다 거룩하다 거룩하다 주 하나님 곧 전능하신 이여 전에도 계섰고 이제도 계시고 장차 오실 이시라."

5장 13절에서는 온 우주가 하나님의 통치를 고백합니다.

"모든 피조물이 이르되 보좌에 앉으신 이와 어린 양에게 찬송과 존귀와 영광과 권능을 세세토록 돌릴지어다."

11장 15절은 그 권세가 이제 세상 나라에도 실현되었음을 선포합니다.

"세상 나라가 우리 주와 그의 그리스도의 나라가 되어 그가 세세토록 왕 노릇 하시리로다."

그리고 요한계시록의 마지막 장인 22장 13절은 이렇게 마무리됩니다.

"나는 알파와 오메가요 처음과 마지막이요 시작과 마침이라."

이처럼 하나님과 어린 양의 권세는 시작도 끝도 없으며 세세토록 영원히 동일하십니다. 그러나 오늘 본문인 요한계시록 20장에서 사탄의 권세는 분명히 다르게 묘사됩니다. 20장 1-3절은 사탄이 천

년 동안 결박되고 무저갱에 던져져, 다시는 만국을 미혹하지 못하도록 인봉되는 장면을 기록합니다. 그의 권세는 일시적이고 제한적입니다. 비록 그가 잠깐 동안 풀려나게 되지만, 그조차도 하나님의 허락 안에서 이루어지는 일입니다.

그러나 우리가 잊지 말아야 할 단어는 '잠깐'(20:3)입니다. 사탄은 자유롭게 활동하는 존재가 아니라, '잠깐' 놓여났다가 곧 다시 붙잡혀 불과 유황 못에 던져질 운명을 지닌 자입니다.

사탄의 활동을 세 시기로 구분해 보면 다음과 같습니다.

구분	기간	설명
천년	갇힌 기간	결박되어 활동 제한
잠깐	풀려난 기간	최후의 저항 시기
영원	형벌의 기간	불과 유황 못에서의 괴로움

사탄은 마지막까지도 미혹의 손길을 멈추지 않을 것입니다. 그러나 우리가 기억해야 할 진리는 그의 권세조차 철저히 하나님의 주권 아래 있다는 사실입니다. 그는 우는 사자처럼 삼킬 자를 찾고자 위협하지만 쇠사슬에 묶인 사자와 같습니다. 소리를 내어 겁을 주는 존재이지만 실제로 성도들을 넘어뜨릴 수 있는 능력은 없습니다. 따라서 사탄의 활동이 아무리 두려워 보여도 그것은 '잠깐'입니

다. 사탄은 결박된 존재이며 결국 하나님의 심판을 받아 영원한 형벌에 들어갑니다.

반면 우리 주 예수 그리스도의 권세는 영원합니다. 그분과 함께 왕 노릇할 성도들의 권세도 함께 영원합니다. 우리는 이 진리를 마음 깊이 새기며, 오늘도 담대히 선포해야 합니다. "사탄아, 그리스도의 권세 앞에서 굴복하고 떠나갈지어다!" 우리 또한 결단해야 합니다. 잠깐이면 지날 죄악의 날을 즐기며 기뻐할 것인가, 아니면 그리스도와 함께 받을 영원한 영광을 기대할 것인가.

셋째, 불과 유황에 들어가는 가장 중요한 대상은 마귀와 짐승과 거짓 선지자입니다

계 20장 1-3의 옛뱀, 마귀 사탄이 천년동안 결박되거나, 미혹하지 못한다거나, 반드시 잠깐 놓이리라는 말씀, 이는 연대기적인 순서를 의미하지 않고 세세토록 전능하신 하나님에 비해 사탄마귀의 권세가 유한함을, 그리고 결국은 최후에 불과 유황에 떨어질 운명을 그린다는 것을 말씀드렸습니다. 그에게 영원한 것이 한가지 있습니다. 그것은 바로 '괴로움'입니다(20:10).

"또 그들을 미혹하는 마귀가 불과 유황 못에 던져지니 거기는 그 짐승과 거짓 선지자도 있어 세세토록 밤낮 괴로움을 받으리라"

이 구절은 계시록 전체에서 가장 명확하게 '누가 지옥 형벌을 받는지' 보여주는 본문입니다. 우리는 흔히 지옥, 불못, 불과 유황에 대해 말할 때 단지 불신자들만 들어가는 곳이라고 단정합니다. 그러나 성경은 그보다 더 우선순위에 두는 존재가 있음을 말씀합니다. 불과 유황에 '가장 먼저 들어가는 자'는 누구입니까? 사탄, 짐승, 거짓 선지자입니다. 이들이야말로 불못이 실제 거주지인 자들입니다. 이들은 세세토록, 밤낮으로 그곳에서 괴로움을 받습니다.

이 말씀을 기준으로 본다면 오늘날 한국교회 안팎에서 유행하는 '천국·지옥 간증' 중에는 심각한 왜곡이 많습니다. 수많은 지옥 간증 영상이나 간증집에서, 지옥에서 고통받는 사람들 사이를 사탄이 창과 칼을 들고 돌아다니며 괴롭히고 고문하고 지휘하는 장면이 등장합니다. 마치 사탄이 지옥의 형벌을 주도하고 통제하는 '지옥의 관리자', '지옥의 대왕'처럼 그려지는 것입니다. 그러나 성경 어디에도 그런 내용은 없습니다. 오히려 성경은 사탄이 지옥의 주인이 아니라 지옥의 수감자이며 가장 먼저 심판을 받는 대상이라고 말씀합니다. 사탄은 불신자를 벌주는 존재가 아니라 그들과 함께 벌을 받는 존재입니다. 이것이 계시록 20장의 명확한 선언입니다.

그러므로 우리가 이 말씀을 통해 붙들어야 할 메시지는 분명합니다. '형벌 받을 자를 따르지 말고, 그 형벌을 대신 지신 분을 따르라.' 사탄과 짐승과 거짓 선지자는 반드시 불과 유황에 들어갑니다. 반대로 예수 그리스도는 우리의 죄 값을 대신 지시고 죽으셨으며 그 지옥같은 형벌을 대신 받아주시고 성도를 건져내신 분입니다. 그러므로 성도는 사탄의 미혹을 따르지 말고 구원을 이루신 그리스도를 따르는 길을 선택해야 합니다.

사도 요한은 이 놀라운 진리를 밧모섬이라는 고난의 현장에서 기록했습니다. 하나님과 그리스도를 증언했다는 이유로 유배된 자, 세상적으로는 철저히 패배자였던 그가, 우주적 승리를 선언하고 있는 것이 요한계시록입니다. 요한은 고난 한가운데에서도 성령의 인도하심 아래 하나님의 최종 승리를 바라보며 글을 남깁니다. 그것이 바로 요한계시록 20장의 메시지입니다.

나가는 글

우리는 오늘 요한계시록 20장을 통해 하나님의 영원한 주권과 사탄의 유한한 권세를 비교하며 말씀의 교훈을 받았습니다. 사탄은 잠시 동안 세상에서 활동하며 사람들을 미혹하고 괴롭게 합니다. 그 미혹은 때로 무시무시하고 감당하기조차 어려울 수도 있습니다. 그러나 성경은 사탄의 권세는 철저히 하나님의 통제 아래 있으며 결국 불과 유황 못에 던져져 영원히 패배할 운명을 가지고 있다고 강조합니다. 반면에, 그리스도와 그분을 믿는 성도들의 권세는 영원하며 흔들리지 않는다고 약속하십니다.

우리는 이 말씀을 통해 다음과 같은 확신을 가져야 합니다. 하나님의 절대적인 주권을 믿으십시오. 하나님은 알파와 오메가이시며,

과거와 현재, 미래를 초월하여 영원히 우리와 함께하십니다. 사탄의 도전은 결코 하나님의 주권을 넘어설 수 없으며, 우리의 모든 삶은 하나님의 장중에 있습니다. 사탄을 두려워하지 마십시오. 사탄은 강력해 보일지라도 그리스도의 십자가와 부활로 이미 결박된 존재입니다. 그가 우리를 미혹하려 할 때마다 "사탄아, 물러가라!"고 선포하며 그리스도의 권세 안에 담대히 서십시오.

계시록이 궁극적으로 우리에게 가르치는 바는 성도들과 그리스도가 함께 영원한 새 하늘과 새 땅에서 통치할 것이라는 소망입니다. 이 땅의 고난과 혼란은 일시적일 뿐 하나님께서는 반드시 우리의 눈물을 닦아주시고 영원한 기쁨을 허락하실 것입니다.

마지막으로, 성도 여러분께 묻고 싶습니다. 오늘 말씀을 통해 여러분은 무엇을 붙잡으시겠습니까? 사탄의 잠시 동안의 미혹과 도전을 보며 그 악한 것에 집중하시겠습니까, 아니면 하나님의 영원한 권세와 승리를 믿으며 그리스도 안에서 담대히 살아가시겠습니까? 우리 모두 계시록 20장의 말씀을 마음에 새기고, 매일의 삶 속에서 하나님의 영원한 사랑과 주권을 찬양하며 살아가는 성도가 되기를 소망합니다.

21. 최후의 백보좌 심판(20장)

여는 글

오늘 저는 최후의 백보좌 심판과 어린 양의 생명책이라는 제목으로 은혜를 나누고자 합니다. '요한계시록' 하면 많은 사람들이 공포와 두려움부터 느낍니다. 이것은 교회 안에 건강한 신앙생활을 하는 성도들도 마찬가지입니다. 요한계시록 20장 11절 이후에 하나님께서 심판하시는 장면이 나옵니다(계 20:11-15).

근데 그 심판하는 보좌가 크고 흰 보좌라고 해서 일명 백보좌라 하고 그곳에 앉으셔서 죽은 자들을 심판하시는데 여기에 큰 자나 작은 자나 각 사람이 자기의 행위대로 심판을 받는다고 합니다. 그러니깐 당장 '행위'라고 하면 우리가 바르게 사느냐, 바르게 살지 않느냐로 이해해서 내 행위로 적용하는 사람들이 적지 않습니다. 이런 마음이 드는 게 인지 상정입니다. '내가 지은 죄가 많은데 어떻게 그 엄중한 하나님의 심판대를 통과할 수 있을까?'라는 걱정부터 하는 겁니다. 그래서 오늘은 백보좌 심판이 과연 누구를 대상으로 하는 것인지 살펴보고 또 생명책은 도대체 무엇인지 확인하겠습니다. 이 시간을 통해 우리가 계시록을 읽으면서도 그리스도안에서 평안을 누리는 시간이 됐으면 좋겠습니다. 오늘은 중간 제목이 많습니다. 백보좌 심판은 누구를 향한 것인가라는 질문을 갖고 잘 새겨 들으셨으면 좋겠습니다.

첫째, 백보좌 심판은 누구를 대상으로 하는가?

요한계시록 20장을 읽을 때 많은 성도들이 최후의 심판 장면을 보면서 두려움을 느낍니다. 이 심판을 일컬어 흔히 '백보좌 심판'이라고 합니다.

"또 내가 크고 흰 보좌와 그 위에 앉으신 이를 보니 땅과 하늘이 그 앞에서 피하여 간 데 없더라"(20:11).

그런데 이 백보좌 심판은 과연 누구를 대상으로 하는 것일까요? 요한계시록 20장 12절은 그 대상을 다음과 같이 명시합니다.

"또 내가 보니 죽은 자들이 큰 자나 작은 자나 그 보좌 앞에 서 있는데 책들이 펴 있고 또 다른 책이 펴졌으니 곧 생명책이라 죽은 자들이 자기 행위를 따라 책들에 기록된 대로 심판을 받으니"(20:12).

이 구절을 보면 '죽은 자들'이 큰 자나 작은 자나 심판대 앞에 서고, 책들에 기록된 자기 행위를 따라 심판을 받는다고 말씀합니다. 여기서 말하는 '죽은 자들'은 단순히 육체적으로 죽은 사람을 의미할까요? 요한계시록은 일반적인 역사서나 서신서와 달리 묵시문학입니다. 따라서 여기서의 '죽음'도 영적인 개념으로 해석해야 합니다. 같은 장의 5절 말씀을 보면, 죽은 자들이 누구인지를 보다 분명하게 알 수 있습니다.

"그 나머지 죽은 자들은 그 천년이 차기까지 살지 못하더라"(20:5).

이 말씀의 앞 구절(20:4)을 보면, 순교자들, 즉 예수의 증거와 하나님의 말씀 때문에 목베임을 당하고 짐승과 그의 우상에게 경배하지 않은 자들은 '살아서' 그리스도와 더불어 천 년 동안 왕 노릇한다고 기록되어 있습니다. 즉, 죽었지만 '살아서' 그리스도와 함께한다는 것입니다. 그런데 5절에서는 그 외의 사람들을 가리켜 '죽은 자들'이라고 부릅니다. 요한계시록에서 '죽은 자들'은 단순히 숨이 끊어진 자들이 아니라, 그리스도 밖에 있는 자들, 그리스도의 생명 안에 있지 않은 자들을 가리키는 표현입니다.

이와 같은 이해는 계시록 14장 13절 말씀을 통해서도 확증됩니다.

"또 내가 들으니 하늘에서 음성이 나서 이르되 기록하라 지금 이후로 주 안에서 죽는 자들은 복이 있도다 하시매 성령이 이르시되 그러하다 그들이 수고를 그치고 쉬리니 이는 그들의 행한 일이 따름이라 하시더라"(14:13).

'주 안에서 죽는 자'는 복된 자들이며, 그들의 죽음은 안식이며 수고를 그치고 쉰다고 설명합니다. 그렇다면 백보좌 심판대 앞에 선 '죽은 자들'은 누구입니까? 그것은 바로 '주 안에서' 죽지 않은 자들, 즉 그리스도 밖에서 죽은 자들이라는 뜻입니다. 따라서 백보좌 심판의 대상은 단순히 육체의 죽음을 경험한 인류 전체가 아니라, 영적으로 하나님과 단절된 상태에서 죽음을 맞이한 자들, 즉 '그 나머지 죽은 자들'입니다. 성경은 이들을 최종적으로 자기 행위를 따라 심판을 받는, '둘째 사망', 곧 생명책에 기록되지 않은 자들, 불못에 던져질 자들이라고 선언합니다(20:13-15).

둘째, 백보좌 심판을 받는 죽은 자들은 어디에서 나오는가?
성경은 이들이 하늘에서 나오는 것이 아니라 '바다', '사망', 그리고 '음부'로부터 나온다고 말씀합니다.

"바다가 그 가운데에서 죽은 자들을 내주고 또 사망과 음부도 그 가운데에서 죽은 자들을 내주매 각 사람이 자기의 행위대로 심판을 받고 사망과 음부도 불못에 던져지니 이것은 둘째 사망 곧 불못이라"(20:13-14).

이 말씀은 매우 중요합니다. 왜냐하면 요한계시록은 단순히 물리적 사건의 기록이 아니라 상징과 영적 의미가 풍부한 묵시문학적 언어로 기록된 책이기 때문입니다. 따라서 '바다'나 '사망', '음부'도 단순한 자연 환경이 아니라 하나님과 단절된 죽음의 권세를 상징하는 공간으로 이해해야 합니다. 고대 근동 문화에서 '바다'는 질서 없는 혼돈의 세력, 곧 큰 용 리워야단(욥 41장 등)이 거주하는 두려움의 장소로 인식되었습니다. 즉 '바다에서 죽은 자들을 내어준다'는 표현은 하나님을 알지 못하고 죽음의 권세 아래 있던 자들이 백보좌 심판대 앞으로 불려 나온다는 의미입니다.

또한 '사망과 음부'는 죽음의 상태를 지속시키는 권세이자 공간을 가리킵니다. 이들로부터 죽은 자들이 내어지며 그들은 각자의 행위대로 심판을 받고 결국 사망과 음부 자신도 불못에 던져진다고 말씀합니다. 이것은 사망 자체가 더 이상 존재하지 않게 될 것을 예고하는 것입니다.

그렇다면 그리스도인들은 어디에 있습니까? 바다입니까, 사망입니까, 음부입니까? 요한계시록 14장 1절과 3절은 그리스도인의 위치를 분명하게 밝혀 줍니다.

"또 내가 보니 보라 어린 양이 시온 산에 섰고 그와 함께 십사만 사천이

서 있는데 그들의 이마에는 어린 양의 이름과 그 아버지의 이름을 쓴 것이 있더라"(14:1).

"그들이 보좌 앞과 네 생물과 장로들 앞에서 새 노래를 부르니 땅에서 속량함을 받은 십사만 사천 밖에는 능히 이 노래를 배울 자가 없더라"(14:3).

구원받은 하나님의 백성들은 바다나 음부가 아닌, 시온 산, 곧 하나님과 어린 양의 보좌 앞에 함께 있습니다. 시온 산은 단지 예루살렘의 물리적 지형이 아니라 하늘의 보좌를 중심으로 한 통치의 장소입니다. 그들은 땅에서 속량함을 받은 자들로서 이미 보좌 앞에서 새 노래를 부르는 구원받은 존재들입니다. 새 노래란, 새 생명을 얻은 자들만이 부를 수 있는 구원의 찬송이라고 설명한 바 있습니다. 그러므로 바다, 사망, 음부로부터 나와 심판을 받는 자들과는 전혀 다른 위치에 있는 사람들이 바로 그리스도인입니다.

요약하자면, 백보좌 심판은 그리스도 밖에 있는 죽은 자들, 곧 바다와 사망과 음부 속에 있던 자들에 대한 심판이며, 하나님의 백성은 이미 보좌 앞에 위치한 존재로서 심판의 대상이 아니라는 것입니다.

셋째, 성도는 심판을 받는 자가 아니라, 심판에 참여하는 자

많은 분들이 '백보좌 심판'하면 하나님 한 분께서 단독으로 심판하시는 장면을 떠올립니다. 그러나 요한계시록을 자세히 살펴보면 하나님과 어린 양만이 심판하시는 것이 아님을 알 수 있습니다. 계시록 20장 4절은 이렇게 증언합니다.

"또 내가 보좌들을 보니 거기에 앉은 자들이 있어 심판하는 권세를 받았더라"(20:4).

'보좌들'이라는 복수형 표현과 함께 여러 명이 보좌에 앉아 있다는 사실이 언급됩니다. 그리고 그들은 심판의 대상자가 아니라 '심판하는 권세를 받았다'고 분명히 말합니다. 이는 성도에게 독립적인 심판권이 주어진다는 것이 아니라 어린양의 권세에 연합해 참여한다는 의미입니다. 이처럼 성경은 성도들에게 심판의 권세가 위임됐다는 것을 가리킵니다.

이 구절 앞뒤 문맥을 보면 예수 그리스도의 증거로 인해 목 베임을 당한 자들, 곧 우상에게 경배하지 않고 짐승의 표를 받지 않은 자들이 이 보좌에 함께 앉아 있다는 사실이 명시됩니다(20:4 하).

이 말씀은 순교자들에게만 국한한 것이 아니라 믿음을 지키며 끝까지 충성한 모든 하나님의 백성들에게 주어진 약속으로 확장해서 이해할 수 있습니다. 성도들은 왕처럼 그리스도와 함께 통치하며, 또한 심판하는 권세에도 참여하게 되는 것입니다.

사도 요한뿐만 아니라 바울 사도 역시 고린도전서 6장 2절에서 이렇게 말합니다.

"성도가 세상을 판단할 것을 너희가 알지 못하느냐"(고전 6:2).

하나님의 백성들은 오히려 세상을 판단하는 자로 부름 받았다는 사실을 사도 바울도 증언하고 있는 것입니다. 결론적으로, 백보좌 심판은 성도들이 심판받는 장소가 아니라 오히려 심판에 동참하는 권세를 받은 자들로서의 위치를 확인하는 자리입니다. 그리스도 안에 있는 자들은 '심판의 대상'이 아니라 왕 같은 제사장으로서 하나님의 심판에 동참하는 자들입니다.

넷째, 행위 심판은 생명책에 기록되지 못한 자들을 향한 심판

요한계시록 20장 후반부에는 백보좌 심판의 핵심 내용이 등장합니다. 그 장면에서 죽은 자들이 자기의 행위대로 심판을 받는다고 기록되어 있습니다.

계시록 20장 13절-15절에서 분명하게 말씀하는 것은 '생명책에 기록되지 못한 자들'이 행위대로 심판을 받고 불못에 던져진다는 점입니다. 즉, 행위 심판은 문자 그대로 모든 인류에게 주어지는 일반적 심판이 아니라 생명책에서 이름이 발견되지 않은 자들에게 임하는 둘째 사망의 심판입니다. 그렇다면 성도들도 이 행위 심판의 대상이 될까요? 그렇지 않습니다. 계시록은 성도들을 '첫째 부활에 참여한 자들'로 분명히 구분하며 그들에게는 둘째 사망의 권세가 없다고 선언합니다.

"이 첫째 부활에 참여하는 자들은 복이 있고 거룩하도다 둘째 사망이 그들을 다스리는 권세가 없고 도리어 그들이 하나님과 그리스도의 제사장이 되어 천 년 동안 그리스도와 더불어 왕 노릇 하리라"(20:6).

여기서 말하는 '첫째 부활'은 그리스도를 믿고 죽은 자들 또는 그리스도를 믿는 순간부터 이미 새로운 생명에 참여한 자들을 가리킵니다. 이들은 '죽은 자'가 아니라 '살아 있는 자'이며 이미 그리스도 안에서 생명을 얻은 자들입니다.

그러므로 백보좌 심판대 앞에서 심판을 받는 자들은 그리스도인이 아니라 생명책에 이름이 기록되지 않은 자들, 구원의 은혜를 거부한 자들입니다. 결국, 백보좌 심판은 둘째 사망에 처할 자들에 대한 마지막 심판이며, 첫째 부활에 참여한 성도들은 이 심판의 대상이 아닙니다.

다섯째, 생명책의 소유주는 오직 '죽임을 당한 어린 양'

요한계시록에서 반복해서 등장하는 생명책은 단순한 이름 목록 이상의 의미를 지닙니다. 이 책은 심판의 기준이자 구원의 확증이며 그 소유주는 오직 예수 그리스도, 곧 죽임을 당하신 어린 양입니다.

계시록 13장 8절은 이 생명책의 정체를 분명히 밝히고 있습니다.

"죽임을 당한 어린 양의 생명책에 창세 이후로 이름이 기록되지 못하고 이 땅에 사는 자들은 다 그 짐승에게 경배하리라"(13:8).

왜 굳이 "죽임을 당한 어린 양"이라는 표현을 생명책에 덧붙였을까요? 바로 구원의 주체가 희생당한 예수 그리스도이시며 생명책에 이름이 기록되는 기준 또한 그분의 피로 우리를 사신 은혜 때문이라는 점을 강조하기 위함입니다. 실제로 계시록 5장 9절은 이렇게 증언합니다.

"그들이 새 노래를 불러 이르되 두루마리를 가지시고 그 인봉을 떼기에 합당하시도다 일찍이 죽임을 당하사 각 족속과 방언과 백성과 나라 가운데서 사람들을 피로 사서 하나님께 드리시고"(5:9).

예수님은 자신의 피로 사람들을 하나님께 드리셨습니다. 이것은 죄를 씻어주는 행위 그 이상입니다. 소유의 이전, 즉 하나님의 백성으로 완전히 소속이 바뀌는 구속 사건입니다. 그래서 생명책은 우리의 공로나 행위로 이름을 쓰는 것이 아니라 어린 양이 피로 값을 지불하고 사신 자들만이 기록되는 책입니다. 그렇기에 어떤 이들이 주장하는 "그리스도인도 행위 심판을 받는다"는 해석은 생명책의 본질과 어긋납니다. 만약 인간 개인의 행위가 최종 심판의 기준이라면 생명책은 "내 행위의 책"이어야 합니다. 그러나 생명책은 전적으로 "어린 양의 것"입니다. 그분이 우리의 구원의 보증이요, 심판에서 면책되는 근거입니다(1:5; 요 1:12, 5:24).

이 구절들은 성도들이 예수 그리스도를 믿는 그 순간 사망에서 생명으로 옮겨졌으며, 더 이상 심판의 대상이 아님을 확증해 줍니다. 사망, 음부, 바다에서 올라온 자들이 백보좌 심판대 앞에 서지만 그리스도인은 이미 어린 양의 생명책에 기록된 존재로서 심판이 아니라 구원의 자리에 앉아 새 노래를 부르는 자들입니다(14:1, 3).

그러므로 그리스도인들에게 백보좌 심판은 공포의 자리가 아닙니다. 오히려 그리스도의 십자가와 피로 말미암아 이루어진 구속의 완성을 재확인하는 자리입니다. 하나님의 자녀들은 그곳에서 두려움이 아니라 영원한 생명의 확신을 누릴 수 있는 이유가 바로 여기에 있습니다.

나가는 글

요한계시록을 펼치면 마음이 무거워집니다. 전쟁, 전염병, 붉은 말과 검은 말, 재앙과 심판, 심지어 머리 크기만한 우박까지 등장합니다. 여기에 최후의 백보좌 심판이 행위 심판으로 묘사되면서 많은 이들이 "나는 죄가 많은데 과연 이 심판을 통과할 수 있을까?"라는 두려움에 사로잡히게 됩니다.

하지만 계시록 19장과 20장을 주의 깊게 들여다보면 그 중심에는 공포가 아니라 위로와 소망의 메시지가 자리하고 있음을 발견하게 됩니다. 세상을 심판의 불로 끝장내려는 하나님의 분노가 아니라 악의 세력을 종결하고 하나님의 백성을 영원한 생명으로 이끄시는 구속사의 완성을 향한 하나님의 열심을 확인하게 되기 때문입니다. 우리가 함께 나눈 백보좌 심판에 대한 관점은 이 복음의 핵심을 분명히 드러냅니다.

백보좌 심판은 죽은 자들을 대상으로 한 심판입니다. 여기서 '죽은 자들'은 단순히 육체적으로 죽은 사람들만을 의미하지 않습니다. 주 안에서 죽은 자들은 '복되다'(14:13)고 불리며 심판 대상이 아니라 구원받을 자들임을 보여줍니다. 백보좌 심판의 대상은 첫째 부활에 참여하지 못한 자들입니다.

둘째, 죽은 자들은 하늘에서 나오지 않습니다. 계시록은 이들이 바다, 사망, 음부로부터 나온다고 설명합니다(20:13). 반면 구원받은 자들은 시온산, 하나님의 보좌 앞에 서서 새 노래를 부르는 자들입니다(14:1, 3). 그들의 위치부터 완전히 다릅니다.

셋째, 하나님의 백성은 심판을 받는 자가 아니라, 심판하는 권세를 받은 자들입니다. 계시록 20장 4절은 "보좌에 앉은 자들이 있어 심판하는 권세를 받았더라"고 말씀합니다. 이들은 짐승에게 경배하지 않고 목베임을 당한 순교자들이며 오늘날로 적용하면 그리스도게 속한 하나님의 백성 공동체입니다.

넷째, 행위 심판은 생명책에 기록되지 못한 자들에게만 해당됩니다. 하지만 성도는 첫째 부활에 참여한 자로서 둘째 사망이 권세를 행사하지 못합니다(20:6). 그러므로 그리스도인은 이 심판에서 면책된 자들입니다.

다섯째, 생명책의 소유주는 '죽임을 당한 어린 양'이십니다. 생명책은 '내 행위의 책'이 아니라, '어린 양의 피로 값 주고 사신 자들의 책'입니다(13:8, 5:9). 성도는 자신의 행위로 심판을 면하는 것이 아니라 오직 그리스도의 보혈로 죄에서 해방된 의인으로 보좌 앞으로 나아가게 된 존재입니다. 따라서 백보좌 심판은 하나님이 최종적으로 악을 제거하시고 하나님의 백성에게는 구원의 완성을 재확인해 주시는 자리입니다. 어린 양의 보혈로 구속받은 우리는 그 심판 앞에서도 두려움 대신 할렐루야를 외칠 수 있는 자격을 얻은 사람들입니다.

이처럼 요한계시록은 지구 멸망의 시나리오가 아니라 하늘 시민권자의 구원 이야기입니다. 짐승과 거짓 선지자, 사탄의 권세가 영원히 불못에 던져지고, 성도는 새 하늘과 새 땅에 들어가는 장면은 가슴 벅찬 희망을 안겨 줍니다. 예수 그리스도는 영원히 승리하시고 짐승과 사탄은 결국 세세토록 멸망당할 것입니다. 일곱 머리 열 뿔 달린 무시무시한 권세를 가진 그 짐승이 아주 연약하고 힘없어 보이는 어린 양에게 패배하는 반전의 스토리, 역설의 묵시문학이 요한계시록입니다. 요한계시록이 성도들의 가슴에 구원에 대한 기쁨과 감

격과 기대뿐만 아니라 실제로 반전 스토리를 쓰게 하는 소망의 책
이 되기를 바랍니다.

22. 성전되시는 주 하나님과 어린 양(21장)

들어가는 말

부부의 날이 언제인지 아십니까? 가정의 달이 5월이죠. 둘(2)이 하나(1)된 날이라고 해서 5월 21일이 부부의 날입니다. 계시록 21장을 그렇게 기억하면 좋겠습니다. 21장은 둘(2)이 하나(1)되는 장입니다. 어린 양과 그 신부가 하나되고, 하나님과 그 백성이 하나되는 장입니다. 지금까지의 흐름을 잠깐 살펴보겠습니다. 짐승의 세력을 상징하는 큰 음녀의 도성 바벨론이 하나님과 어린 양에게 마지막까지 대적하며 저항하다가 결국 멸망당합니다(14:8, 16:19-20, 18:2).

순서상 큰 성 바벨론이 멸망하면 무엇이 등장해야 맞을까요? 그렇습니다. 18장 이후 19장의 '할렐루야' 찬양과 20장의 천년왕국을 거쳐 새 하늘 새 땅, 즉 신천신지가 펼쳐져야 맞는 겁니다. 하나님의 거룩한 성 새 예루살렘이 하늘에서 내려오는 것이 21장입니다. 이제 어디에도 하나님의 백성을 위협하는 세력을 찾아볼 수가 없는 상태가 됐기 때문입니다. 이 평온함 가운데 새 하늘 새 땅에서 하나님과 그 백성의 참된 연합의 아름다움이 묘사됩니다. 이곳에서 가장 중요한 것은 무엇일지 살펴보겠습니다.

첫째, 새 하늘 새 땅의 주인이자 근원은 하나님이십니다

요한계시록 21장 1절에서 사도 요한은 "새 하늘과 새 땅"을 보았다고 기록합니다.

"또 내가 새 하늘과 새 땅을 보니 처음 하늘과 처음 땅이 없어졌고 바다도 다시 있지 않더라"(21:1).

특히, "바다도 다시 있지 않더라"고 콕 짚어서 표현한 이유는 고대인들에게 바다는 혼돈과 악의 상징이었기 때문입니다. 바다가 다시 있지 않다는 것은 더 이상 악의 근원이 존재하지 않음을, 더 이상 새 하늘 새 땅에서 우리를 유혹할 위협적인 존재는 다시 찾아 볼 수 없다는 것을 의미합니다. 그런 상태에서 거룩한 성 새 예루살렘이 하나님께로부터 하늘에서 내려옵니다.

"또 내가 보매 거룩한 성 새 예루살렘이 하나님께로부터 하늘에서 내려오니"(21:2 상).

거룩한 성 새 예루살렘은 새 하늘 새 땅으로 만물이 새로워진 이후에 거룩하신 하나님, 영존하시는 아버지, 시작도 끝도 없는 그분으로부터 근원합니다. 인간 세상의 대형 건축물과 비교해 보면 하늘에서 내려오는 새 예루살렘이 얼마나 은혜스러운 것인지 실감할 수 있습니다.

인간들이 세운 대형 건축물은 모두 사람들의 피와 땀과 눈물로 만들어졌습니다. 이집트의 바로는 국고성 라암셋이란 거대 건축물을 짓기 위해 히브리 민족을 노예로 삼아 막대한 노동력을 착취했습니다. 이는 결국 출애굽 사건과 연결되면서 결국 하나님의 처절한 심판을 받는 상징이 되었습니다(출 1:11). 이뿐이 아닙니다. 루이 14세는 자신의 왕권을 강화하기 위해 1661년에 시작하여 약 30년에 걸쳐 베르사이유 궁전 공사를 진행했습니다. 이를 위해 막대한 세금을 부과하고 농민들을 착취해 경제를 피폐하게 만들다가 결국 프랑스 혁명의 불씨가 되었습니다. 흥선 대원군의 경복궁도 과도한 세금을 안기며 민심의 반발을 샀고 대원군의 몰락으로 이어집니다.

인류 역사 속에 나타난 대형 건축물은 인간 왕이나 권력자가 자신의 영광과 권위를 과시하기 위해 백성들의 등골을 휘게 만들고 피눈물을 짜낸 기록입니다. 그러나 거룩한 성 새 예루살렘은 인간의 노력으로 이루어진 것이 아니라 하나님께서 직접 준비하시고 이 땅에 선물처럼 내려주십니다(21:2). 하나님의 거룩한 성 새 예루살렘은 인간 누군가를 통해서 이 땅에 내려오는 게 아님을 알 수 있습니다.

특정 대상을 통해 임하는 것도 아닙니다. 직접 하나님으로부터 유래합니다. 그리고 "그 준비한 것이 신부가 남편을 위하여 단장한 것 같더라"(21:2 하)라고 합니다.

준비도 누가 해주셨다고 합니까? 새 예루살렘이 하나님의 은혜로 준비되고 완전하게 아름다움을 갖췄다는 겁니다. 이는 성도들이 그리스도의 희생과 하나님의 은혜로 거룩하고 영광스럽게 된 상태를 비유적으로 설명한 것입니다. 그런데 단장의 주체는 성도가 아니라 하나님입니다. 새 예루살렘은 성도들이 만든 것이 아니라, 하나님께서 준비하시고 내려주신 것입니다(21:2).

그런데도 신부단장 세미나를 하는 곳이 있는데 우리가 거룩하고 경건하게 살고 성령님의 인도를 받아서 살자는 선한 의도로 하겠지요. 그러나 요한계시록 21장에서는 새 예루살렘을 신부처럼 누가 단장을 해주셨다구요. 네, 하나님께서 단장해서 내려주시는 것입니다. 이것은 우리의 미래가 우리의 주도가 아니라 하나님의 주도 아래 완벽하고 아름답게 펼쳐질 것이라는 희망을 보여줍니다.

둘째, 하나님은 당신의 백성을 가장 중요하게 여기십니다

새 하늘 새 땅이 펼쳐집니다. 거룩한 성 새예루살렘이 보입니다. 그곳을 구체적으로 묘사하는 내용이 18절에도 나옵니다. 우리가 생각하는 가장 고귀하고 가치있는 보석들이 언급됩니다. 정금, 맑은 유리, 벽옥, 남보석, 녹보석, 옥수, 홍마노, 홍보석, 황옥, 녹옥, 담황옥, 비취옥, 청옥, 자수정입니다. 문도 진주, 길도 유리같은 정금입니다. 세상에 가장 가치있고 값진 것들이 새 예루살렘 성을 뒤덮고 있습니다. 그런데 이 새 하늘 새 땅에서, 거룩한 성 새 예루살렘에서 가장 가치있고 의미있는 것은 무엇일까요?

사실 계시록 21장은 거룩한 성 새 예루살렘을 묘사할 때 고귀한 보석부터 시작한 게 아닙니다. 새 하늘 새 땅은 마치 신부가 남편을 위해 단장한 것같이 아름답다(2)고 한 다음 하나님이 그들과 함께 계시고 그들은 하나님의 백성이 된다고 말씀합니다. 하나님이 친히 그들과 함께 계신다(3)는 설명이 먼저입니다. 그러나 사람들은 대다수가 성의 외관을 보배롭게 감싸는 황홀한 보석을 기억합니다. 우리가 설령 성의 황홀한 외관을 인상적으로 기억하셔도 그러나 하나님께서 가장 중요하게 보시는 것은 당신의 백성입니다. 그리고 백성의 모든 눈에서 흐르는 눈물입니다. 그 백성이 흘리는 눈물을 씻어주시는 위로와 격려입니다(21:4). 그분이 '친히' 그들과 함께하심입니다. 이것이 새 하늘 새 땅의 가장 소중한 가치입니다.

새 하늘 새 땅의 가장 귀한 가치는 금은보석으로 치장하고 소유하는 것도, 내가 왕이 돼서 군림하고 떵떵거리고 사람들을 종처럼 부리는 데도 있지 않습니다. 하나님께서 당신의 백성을 사랑하시고 그분이 친히 백성들과 함께 하신다가 핵심입니다. 그래서 우리는 새 하늘 새 땅에 들어가는 열쇠가 되는 삼위 하나님 외에 다른 구원자를 찾고 만날 하등의 이유가 없습니다. 이미 주 하나님과 어린 양이 새 하늘 새 땅의 주인이시고 그분이 친히 우리와 함께하시겠다고 약속하셨으니 그분을 직접 만나십시오. 이것이 새 하늘 새 땅의 본질입니다. 사실 금은보화는 교환가치 때문에 값진 겁니다. 그러나 새 하늘 새 땅에선 매매와 교환을 할 이유가 없으니 온갖 금은보화는 새 예루살렘의 고귀함을 표현하기 위해 동원한 상징이지 실제로 천국이 금은보화로 덮여 있다고 착각하시면 안됩니다. 그것은 이 땅에서나 귀한 것입니다.

그곳에서 그분은 우리가 남몰래 흘렸던 눈물, 가슴 졸이며 베갯머리를 적셨던 그 흐르는 눈물, 불면의 밤을 보내며 숨죽이며 흘렸던 그 모든 눈물을 닦아 주신다고 약속하십니다.

베갯머리 맡에 눈물을 흘린 적이 있습니까? 저는 늦은 나이에 결혼했습니다. 제가 결혼할 때만 해도 38살은 매우 부담스런 나이였습니다. 결혼에 골인하기까지 얼마나 서러움이 많았겠습니까? 한 여성을 만났는데 너무나 마음에 드는 겁니다. 그런데 그 여성과 잘 안되는 분위기가 되니 가슴이 아픈 겁니다. '그래 당신도 내 곁을 떠나겠구나.' 밤에 그런 생각을 하면서 누워 있는데 정말 뜨거운 눈물이 또르르 흘러 베갯머리를 적셨습니다. 물론 그 여성과 결혼에 골인했습니다. 할렐루야.

그런 아픔들, 남들은 모르는, 나만이 알고 있는 고통의 눈물, 서러움의 눈물, 답답함의 눈물, 하나님께서 친히 찾아주셔서 그 백성의 눈에서 눈물을 씻어 주시는 것이 새 하늘 새 땅의 본질입니다.

셋째, 하나님은 어린 양의 생명책에 기록된 자만 받으십니다

새 하늘 새 땅에 임한 거룩한 성 새 예루살렘의 특징을 한번 볼까요? 새 예루살렘 성은 '가로, 세로, 높이가 만 이천 스다디온'으로 동일한 정방형입니다(21:16). 선민을 뜻할 때 많이 사용하는 12에 1천을 곱한 숫자를 쓴 겁니다. 이는 단순히 건축물의 크기를 넘어 상징적 의미를 가집니다. 왜냐하면 그 규모는 도저히 상상할 수조차 없는 우주적 규모이기 때문입니다. 스다디온은 스타디움의 어원이 되는 용어로 거대한 치수를 나타냅니다. 1스다디온은 대략 190m입니다. 그러니까 만 이천 스다디온이면 약 2,280km입니다. 서울과 부산을 3번 왕복할 정도의 거리이고 대륙으로 건너갈 경우 몽골의 올란바토르까지의 거리입니다. 가로 세로는 그렇다치고 높이가 2,280km면 에베레스트 산의 257배 되는 높이에요. 성의 두께인 성곽은 144규빗(약 64m, 12와 12를 곱한 수입니다)으로 어떤 침략이나 파괴도 불가능한 난공불락의 성을 의미합니다. 이는 새 예루살렘성이 성도들에게 영원히 안전하고 보호를 보장하는 장소임을 상징합니다. 세상의 어떤 위협도 이곳에서는 존재할 수 없습니다. 숫자 자체도 영적 의미를 담았습니다.

또한 성곽은 벽옥으로, 성은 정금으로 만들어졌으며, 12 기초석은 각종 보석으로 장식되었습니다. 12개의 문은 12개의 진주로 이루어졌고 길은 순금으로 되어 있습니다. 너무도 화려하고 찬란하다는 것을 보여 줍니다. 이곳에 들어갈 수 있는 것과 없는 게 있네요.

성경에서는 속된 것, 가증한 것, 거짓말하는 자는 결코 그리로 들어 가지 못한다고 합니다(21:27). 이를 한마디로 둘째 사망에 들어갈 자들(21:8)이라고 표현합니다.

그렇다면 들어갈 수 있는 존재는 거룩한 것, 사랑스러운 것, 진실한 자들이라고 기록돼 있어야 마땅합니다. 그런데 새 하늘 새 땅에 들어가는 조건은 단 하나로 압축합니다. "오직! 어린 양의 생명책에 기록된 자들만 들어가리라"(27). 누구의 생명책입니까? 어린 양이 함께한다는 사람이 스스로 만든 책입니까? 아닙니다. 어린 양이 인정한 자가 만들어 놓은 생명책입니까? 아닙니다. 어린 양이 영으로 임재한 자가 자기 사람들을 관리하는 생명책입니까? 그것도 아닙니다. 정확하게 봐야 합니다. '어린 양의 생명책'입니다.

어린 양의 생명책이라고 소유주를 분명히 말씀했는데도 불구하고 이 책을 자신의 소유로 삼아 보려고 시도한 사람들이 역사속에서 무수히 많이 나왔습니다. 이들의 특기는 자신들의 회원 명부를 생명책이라고 하는 것이었습니다. 그런데 자신의 단체의 명부를 생명책이라고 했던 자들은 지금 거의 모두가 무덤에 가 있습니다. 자신의 생명도 어쩌지 못하는 자가 무슨 생명책의 소유자가 되겠습니까. 그러나 생명책은 크고 흰 보좌와 그 위에 앉으신 이의 앞에 펴져 있는 것입니다(20:11, 12). 어떤 개인이나 단체가 함부로 만들어서 사용할 수 있는 게 아닙니다. 계시록은 끊임없이 그 생명책의 소유주를 '어린 양'이라고 합니다. 우리를 대신해서 희생하신 분을 재림의 그날까지 잊지 말라는 것입니다. 이 신앙을 붙드는 분들이 참된 재림 신앙을 가진 분들이고 이 신앙을 가져야 재림을 공포와 두려움으로 왜곡하지 않습니다. 그분이 다시 오십니다. 그런데 그분은 성도들에게는 '어린 양'으로 오십니다!

나가는 글

수많은 사람들이 패거리처럼 몰려 다닙니다. '라인', '계파'라는 말도 많이 나옵니다. 연예인들은 '유재석 라인', '이경규 사단'이라고 사람들을 분류하기도 합니다. 정치에서도 계파가 있습니다. 과거 정치계에 3김 시대가 있었습니다. 그래서 김대중 라인을 동교동계, 김영삼 라인을 상도동계로 부르기도 했습니다. 그 라인을 잘 타면 빨리 출세하고, 라인을 잘못 탔다가 썩은 동아줄을 잡고 나락으로 떨어지는 경우도 있습니다. 여러분은 누구의 계파입니까? 혹시 사회생활하면서 라인을 잘못 타서 후회한 적은 없습니까? 아니면 혹시 라인을 잘 타서 줄을 잘 서서 승승장구하고 계시다고 생각하십니까? 이 계파를 잘 타려면 때마다 시마다 챙겨야 하고 눈치껏 로비도 해야 합니다. 이쪽에 갖다 바친 게 소문이 퍼져서 저쪽 계파가 알게 되면 시기와 질투를 사니, 양쪽에 균형있게 잘 갖다 바쳐야 합니다. 그걸 못하면 안하니만 못할 때도 있습니다.

다행히도 거룩한 성 새 예루살렘의 '라인'은 조직에 있지 않습니다. 패거리에 있지 않습니다. 계파를 잘 타야 얻을 수 있는 것도 아닙니다. 이 시대의 구원자나 이긴 자를 만나야 얻을 수 있는 세계도 아닙니다. 눈에 보이지 않지만 우리의 마음을 감찰하시는 참 하나님, 영이신 하나님, 오직 그분께 거룩한 성 새 예루살렘의 키가 있습니다. 정말 새 하늘 새 땅에 들어가고 싶다면 우리는 영이신 하나님 라인을 타야지 엉뚱한 걸 타면 안됩니다. 이는 정말 다행입니다. 그분은 변함이 없기 때문입니다. 우리는 21장을 통해 하나님이 어떤 분인지 재발견하게 됩니다.

첫째로, 새 예루살렘은 하나님이 친히 준비하시고 하늘에서 내려주시는 선물입니다. 사람의 피와 땀과 눈물로 지어진 대형 건축물이 아니라, 시작도 끝도 없으신 하나님께서 거룩하게 단장하셔서 내리시는 은혜의 공간입니다(21:1-2). 우리가 준비하는 것이 아니라 하나님께서 준비하신 것입니다.

둘째로, 그분이 가장 소중히 여기는 것은 황금도 보석도 아닙니다. 새 예루살렘은 정금과 보석으로 꾸며져 있지만 그보다 더 귀한 것은 하나님의 백성 그 자체입니다. 하나님은 친히 그들과 함께 거하시며(21:3), 그 눈에서 흐르는 눈물을 닦아주시겠다고 약속하십니다(21:4). 그분의 사랑은 사람에게 집중되어 있습니다.

셋째로, 이 거룩한 성에 들어갈 수 있는 조건은 단 하나입니다. 바로 '어린 양의 생명책에 기록된 자'입니다(21:27). 이 생명책은 사람이 소유한 인명록이 아닙니다. 특정 단체가 만든 회원 명부도 아닙니다. 죽임을 당하신 어린 양의 피로 값 주고 사신 하나님의 소유가 된 존재들만 들어 있습니다(5:9, 13:8). 아무리 외형이 거룩하고 말이 위대해 보여도, 그 책에 이름이 없다면 결코 그 성에 들어갈 수 없습니다. 우리는 이 말씀을 통해 변함없으신 하나님을 발견하게 됩니다.

반면 인간 사회는 너무도 빨리 변하고 있습니다. 그 진보를 따라가지 못하면 우리는 변화에 적응하지 못할까 두려워합니다. 그러나 거룩한 성 새 예루살렘은 2천년 전에 나귀를 타고 예수님이 오셨던 시대나, 로켓을 타고 우주 여행을 하는 이 시대나 주인이 단 한번도 바뀐 적이 없습니다. 따라서 그 문을 여는 열쇠도 다른 사람에게 주어진 바가 없습니다. 그래서 하나님을 참되게 믿는 신앙에는 참 평안이 자리하는 것입니다.

우리 모두는 미래에 대한 불안이 있습니다. 미래는 알지 못해서 불안합니다. 그리고 예측하지 못해서 두렵습니다. 그러나 성도들에게는 정확하고 분명한 게 하나 있습니다. 하나님은 새 하늘 새 땅의 주인이십니다. 그분이 우리를 저주하고 징계하기 위해서가 아니라 그동안 남 몰래 흘렸던 눈물을 닦아 주고 위로하기 위해 기다리고 계십니다. 변덕 많은 인생이 아닌, 태초부터 지금까지 변함없는 그분이 거룩한 성 새 예루살렘의 주인입니다. 그분이 어린 양의 생명책에 기록된 자들을 위해 거룩한 성을 준비해 놓고 기다리고 계십니다. 할렐루야.

23. 계시록의 결론, 예수 그리스도(22장)

여는 글

저는 요한계시록 22장 16절이 책 전체를 여는 열쇠와 같은 문장이라고 생각합니다. 왜냐하면 요한계시록의 성격과 목적을 잘 요약하기 때문입니다.

"나 예수는 교회들을 위하여 내 사자를 보내어 이것들을 너희에게 증언하게 하였노라 나는 다윗의 뿌리요 자손이니 곧 광명한 새벽별이라 하시더라."

많은 사람들이 요한계시록을 세상 역사의 미래를 예언한 책이라 생각합니다. 그러나 본 구절은 이 책이 인류사의 비밀이 아니라 '나 예수'의 계시임을 분명히 밝힙니다. 마치 1:1을 반복하는 거 같지 않습니까?

"예수 그리스도의 계시라 이는 하나님이 그에게 주사 반드시 속히 일어
날 일들을 그 종들에게 보이시려고 그의 천사를 그 종 요한에게 보내
어 알게 하신 것이라."

서론과 결론에서 동일한 이야기를 합니다. 오직 예수 그리스도 한
분이 계시의 주체입니다. 그분은 도대체 무엇을 계시하셨을까요?
요한계시록은 예수 그리스도 자신을 드러냅니다. 요한계시록은 '예
수 그리스도에 관해, 예수 그리스도에 대해' 계시합니다. 아시아의
일곱 교회를 붙드시고 그들 가운데 거니시는 주님(1-3장)으로 시작
하여 하늘 보좌에서 하나님과 함께 영광을 받으시는 어린양(4-5장)
으로 계시됩니다. 이어지는 인·나팔·대접 심판의 시작과 마침이요,
심판의 기준이 되시는 분으로 나타나십니다(6, 8, 9, 16장). 또한 구
원받은 하나님의 백성, 14만 4천을 구별하시는 분이시며(7, 14장),
온 세상의 왕이자 두 증인의 증거의 대상이 되십니다(10-11장). 붉
은 용과 큰 음녀, 큰 성 바벨론을 무너뜨리는 만왕의 왕, 만주의 주
이시며(12-19장), 마침내 새 하늘과 새 땅에서 영원한 생명을 성도
들에게 안겨 주시고 그 백성의 눈에서 눈물을 씻어주시고 영원한 안
식을 보장하는 주님으로 계시합니다(20-22장). 이 계시를 누구에게
주고 있습니까? 교회를 위해 주고 계십니다(22:16).

다시 정리하지만 요한계시록은 세상에 대한 예언서가 아니라 교
회를 향한 주님의 위로와 경고와 소망의 말씀을 담고 있습니다. 핍

박 속에서도 끝까지 그리스도를 붙드는 성도들은 새 하늘 새 땅의 영광이 주어질 것이지만 믿음을 버리고 배교하며 우상숭배를 하고 짐승의 표를 받는 자들은 인·나팔·대접 심판에 직면할 것임을 경고하십니다. 그래서 요한계시록을 바르게 파악한 분은 피안의 세계로 탈출하려는 것이 아니라 내 삶의 자리에서 지금 무릎 꿇고 경배하며 나아갑니다.

계시록의 마지막 장에서 교회들을 향해 주신 예수님의 계시, 조금 더 자세히 들여다 보겠습니다.

첫째, 거룩한 성 새예루살렘에서 보는 생명수와 생명나무

21장에서 우리는 하나님으로부터 내려오는 거룩한 성 새예루살렘의 장엄한 모습을 보았습니다. 그리고 22장에 이르면 그 성의 중심부에 선 하나님과 어린양의 보좌를 보게 됩니다. 성 한가운데 있는 그 보좌로부터 수정같이 맑은 생명수의 강이 흘러나옵니다. 그 강 좌우에는 생명나무가 있어 12가지 열매를 달마다(12개월) 맺습니다(1-2절). 12(가지 열매)와 12(개월)라는 상징 수의 반복은, 완전함과 충만함이 끊임없이 이어져 영원함을 나타냅니다. 태초에 아담과 하와를 유혹하던 선악과는 없고 이제 만국을 치료하는 생명나무의 열매와 잎사귀가 존재합니다(22:2). 이 장면에서 자연스레 창세기 3장이 떠오릅니다. 아담과 하와가 선악과를 따먹은 뒤 하나님께서 말씀하셨습니다.

"이 사람이 선악을 아는 일에 우리 중 하나 같이 되었으니 그가 그의 손을 들어 생명나무 열매도 따먹고 영생할까 하노라"(창 3:22).

그리고 하나님은 그룹들과 두루 도는 불 칼로 생명나무의 길을 지키게 하셨습니다(창 3:24). 타락 이후 인류는 결코 생명나무에 다가갈 수 없었습니다. 그러나 요한계시록 22장은 이 금지령이 완전히 철회된 순간을 보여줍니다. 막혔던 길이 열리고 구속받은 백성은 생명나무를 먹으며 영원히 살게 됩니다. 유혹하던 마귀와 짐승과 거짓 선지자는 이미 불과 유황 못에 던져졌기에(20:10), 타락과 배교의 가능성 자체가 사라집니다. 그래서 더 이상 저주가 없습니다(22:3).

태초의 아담과 하와는 범죄 후 하나님의 낯을 피해 숨었고(창 3:8-9), 심판의 마지막 날에 땅의 사람들은 보좌에 앉으신 이의 낯을 피하려 합니다(6:15). 그러나 새예루살렘에서는 그 반대의 광경이 펼쳐집니다. 성도는 어린 양의 얼굴을 마주합니다. 그 이마에는 하나님의 소유임을 증명하는 이름이 새겨져 있습니다(22:4). 이것이 재림의 가장 큰 영광이자 절대적 행복의 상태입니다.

사람들은 궁금해 합니다. 그리스도께서 재림하시면 어떤 일이 일어날까. 자본주의에 익숙한 우리들은 '재림'이라는 단어를 들어도 '내게 어떤 유익이 있을까', '내게 어떤 도움이 될까', '내가 누리던 문화는 존속할까'라는 가치의 측면으로 생각합니다. 그러나 성경은 말합니다. 재림의 최종적 결과는 '하나님과의 완전한 신뢰 회복'입니다. 닫혔던 생명나무의 길이 열립니다. 아담의 불순종으로 깨졌던 하나님과의 언약과 신뢰가 완전히 회복됩니다. 21장에서도 하나님은 "그들과 함께 계시리니 그들은 하나님의 백성이 되고 하나님은 친히 그들과 함께 계신다"(21:3)고 선포하셨습니다. 하나님과의 완전한 관계 회복, 이것이 그리스도의 재림이 가져오는 최고이자 최상의 행복입니다. 태초에 아담의 죄로 비틀어졌던 창조 세계가 그리스도의 의로 말미암아 완전히 회복되는 것, 그것이 재림이 가져다주는 참 은혜입니다.

둘째, 두루마리와 두루마기, 그리고 복 있는 자

성경의 마지막 장에서 다시 한번 '복'을 말씀합니다. 그래서 우리는 요한계시록을 읽으며 행복을 생각하지 않으면 안됩니다. 덴버신학교의 정승욱 교수님이 쓴 책 중 『밝고 행복한 종말론』이 있습니다. 정말 그리스도인의 종말론을 잘 보여주는 제목이란 생각이 듭니다. 성경의 종말론은 세속적인 종말론과 다릅니다. 세속의 종말론은 음울하고 어둡습니다. 그러나 성경의 종말론이 밝고 행복한 이유는 종말과 재림이 성도들을 심판하기 위한 것이 아니라 구원을 완성하기 위한 것이기 때문입니다. 성도의 종말은 그리스도께서 주신 소망으로 '행복', '지복', '환희'가 넘칩니다. 그렇다면 요한계시록의 마지막 장에서 누가 복이 있다고 할까요?

먼저, 두루마리의 예언의 말씀을 지키는 자가 복이 있다고 합니다(7절). 요한계시록 1:3에서도 "이 예언의 말씀을 읽는 자와 듣는 자와 그 가운데 기록한 것을 지키는 자는 복이 있나니"라고 했습니다. 서론와 결론에서 또다시 동일한 말씀을 하는 겁니다. 이렇게 반복하시는 이유는 이것이 요한계시록 전체의 핵심이기 때문입니다. 여기서 '지키다'(τηρῶν, 테론)는 붙잡고 유지하며 끝까지 보존한다는 뜻입니다. 예언의 말씀을 굳게 붙잡고, 오직 예수 그리스도만을 예배하며, 고난 가운데 인내하는 자가 복을 받는다는 의미입니다.

이단들은 이 말씀을 왜곡합니다. 예를 들어, 이장림은 요한계시록의 모든 기록을 문자적으로 받아들여야 복이 있다고 주장합니다. 만일 요한계시록의 모든 기록을 문자적으로 받아들여야 한다면 십사만 사천에서부터 삐끗합니다. 왜냐하면 문자적으로 받아들이면 십사만 사천에는 여자가 들어갈 수가 없습니다. '여자와 더불어 더럽히지 아니하고 순결을 지킨 자'(14:4)가 십사만 사천이기 때문입니다.

신천지의 이만희는 20세기, 한국 땅에 등장한 '약속의 목자'의 말을 듣고 지키는 것이 복된 것이라고 왜곡합니다. 사도 요한이 요한계시록에서 본 환상은 2천 년이 지나서 이만희 교주를 통해 실상으로 나타났다는 것입니다.

그러나 요한계시록은 이단들의 주장처럼 특정한 인물이나 문자적 숫자나 날짜에 관심이 없습니다. 오직 예수 그리스도께서 영원히 경배 받으실 유일한 하나님이시라는 것에 가장 많은 관심을 가집니다.

끝까지 어린 양 되신 그 사랑의 하나님을 붙들고 그 말씀을 지키는 자가 진정한 행복자라고 계시록은 선포합니다.

다음으로, 자기 두루마기 를 빠는 자가 복이 있습니다(14절).

두루마기를 빠는 것은 옷을 더럽히지 않고 깨끗하게 유지하는 것을 뜻합니다. 주님은 계시록에서 반복해서 '의복'을 말씀합니다. 그것은 멋진 디자인의 옷이 아니라 그리스도인이 반드시 입어야 할 영적 옷, 곧 그리스도의 보혈의 은총을 개인이 덧입을 것을 의미합니다. 계시록 3:4에서는 흰 옷을 입고 주와 함께 다니는 자들을, 7:14에서는 어린 양의 피에 옷을 씻어 희게 한 자들을 보여주십니다. 22장 14절에도 '자기 두루마기를 빠는 자'가 나옵니다. '자기 두루마기'라고 하니 자기 의인가 생각할 수도 있는데 그게 아닙니다. 어디에 빨아야 하겠습니까? 요한계시록은 피에 씻을 것, 그리스도의 피에 빨아야 한다고 말씀합니다. 그래서 자기 두루마기를 빠는 것은 그리스도의 피로 죄를 씻고 거룩해진 개인을 가리킵니다. 그리스도의 의는 부모님이 믿는다고, 내 몇 대 조상이 그리스도를 믿었다고, 아니면 내가 교회를 오간다고 입을 수 있는 것이 아니라 우리 각자가 그리스도를 개인의 구주로 믿고 그의 피로 죄사함을 받은 믿음의 사람이어야 얻을 수 있습니다. 계시록 1:5-6도 이렇게 말씀합니다.

"우리를 사랑하사 그의 피로 우리 죄에서 우리를 해방하시고 그의 아버지 하나님을 위하여 우리를 나라와 제사장으로 삼으신 그에게 영광과 능력이 세세토록 있기를 원하노라 아멘.”

죄인된 인간이 어떻게 하나님 보좌에서 그를 섬기는 제사장으로 살아갈 수 있겠습니까? 성경이 말씀해 줍니다. 그리스도의 피로 죄에서 해방된 자가 바로 그 자격을 갖춘다구요. 1:5-6에 비추어 보면 자기 두루마기를 빠는 자는 그리스도의 속죄 은총을 입고 거룩한 성 새예루살렘에 들어갈 권세를 받은 자를 의미합니다.

오늘 성경의 마지막에서 하나님은 우리를 향해 ‘자기 두루마기를 빠는 자는 복이 있다’고 약속해 주십니다. 자신의 두루마기를 빨았습니까? 바꿔서 질문하겠습니다. ‘그리스도의 보혈 피로 죄에서 해방되셨습니까?’, 또다시 바꿔서 질문하겠습니다. ‘예수님을 영접하는 자, 곧 그 이름을 믿는 자이십니까?’ 이런 분들을 향해 하나님은 당신의 자녀가 되는 ‘권세’를 주셨다고 약속하십니다.

셋째, 거룩한 성에 들어가지 못할 자

요한계시록은 구원받을 복된 자들을 보여주는 동시에, 거룩한 성 새예루살렘에 들어가지 못하는 자들에 대해서도 분명하게 경고합니다. 이 경고는 단순히 과거의 특정 집단을 향한 말씀이 아니라, 오늘 우리를 향한 경고이기도 합니다. 22장은 두 부류를 언급합니다.

1) 개, 점술가, 음행자, 살인자, 우상숭배자, 거짓말하는 자들

(22:15)

본문은 성 밖에 있는 여섯 부류의 사람을 나열합니다. '개'는 실제 동물이 아니라 빌립보서 3:2에서처럼 율법과 행위로 의를 세우려는 자나, 악을 행하는 자를 비유적으로 표현한 것입니다. '점술가'는 고대 로마·헬라 사회에서 흔했던 주술 행위자들을 가리키지만 오늘날에도 미신과 점술을 신앙과 혼합하는 모습으로 나타납니다. 특히 오늘날 그리스도인들 중에 자신이 '하나님의 음성'을 듣는다면서 무속인처럼 행동하는 사람들이 적지 않습니다. 주의해야 합니다. '음행자'는 단순한 성적 타락뿐 아니라 하나님을 떠나 우상을 섬기는 영적 간음을 포함합니다. '살인자'는 물리적인 살인뿐 아니라 요한일서 3:15에서 말하듯 미움과 증오로 형제를 죽이는 자를 포함합니다. 특히 타인뿐 아니라 자기 자신에 대한 깊은 혐오도 살인이라는 점을 알고 자기 자신을 용서하고 사랑할 줄도 알아야 합니다. '우상숭배자'는 눈에 보이는 형상뿐 아니라 돈과 권력, 명예를 하나님보다 더 사랑하는 모든 자입니다. '거짓말하는 자'는 일상적 거짓뿐 아니라 거짓 복음과 거짓 가르침을 퍼뜨리는 자까지 포함됩니다. 특히 용을 향해 '누가 이 짐승과 같으냐?'라며 숭배하는 것이 하나님이 가장 싫어하는 거짓말입니다. 오늘날로 말하면 이만희, 안상홍 같은 사람을 재림주, 하나님이라는 이단들의 주장이 그런 종류의 거짓말입니다.

21장 8절은 이런 자들의 결국을 '불과 유황으로 타는 못'이라고 밝힙니다. 하나님의 성에 들어가지 못한다는 것은 단순한 출입 제한이 아니라 영원한 심판에 처해진다는 뜻입니다. 우리는 그리스도의 피로 죄에서 해방된 존재입니다. 그러나 이 여섯가지 중 자신에게 어떤 약점이 있는지 되돌아보며 다시 한번 성찰하는 사람이 참된 그리스도인입니다.

2) 예언의 말씀에 더하거나 빼는 자(22:18-19)

요한계시록의 마지막 경고는 이 책의 예언에 더하거나 빼는 자들을 향하고 있습니다. 말씀에 뭔가 더하는 자에게는 이 책에 기록된 모든 재앙을 더하시고, 말씀에서 뭔가 빼는 자에게는 생명나무와 및 거룩한 성에 참여함을 제하시겠다고 하셨습니다. 예언의 말씀에 더하거나 빼는 것은 단순히 본문의 단어를 첨삭하거나 하는 차원이 아닙니다.

계시의 주체이자 중심이 누구라고 했습니까? 예수 그리스도라고 했습니다. 바로 그 주체이신 그리스도를 구원자의 자리에서 빼버리는 행위, 그리고 계시의 성취이신 예수 외에 또 다른 구원자를 더하는 행위가 위 금령에 가장 저촉되는 것입니다. 예수님을 빼는 것은 복음을 제거하는 것이고, 다른 구원자를 더하는 것은 복음을 변질시키는 것입니다.

이는 오늘날 많은 이단들의 공통된 특징입니다. 어떤 집단은 예수 그리스도의 십자가를 실패로 규정하고, 자신들의 교주를 새로운 시대의 구원자로 내세웁니다. 또 어떤 곳은 계시록 시대가 열렸으니 계시록을 풀어줄 약속의 목자가 나타났다며 예수 구원은 흘러간 시대의 구원의 방법으로 치부합니다. 이런 것이 계시의 주체이자 중심이자 핵심인 예수 그리스도를 빼거나 더하는 행위입니다. 이런 주장을 하거나 이런 주장을 따르는 사람은 생명책에서 이름이 지워지고 거룩한 성의 영광에 참여하지 못하게 됩니다.

나가는 글

요한계시록에는 시기와 관련한 말씀이 여러 번 등장합니다. 그 중에서 22장은 두루마기를 빨아 흰 옷을 입은 성도가 생명수의 강가에서 치료의 은총을 받고 하나님과 어린양의 보좌를 섬기는 제사장이 되는 것(22:1-3), 세세토록 왕 노릇하는 것(5)을 설명하신 뒤 6절에서 그것이 반드시 속히 될 일이라고 선포합니다.

"이 말은 신실하고 참된지라 주 곧 선지자들의 영의 하나님이 그의 종들에게 반드시 속히 되어질 일을 보이시려고 그의 천사를 보내셨도다"(22:6).

이 말씀은 시기의 긴급성을 넘어서 반드시 이루어진다는 하나님의 단호한 보증입니다. 주님은 이미 2천 년 전 소아시아 교회들에게 "속히 가겠다"(2:16), "속히 오겠다"(3:11)고 말씀하셨습니다. 그러므로 요한계시록의 '속히 오심'은 마지막 재림의 날만이 아니라, 지난 2천 년 동안 성도들의 생애 속에 성실하게 임하신 주님의 현재적 오심까지 포함합니다.

따라서 우리는 재림의 시점을 인간적으로 계산하려 애쓰거나, 또는 아무런 관심이 없다고 서로를 정죄할 필요가 없습니다. 재림은 우리의 업무 스케줄처럼 예측할 수 있는 사건이 아니라, 하나님께 속한 카이로스의 시간에 번개같이 임할 역사 최종의 사건입니다. 그날까지 우리는 오늘 내 삶 속에 임하시는 주님을 붙들고 살아가야 합니다. 생명수와 생명나무의 은혜를 누리는 삶, 말씀을 지키며 두루마기를 빤 복 있는 삶, 말씀에 더하거나 빼지 않고 오직 예수 그리스도만을 경배하는 삶, 이것이 참된 재림 신앙입니다.

그러므로 주님 다시 오실 날까지 믿음과 인내로, 예수 그리스도 한 분만을 경배하며 살아갑시다. 그분이 알파와 오메가요, 처음과 마지막이요, 시작과 마침이십니다.

"아멘, 주 예수여 오시옵소서! 주 예수의 은혜가 모든 자들에게 있을지어다. 아멘."

요한계시록으로 드리는 찬양예배

여는 글

요한계시록의 마지막을 찬양예배로 드린다는 것은 특별한 의미를 갖습니다. 요한계시록은 단순히 재림과 종말만을 다루는 책이 아닙니다. 이 책은 시작부터 끝까지 하나님의 영광과 주권, 그리고 어린 양이신 예수 그리스도의 승리를 선포합니다. 그 기쁜 승리의 소식을 담아 소아시아 일곱 교회에 전달된 편지입니다. 하나님께서 모든 것을 새롭게 하시고 그 백성에게 영원한 구원을 베푸신다는 소망의 메시지가 계시록 1장부터 22장까지 끊이지 않습니다.

이처럼 요한계시록은 경배와 찬양으로 가득합니다. 하늘의 천사들과 24장로, 네 생물이 밤낮으로 드리는 예배가 펼쳐지고, 죽임당하신 어린 양을 향한 찬양이 하늘과 땅과 바다를 가득 메웁니다. 모든 민족과 백성들이 보좌 앞에 나아와 손에 종려가지를 들고 하나님의 구원을 선포하며 찬양하는 장면이 펼쳐집니다.

이 시간 우리가 드리는 찬양도 이 놀라운 천상 예배의 연장선입니다. 오늘 우리의 목소리는 요한계시록 속 천군천사들과 함께 울려 퍼질 것입니다. 이 예배는 고난과 눈물, 심판과 혼란, 전쟁과 소동을 넘어 마침내 하나님과 어린 양 앞에 승리의 노래를 올려드리는 거룩한 시간이 될 것입니다. 요한계시록의 진정한 메시지는 결코 공포나 절망이 아닙니다. 그것은 "하나님이 승리하셨다!"는 선언이며, "예수 그리스도를 통해 완전한 구원이 우리에게 주어졌다!"는 복음입니다. 그래서 요한계시록은 찬양으로 마무리되어야 합니다.

오늘 이 찬양을 통해 계시록의 메시지가 우리의 심령 안에서 생생하게 울려 퍼지기를 소망합니다. 성경 속 천군천사와 성도들의 찬양에 우리도 마음을 다해 동참하며 영원히 찬양받으실 하나님과 어린 양께 영광을 돌립시다. 그리고 오늘 찬양을 통해 요한계시록이 더 이상 두려움과 심판의 책이 아니라 참된 소망과 영원한 위로의 서신으로 우리 가운데 새롭게 읽혀지기를 축복합니다.

1. 우리 주 하나님: 어제도, 오늘도, 영원히 1:8

"주 하나님이 이르시되 나는 알파와 오메가라 이제도 있고 전에도 있었고 장차 올 자요 전능한 자라 하시더라"(1:8).

"네 생물은 각각 여섯 날개를 가졌고 그 안과 주위에는 눈들이 가득하더라 그들이 밤낮 쉬지 않고 이르기를 거룩하다 거룩하다 거룩하다 주 하나님 곧 전능하신 이여 전에도 계셨고 이제도 계시고 장차 오실 이시라 하고 그 생물들이 보좌에 앉으사 세세토록 살아 계시는 이에게 영광과 존귀와 감사를 돌릴 때에 이십사 장로들이 보좌에 앉으신 이 앞에 엎드려 세세토록 살아 계시는 이에게 경배하고 자기의 관을 보좌 앞에 드리며 이르되 우리 주 하나님이여 영광과 존귀와 권능을 받으시는 것이 합당하오니 주께서 만물을 지으신지라 만물이 주의 뜻대로 있었고 또 지으심을 받았나이다 하더라"(4:8-11).

하나님의 영원하심에 대한 선포로 찬양을 시작합니다. 어제도, 오늘도, 영원히 동일하신 주님께 우리의 인생을 의탁합니다. 세상은 변해도 주님은 변하지 않으십니다. 변화하는 세상에 내 시선을 고정하면 불안해집니다. 변하지 않는 그분께 우리의 시선을 고정합시다. 이 찬양은 하나님의 영원하신 통치를 고백하며 우리의 소망이 주님께 있음을 선포합니다.

2. 거룩 거룩 거룩: 4:8-10

거룩 거룩 거룩

'거룩하다'는 이 외침은 피조물의 한계 너머에 계신 하나님을 향합니다. 우리도 그 예배에 참여하여 그분의 존귀하심을 찬양으로 올려 드립시다.

3. 죽임당하신 어린 양: 5:11-14

죽임 당하신 어린 양

"큰 음성으로 이르되 죽임을 당하신 어린 양은 능력과 부와 지혜와 힘과 존귀와 영광과 찬송을 받으시기에 합당하도다 하더라 내가 또 들으니 하늘 위에와 땅 위에와 땅 아래와 바다 위에와 또 그 가운데 모든 피조물이 이르되 보좌에 앉으신 이와 어린 양에게 찬송과 존귀와 영광과 권능을 세세토록 돌릴지어다 하니"(5:12-13).

이 장면은 속죄와 구속의 중심이신 그리스도를 찬양하는 장면입니다. 하늘과 땅, 바다, 모든 피조물이 함께 이 찬양에 동참합니다. 이는 만물의 구속자 되시는 어린 양께 드리는 우주적 예배입니다. 요한계시록 말씀과 찬양을 통해 이 세상의 어떤 가치, 이 세상의 어떤 권력자, 이 세상의 어떤 존귀한 자보다 더 높으신 어린 양 그리스도에 집중하며 그분을 높이는 시간이 되었으면 좋겠습니다.

4. 비전: 7:9-12

비전

"이 일 후에 내가 보니 각 나라와 족속과 백성과 방언에서 아무도 능히 셀 수 없는 큰 무리가 나와 흰 옷을 입고 손에 종려 가지를 들고 보좌 앞과 어린 양 앞에 서서 큰 소리로 외쳐 이르되 구원하심이 보좌에 앉으신 우리 하나님과 어린 양에게 있도다 하니 모든 천사가 보좌와 장로들과 네 생물의 주위에 서 있다가 보좌 앞에 엎드려 얼굴을 대고 하나님께 경배하여 이르되 아멘 찬송과 영광과 지혜와 감사와 존귀와 권능과 힘이 우리 하나님께 세세토록 있을지어다 아멘 하더라"(7:9-12).

이 구절은 흰 옷 입은 큰 무리, 즉 환난과 핍박 속에서도 믿음을 지킨 모든 시대의 성도들이 구원의 은혜에 감사하며 올리는 예배입니다. 하나님과 어린 양의 구속 사역이 얼마나 위대한지를 새 노래로 고백하는 순간입니다. 우리의 지난 과거를 돌아보십시오. 구원을 얻을 만한 조상의 은덕이 있는 것도 아니고 내 자신을 돌아보면 하나님의 자녀가 될 만한 공덕을 쌓은 것도 아닙니다. 오직 하나님의 아무 조건 없는 은총에서 비롯됨을 고백하겠습니다. 하늘과 땅 위와 아래, 모든 피조물이 보좌에 앉으신 하나님과 어린 양께 찬송을 돌립니다.

5. 헨델의 메시아: 19장

이제 마지막 곡입니다. 하나님의 통치가 선포되는 순간, 천군 천사들이 일제히 "할렐루야"를 외칩니다. 요한계시록에서 처음 할렐루야가 등장하는 장은 19장입니다.

"또 내가 들으니 허다한 무리의 음성과도 같고 많은 물 소리와도 같고 큰 우렛소리와도 같은 소리로 이르되 할렐루야 주 우리 하나님 곧 전능하신 이가 통치하시도다 우리가 즐거워하고 크게 기뻐하며 그에게 영광을 돌리세 어린 양의 혼인 기약이 이르렀고 그의 아내가 자신을 준비하였으므로 그에게 빛나고 깨끗한 세마포 옷을 입도록 허락하셨으니 이 세마포 옷은 성도들의 옳은 행실이로다 하더라"(19:6-8).

요한계시록의 결론

우리는 한 가지를 반드시 기억해야 합니다. 요한계시록은 공포와 두려움을 주는 책이 아닙니다. 때로는 잘못된 해석으로 오해되었지만 계시록의 진정한 메시지는 짐승의 세력을 이기는 하나님의 절대적인 승리와 주권에 있습니다. 요한계시록은 우리에게 말합니다. 지금 겪고 있는 고난과 혼란은 일시적일 뿐이며 하나님께서는 반드시 승리하실 것이라고요. 우리 성도들은 그 하나님에 대한 믿음을 끝까지 지키며 인내하라는 격려를 받습니다. 오늘 우리는 이 찬양을 통해 우리의 두려움을 넘어서 그리스도의 승리를 바라봐야 합니다. 그 승리 안에서 살아가는 것이 우리의 소망이자 힘입니다.

제가 예전에 다녔던 교회의 교인 이야기입니다. 그분은 늘 얼굴이 검고 핏기가 없었습니다. 병원에 가서 진단을 받아보니 간암 말기였습니다. 의사는 그 교인이 6개월밖에 못 산다고 했어요. 그때 그에게 두 가지 생각이 떠올랐다고 합니다. 하나는 '나는 안 죽는다. 하나님이 살려 주실 것이다'였습니다. 두 번째 생각은 '죽더라도 하나님 나라 간다'였습니다. 간암 진단을 받고 일년 뒤 초등학교 아들 둘, 그리고 젊은 아내를 두고 그분이 세상을 떠났습니다. 떠나기 전에 그 집사님은 교회를 가면 누구보다 환한 미소로 저를 맞이했습니다. 지금도 그분의 얼굴이 눈에 생생합니다. 이분이 과연 재림 신앙이 없었다고 우리가 지적할 수 있을까요?

우리에겐 부활의 소망이 있습니다. 그리고 둘째 사망을 받지 않는

다는 확신이 있습니다. 그래서 생명뿐 아니라 죽음도 우리 그리스
도인들에게는 저주가 아니라 복으로 향해 가는 관문으로 재해석됩
니다. 우리가 산 것도 하나님의 은혜, 죽음도 하나님의 은혜인 것은
우리의 시작부터 끝까지 하나님께서 함께 하시고 우리 인생을 마지
막 날까지 책임져 주신다고 약속하셨기 때문입니다. 어린 양의 피로
깨끗하게 씻음 받았다는 확신을 가진 성도들, 재림은 어린 양으로서
희생하셨던 그분이 다시 오시는 것입니다.

이 확신을 갖고 역사의 종말뿐만 아니라 우리에게 언제 닥칠지 모
르는 개인의 종말을 늘 준비하는 마음으로 오늘을 보배롭고 가치있
게 살아가신다면 그것이 주님이 원하시는 재림 신앙이라 믿습니다.

참고 자료

강학종. 『쉽게 보는 어려운 요한계시록』. 경기도: 베드로서원, 2018.

그레고리 비일·데이비드 캠벨. 『요한계시록 주석』. 김귀탁 역. 서울: 복있는
　　　사람, 2015.

김주원. 『이단대처를 위한 요한계시록으로 정면돌파』. 경기도: 기독교포털
　　　뉴스, 2019.

김추성. 『하나님과 어린양의 보좌』. 서울: 이레서원, 2015.

데이비드 아우내. 『요한계시록 주석』. 김철 역. 서울: 솔로몬, 2011.

리차드 보쿰. 『요한계시록 신학』. 이필찬 역. 서울: 한들출판사, 2000.

마르바 던. 『약할 때 기뻐하라 – 요한계시록이 전하는 희망의 선물, 약함의
　　　신학』. 서울: IVP, 2007.

마이클 고먼. 『요한계시록 바르게 읽기』. 박규태 역. 서울: 새물결플러스,
　　　2014.

메릴 테니. 『요한계시록 해석』. 김근수 역. 서울: CLC, 1989.

박윤선. 『요한계시록주석』. 경기도: 영음사, 1984.

백금산. 『만화 요한계시록1, 2』. 서울: 부흥과개혁사, 2010.

벤 C. 블랙웰 외. 『제2성전기 문헌으로 읽는 요한계시록』. 김태훈 역. 서울:
　　　감은사, 2024.

변승우. 『하나님의 어리석음이 사람보다 지혜롭다』. 서울: 거룩한 진주,
　　　2020.

스데반 황.『새하늘과 새땅을 바라보라』. 인천: 개혁복음주의회, 2017.

양형주.『스토리 요한계시록』. 서울: 브니엘, 2021.

______.『신천지 백신』. 서울: 두란노, 2020.

______.『신천지 돌발 질문에 대한 친절한 답변』. 경기도: 기독교포털뉴스, 2023.

유선화.『요한계시록, 교회와 함께 하시는 하나님의 구속사』. 경기도: 길과 생명, 2022.

유진 피터슨.『요한계시록, 현실을 새롭게 하는 상상력』. 홍병룡 역. 서울: IVP, 2022.

이답게(이장림).『요한계시록강해』. 서울: 새하늘교회, 1999.

이만희.『천국비밀 요한계시록의 실상』. 경기도: 도서출판 신천지, 2005.

이승구.『성경적 종말론과 하나님 백성의 삶』. 서울: 말씀과언약, 2022.

이영제.『요한계시록 배경사』. 경기도: 한국컴퓨터선교회, 2024.

장운철.『신천지 요한계시록의 실상 대해부』. 경기도: 기독교포털뉴스, 2019.

진용식.『이만희 실상 교리의 허구』. 경기도: 기독교포털뉴스, 2019.

저스틴 홀콤.『이단을 알면 교회사가 보인다』. 이심주 역. 서울: 부흥과개혁 사, 2015.

조성호.『복과 영광으로 가득한 요한계시록』. 서울: 솔로몬, 2014.

존넬슨 다비.『요한계시록』. 이종수 역. 서울: 형제들의 집, 2009.

캔들 이슬리.『Main Idea로 푸는 요한계시록』. 서울: 도서출판 디모데, 2005.

톰 라이트.『모든 사람을 위한 요한계시록』. 서울: IVP, 2019.

피터 럭크만.『요한계시록 주석』. 편집부 역. 서울: 말씀보존학회, 2015.

유튜브 채널

갓피플TV. 2017. [새 예루살렘 - 한홍]. https://youtu.be/guZiAjp9kQA-?si=dyFS-lWHpw3M9yx

CBS. 2020. [한국신약학회와 잘잘법이 함께 만드는 요한계시록 특강]. https://www.youtube.com/watch?v=vRy6NLzzAF-8&list=PL28QAuCKwoARtRW34GhvMV2qq7MUe2DpS

CBS. 2015. [송태근 목사의 요한계시록, CBS 학당]. https://www.youtube.com/watch?v=Q6C91E1MQG8&list=PLAi-UZEq3wYgjKxQabJbAVChXAwtbnsVO2

안용성. 2016. [안용성 요한계시록 강의]. https://www.youtube.com/watch?v=my4KIW75F-g&list=PLfalbrmcaV6w_afTUX-A6EPN1UlIw85LN9

유튜브바이블스터디. 2020.[해설통독:요한계시록-김예환]. https://www.youtube.com/watch?v=JYUTly5GM94

종말론사무소. 2018. [144,000의 실상- 윤재덕]. https://youtu.be/h5vi-yk690sU?si=zGMAyABy7c1UYA8k.

요한계시록 강좌

진용식. 2025. 한국기독교이단상담교육원. 신천지 요한계시록 실상 반증 세미나

김추성. 2023년. 합동신학대학원대학교 강좌

이필찬. 2013년. 신천지 해석 해부하기 강좌